国家出版基金项目
NATIONAL PUBLICATION FOUNDATION

《尚書》學文獻集成·朝鮮卷

錢宗武 主編

17

鳳凰出版社

第十七册目録

《尚書》學文獻集成·朝鮮卷 第十七册

洪範羽翼

禹汝楙 著

王春華
傅永聚
于聯凱 整理

卷之八

走獸部附

《淮南子》：『獸蹠實而走，天地之性也。』

《孟子》：『厚歛，此率獸而食人也。』『仁義充塞，則率獸食人。民之歸仁也，猶獸之走壙也。愛而不敬，獸畜之也。』

《左》：『虞人之箴曰：「獸有茂草。」夫概王曰：「困獸猶鬥。」』

周公驅猛獸，黄帝馴猛獸，孟子驅猛獸，而百姓寧。

《家語》：『子曰：「黄帝馴擾猛獸。」』

天禄，辟邪。天麢者，純靈之獸，五色光耀洞明，王者道備則至。《瑞應圖》。鄧州南陽有宗資碑，旁有兩石，有鐫其膊，一曰天禄，一曰辟邪。天禄、辟邪，並獸名也。漢有天禄閣，亦用獸以立名。《靈帝記注》。

滍南冢前有碑基，掘出一獸，刻作『辟邪』字。《水經》。聚窟洲，有辟邪、天禄。《十洲記》。唐肅宗賜李輔國玉辟邪二，各長一尺五。《杜陽雜編》。

麒麟

濯濯昭昭，循循振振。班固賦：『素文信而底麟。』

麒麟者，仁獸者。牡曰麒，牝曰麟。不刳胎剖卵則至。麕身而牛尾，狼項而一角，黄色而馬足。含仁而戴義，音中鐘吕，步中規矩。不踐生蟲，不折生草，不食不義，不飲污池，不入坑阱，不行網綱。明王動静有儀則見。牡鳴曰遊聖，牝鳴曰歸和。春鳴曰扶幼，夏鳴曰養綏。《宋·符瑞志》。狼蹄肉角。《博雅》。

擇土而後踐，位平然後處，不群居，不旅行。紛兮其有質文也，幽閒則循循也，動則有容儀也。《説苑》。麟有五色，腹黄，高丈二，金獸之瑞。京房。

天宫五獸，中有大角軒轅麒麟之信。凡麟，生於火，游於土。故修其母，致其子，五行之精也。視明禮修則麒麟臻。蔡邕《月令》。

麟、鳳、龜、龍，謂之四靈。麟以爲畜，則獸不狘。《禮》。又麟、鳳、龜、龍，謂之四靈，并白虎而爲五。杜預《序注》。

古之王者，其政好生惡殺，麟在郊野。孫卿子。恩至蟲羽，則麒麟至。張綱焚林，則麒麟去。《春秋繁露》。

蒼之滅也，麟不榮也。麟，木精也。宋均曰：『麟木精生水，故曰陰。木氣好土，土黄木青，故麟色青黄，不榮謂見綫也〔一〕。』《孔演圖》。

《援神契》曰：『德至鳥獸，則麒麟臻。』是非有明王，則五靈不至也。《穀梁疏》。

麒麟出，亡國之象也。觀我之義，禽必不義也。以彼爲祥，禽必不祥也。譚子《化書》。

《抱朴子》曰：『麟壽三千歲。』《廣雅》曰：『壽一千歲。』

李巡曰：『麟，瑞應，獸名。』《論衡》曰：『太平之瑞也。』《論衡》曰：『獸之聖者也。』

孫炎曰：『靈獸也。』言偃曰：『走者宗麟，爲其難致也。』任子曰：『麟爲毛髮之俊，是物之貴也。』《證聖記》〔二〕：『騏驎者，毛蟲之長，仁獸也。』何休注：麟者，太平之符，聖人之類也。

〔一〕今按：『綫』，《初學記》作『緦』。

〔二〕今按：『證聖記』，《初學記》作『何法盛《征祥記》』。

歲星散爲麟。《保乾圖》。機星得則麒麟生。《春秋運斗樞》。陰木之精。見上。玄枵之精。《鶡冠子》。

含仁懷義，衛德應禮。《廣雅》：『含仁懷義。』薛綜《頌》：『維獸之伯。』德以衛身。《詩》注：信而應禮。

一角五采。《春秋感精符》：『麟一角，明海内共一王也。』《瑞應圖》：『一角獸者，六合同歸則至。』五采。見上。

順之實也，和之極也。《記》：『麟在郊，順之實也。』公孫弘：『麟至，和之極也。』《正義》：『有角示有武，有肉示不用。黄帝之世，遊于苑囿。成王之時，見於郊藪。』《中候》：『黄帝時，麒麟在囿。』《三五曆紀》：『黄帝之母，以麟爲畜。』《宋志》：『成王時，麒麟遊苑。』

麟遊於田，麟步於庭。《孔叢子》：『唐吴之世，麟鳳遊於田。』《吴越春秋》：『禹時，麒麟步於庭。』

《唐傳》：『堯時，麒麟在郊藪。』『麟之趾，振振公子，于嗟麟兮。麟之定，振振公姓，于嗟麟兮！定，額也。麟之角，振振公族，于嗟麟兮。』文王后妃德修于身，而子孫衆多，故詩人以『麟之趾』興公之子。

繫麟之角，奉麟之口。孔子生。麟書曰：『水精之子，繼衰周而王。』徵在以紱繫角，及孔子卒，麟解紱而泣。

《琴操》：『西村，薪者獲麟，擊之，傷其左足。孔子泣，抱麟曰：「爾，孰爲來哉！」反袂拭面，仰視其人，龍顔日角。孔子奉麟之口，吐三卷圖，其一謂：周末天生孔子；其二謂：孔子作六經，以爲炎漢政治之具；其三謂：周道衰，孔子將没也。夫子謂子夏曰：「新王將起，其人如得麟者〔一〕。」』

王勃《序》曰：『麟圖鑑遠，金編題佐漢之符。』銘曰：『麟書已卷。』

鉏商之獲。杜預之《序》。《左傳·哀公十四年》：『春，西狩獲麟。』《傳》：『西狩於大野，叔孫氏之車子鉏商獲麟，以爲不祥，以賜虞人。孔子觀之曰：「麟也！」然後取之。』杜預《序》曰：『麟鳳五靈，王者之嘉瑞也！今麟出非其時，虚其應而失其歸。上無明王，則虚其應也。爲人所獲，則失其歸也。此聖人所以爲感也。先儒以爲制作三年，文成致麟，既已妖妄。余以爲感麟而作，作起獲麟，則文止於所起。』注：因獲麟而起，故至獲麟之一句而絶筆也。

〔一〕 今按：『西村，薪者獲麟』『爾孰爲來哉』『其一謂：周末天生孔子；其二謂：孔子作六經，以爲炎漢政治之具；其三謂：周道衰，孔子將没也』，上海古籍出版社《藝文類聚》引《琴操》作『魯哀公十四年西狩，薪者獲麟，擊之，傷其左足。將以示孔子。孔子道與相逢見，俯而泣，抱麟曰：「爾孰爲來哉？孰爲來哉？」反袂拭面，乃歌曰：「唐虞世兮麟鳳遊，今非其時來何求？麟兮麟兮我心憂！」』『一爲赤伏劉季興爲王；二爲周滅夫子將終；三爲漢製造作《孝經》』。

至於反袂拭面，稱吾道窮，亦無取焉。注：聖人樂天知命，豈復下沾袍之泣。

傷麟歌，獲麟解。冉有曰：『麕身而肉骨，豈天之妖乎？』夫子曰：『其必麟乎？』乃歌曰：『唐虞世兮麟鳳遊。今非其時矣來何求？麟兮麟兮我心憂。』庾信賦曰：『嘆非時而有麟。』杜甫詩曰『麟傷泣象尼』是也。韓愈《獲麟解》曰：『麟之爲靈，昭昭也。咏於《詩》，書於《春秋》，雜出於傳記百家之書，雖婦人小子皆知其爲祥也。然麟之爲物，不畜於家，不恒有於天下。其爲形也不類，非若馬、牛、犬、豕、豺、狼、麋、鹿然。然則雖有麟，不可知其爲麟也。角者吾知其爲牛，鬣者吾知其爲馬。犬、豕、豺、狼、麋、鹿，吾知其爲犬、豕、豺、狼、麋、鹿。惟麟也，不可知。不可知，則其謂之不祥也亦宜。雖然，麟之出，必有聖人在乎位。麟爲聖人出也。聖人者，必知麟，麟之果不爲不祥也？』又曰：『麟之所以爲麟者，以德不以形。若麟之出不待聖人，則謂之不解也亦宜。』

賈誼賦：『使麒麟可得繫而羈兮，豈云異夫犬羊？』李白詩『絶筆於獲麟』是也。

何敞云：『鸜鵒來巢，昭公有乾侯之戹。西狩獲麟，孔子有兩楹之殯。』《後·本傳》。

嗟乎！鉏商一獲而周室衰，孝武一獲而漢祚微。章帝何人，而元和二三年間，郡國上麟者，五十一。安帝元光亦且三見。孝獻延康之元，一年之間至十獻於郡國。石季龍開華林，郡國上送蒼麟二八，爰俾張司虞調之，以駕芝蓋。晋宋以降無代無有，孟蜀之邦乃至多于犬彘，不知□[一]何物耶？《路史》。

儒者説：『鳳凰、麒麟，仁聖禽也。思慮深，避害遠。中國有道則來，無道則隱。』『夫孔子見麟而自泣者，據其見得而死也。使麟有知，爲聖王來。時無聖王，何爲來乎？思慮深，避害遠，何故爲魯所獲殺乎？』《論衡》。

劉琨之表，杜琮之言。《晋元紀》：『麒麟出江寧，以爲中興之象。』劉琨表曰：『一角之獸，以爲休徵者，蓋有百數。』唐文宗開成三年，杜琮曰：『季龍暴虐，得蒼麟，以駕芝蓋。後趙。以是觀之，瑞豈在德？願專以百姓富安爲國慶。』見上。

蒼麟之駕，白麟之歌。漢武祠五畤，獲白麟，一角五蹄。獲白麟，作《白麟歌》。元狩元年，其歌曰：『朝隴首，覽西垠。雷電燎，獲白麟。爰五趾，顯黄德。』《禮樂志》。

一角之獸，九真之麟。祀五畤，獲白麟。一角而五蹄，從軍曰：『野獸並角，明同本也。』上甚異之，改元元狩。後越地匈奴，率衆來降。見上。神爵元年，詔曰：『乃元康四年，九真獻奇獸。』晋灼曰：『《漢注》駒形、麟色、牛角，仁而愛人。』班固《西都賦》：『九真獻麟。』

牟子《理感論》：『昔余見麟，問嘗見者：「麟何類乎？」曰：「麟如麟也。」問者曰：「若

[一] 今按：『□』，清陳元龍《格致鏡原》作『果』。

吾嘗見麟，則不問子矣。而云麟如麟，寧可解哉？」見者曰：「麟，麏身，牛尾，鹿角，馬背。」問者霍解。』《淮南子》：『麒麟鬥而日月蝕。』庾信賦：『東陵麟鬥。』梁武帝時，東陵石麟相鬥。杜詩：『獨泣向麒麟。』『斯文起獲麟。麒麟帶好兒。驚代得麒麟。麒麟滯玉除。天上麒麟兒。』

角端

日行萬八千里，又曉四夷之語。明聖在外，明通方外幽遠之事〔一〕，則奉書而至。《宋・符瑞志》。

元太祖提兵回國，追至印度國，見一獸，高數百丈，鹿形馬尾，緑毛而角〔二〕，能爲人言。

〔一〕今按：『明聖在外，明通方外幽遠之事』，中華書局《宋書・符瑞志》作『明聖在位，明達方外幽遠之事』。

〔二〕今按：『緑毛而角』『此獸名角端，乃旄星之精也，日行萬八千里，能解四夷語，是惡殺之象。今大軍征西已四年，蓋上天惡殺遣之，以告陛下也。元祖即日班師』，中華書局《元史・耶律楚材傳》分别作『其色緑』『此瑞獸也，其名角端，能言四方語，好生惡殺。此天降符，以告陛下。陛下天之元子，天下之人，皆陛下之子，願承天心，以全民命。帝即日班師。』

謂之曰：『此非帝世界，汝主宜早还。』耶律楚材曰：『此獸名角端，乃旄星之精也，日行萬八千里，能解四夷語，是惡殺之象。今大軍征西已四年，蓋上天惡殺遣之，以告陛下也。』元祖即日班師。《元史》。

白虎

《左傳》：服虔注：思睿信立，白虎擾。王者仁而不害，則白虎見。白虎者，仁獸也。虎而白色，縞身如雪[一]，無雜色，嘯則風生。《徵君記》。白虎者，義獸也。一名騶虞。王者，德至禽獸澤洞，幽冥則見。《瑞應圖》。騶虞，義獸也。白虎黑文，不食生物。王者有至信之德，則應之。上。《説文》：『騶虞，仁獸也，有至信之德則應之。』林氏國有珍獸，乘之日行千里。《海内比[二]經》。

《詩》：『彼茁者葭，壹發五豝。于嗟乎騶虞！』李白詩：『騶虞不折生草莖。騶虞不

[一] 今按：『縞』，《藝文類聚》作『皜』。
[二] 今按：『比』當作『北』。

虛來。』

文王之囚，以騶虞而乃釋；宣帝之詔，以白虎而爲玲。文王囚羑里。散宜生取怪獸，尾倍于身，獻紂，以贖其身，名曰騶虞。《尚書大傳》。閎夭之徒詣林氏國求得騶虞，獻之。紂大悦，乃釋之。《六韜》。宣帝詔曰：『乃元康四年，南郡獲白虎威鳳爲寶。朕之不明，震于珍物。』《漢书》。

君子之態，興文之應。司馬相如《封禪書》云：『囿騶虞之珍。群頌曰：「般般之獸，樂我居囿。白質黑章，其儀可喜。歸歸〔一〕穆穆，君子之態。蓋聞其聲，今視其來。」』昔文王應九尾狐而東夷歸，周武王獲白魚而諸侯同詞〔二〕，周公受秬畅〔三〕而鬼方臣，宣王得白狼而夷狄賓。今南郡獲白虎，亦偃武興文之應也。《四子講德論》。

二十五年之見，蜀郡有二虎之導。二十六年之見，琅琊有二虎之隨。《宋元嘉瑞志》。河中見有百官之賀，璧山見有二鹿之隨。唐杜悰判度支，河中奏：『騶虞見。』百官稱賀。文宗曰：『李訓、鄭注皆因瑞以售其亂，乃知瑞物非國之慶。卿在鳳翔，不奏白芝，真

〔一〕今按：『囿』『歸歸』，中華書局《漢書・司馬相如下》分別作『圃』『旼旼』。
〔二〕今按：『詞』，商務印刷館《全漢文》作『辭』。
〔三〕今按：『畅』，四庫全書《全蜀藝文志》作『鬯』。

先覺也。』對曰：『禽獸草木之瑞，何時無之。』遂詔諸道，有瑞皆勿以聞王。蜀永平三年五月，騶虞見壁山，二鹿之。《五代史》。

戲朝之虎，衛側之虎。湯地七十里，内懷聖明，白虎戲朝，其終白虎在野。《孔演圖》。王業，漢和帝時爲荆州刺史，有德政，天子徵之，道卒於枝江。有三白虎，低頭曳尾，宿衛其側。及喪，去之州境，忽然不見。百姓追美甘棠，共立碑文，號曰枝江白虎王君。其子孫今猶云白虎王。《耆舊傳》。

虎豹

虎豹山處，天地之性也。《淮南子》。《説文》：『委虎，虎之有角者。』道家云：虎千歲則牙蜕而角生。《述異記》。

《説文》：『虎，山獸之君。』《運斗樞》：『樞星散而爲虎。』《風俗通》：『虎者，陽物百獸之長也，能噬食鬼物〔一〕。今人卒得病，燒皮飲之。』《風俗通》曰：『呼虎爲李耳。俗説：虎

〔一〕 今按：『鬼物』，中華書局《風俗通義校注》作『鬼魅』。

本南郡中廬李氏所化，呼李耳即喜，呼班便怒。』《方言》：『陳魏宋楚之間，或謂之李父。江淮南楚之間，或謂之李耳。自關東西謂之伯都。』食物遇耳即止，以觸諱故也。

三九二十七日，陽氣成，故虎七月而生。陽立於七，故虎首尾長七尺。般般文者，陰陽雜也。《考異部》〔一〕。

山中寅日呼虞吏者，虎也。《抱朴子》。

功曹衆吏之率，虎以諸禽之雄也。功曹爲奸，來〔二〕漁於吏，故虎食人以象其意。《論衡》。

虎豹，獸之猛者也。人主，天下之有勢者也。幽居則人畏其威，而深居則人畏其勢。故虎豹去其幽而近于人，則人得之而易其幽。人君去其民而迫於民，則民易之而傲其勢。《管子》。

虎及鹿兔皆壽千歲，蒲〔三〕五百歲色白。《抱朴子》。

斑子。斑寅將軍。寅獸，寅客。白額侯，於菟之族。大空，小空。大青，小青。波羅，

〔一〕今按：『考異部』，《太平御覽》作『春秋考異郵』。
〔二〕今按：『來』，諸子集成本《論衡・遭虎篇》作『采』。
〔三〕今按：『蒲』，諸子集成本《抱朴子内篇・對俗》作『滿』。

羅虎。

軒驅於野，桀放於市。《列子》：『黄帝與炎帝戰於坂泉之野，帥狼豹貙虎爲前驅，此亦力使禽獸者也。』《管子》：『桀之時，放虎於市，觀其驚駭。』

萃士獻之，爲柙而畜；宜臼叱之，彌耳而服。虎在葭中，七萃之士生捕，而獻之天子，爲柙而畜之東虞，是爲虎牢。《穆天子傳》。周王欲殺宜臼，立伯服，釋虎將殺之。宜臼叱之，虎彌耳而服。《瑣語》。

蒙皋比而先犯，包虎皮而建櫜。《左·莊十年》：『公子偃。』《樂記》：包以虎皮，名曰建櫜。』

子路得虎，中行搏虎。孔子嘗遊於山，使子路取水，逢虎於水，攬尾得之，納懷中。取水。問孔子：『上士殺虎如何？』曰：『上士持虎頭。』『中士殺虎如何？』曰：『中士□虎耳。』『下士殺虎如何？』曰：『下捉虎尾。』子路出尾棄之〔一〕。《金樓子》。中行伯曰：『余左執太行之獶，而右搏雕虎。有力者則又願爲牛，欲與象鬥以自試。夫貧窮，太行之獶也；疏賤，義之雕虎也。而吾日遇之，亦足以自試矣。《尸子》。《思玄賦》：『執雕虎而試象。』

〔一〕今按：『子路得虎』條未見《金樓子》有載，但見《殷芸小説》。『□』，上海古籍出版社《殷芸小説》作『持』。

熊渠没金而飲羽，李廣没矢而飲羽。勇士一呼，而三軍皆避，士之誠也。楚熊渠子夜行，見寢石，以爲伏虎，彎弓而射之，没金飲羽。下視，知其爲石。石爲之開，而況人乎？《韓詩》。謂石爲虎，射之洞開，精之至也。積歲解牛，砉然游刃，習之久也。《北齊・文苑序》。李廣射於冥山之北，見卧虎射之，没矢飲羽。進而視之，乃石也，其形類虎。更退而射，簇破簳折而石不傷。余嘗以問揚子雲，子雲曰：『至誠，則金石爲開。』《西京雜記》。班固賦曰：『李虎發而石開。』

朱亥視之而不動，魏彰曳之而無聲。秦召公子無忌，公子不行，使朱亥奉璧一雙。秦王大怒，將朱亥着虎圈中。亥瞋目視虎，虎終不敢動。《列士傳》。魏文時，樂浪獻虎，以鐵爲檻。任城王彰，曳虎尾以摇背，虎弭耳無聲。《拾遺》。

弘農北渡，九江東渡。劉琨守弘農，虎北渡江〔一〕。宋均遷九江，郡多暴虎，下記屬縣曰：『虎豹在山，黿龍在水，各有所託。可一去檻阱。』其後傳言，虎相與東浮渡江。《後漢》。按：虎山栖穴處，豈能犯陽侯，陵濤瀨而横厲哉？里語曰：『狐欲渡河。』舟人尚懼。況於

〔一〕今按：『劉琨守弘農，虎北渡江』浙江古籍出版社（明張岱著）《夜航船》作劉琨『守弘農，虎負子渡河而去。』

虎耶？若德被四海，豈至之方絶域之地乎？〔一〕《風俗通》。

毆寶覆衣而助祭，楊虞抱木〔二〕而弭耳。歐寶，後漢人，居父喪。鄰人格虎，虎趨廬中，即以裝衣覆藏之。後送鹿獸，以助寶祭。時人以爲孝慈通於神明。《王孚友汶記》。鷙禽投案，猶請命於魏君。窮獸入廬，乃祈生于歐氏。《法苑》。上虞楊虞，少失父，事母至孝。嘗與母入山採薪，爲虎所逼，抱母且號且行，虎遂弭耳而去。自非誠貫金石，孰能理感英獸？《水經》。

呼曰封使君，呼爲西凉君。漢宣城太守封邵，忽化虎，食郡民，民呼曰封使君。時人語曰：『無作封使君，生不治民，死食民。』《述異》。安帝隆安元年五月，凉州牧李暠逢虎，因化爲人，呼暠爲西凉君。虎人曰：『君之子孫王於酒泉，不如遷徙酒泉。』暠移都酒泉，建國稱西凉王。

梁淮恭之枕頭，劉子仁之俯首。梁淮恭永和〔三〕中，醉卧山路。夜有虎來，以頭枕其

〔一〕今按：『陵』『里語』『豈至之方絶域之地乎』，中華書局（東漢應劭撰，王利器校注）《風俗通義校注》分别作『凌』『俚語』『虎豈可抱負相隨，乃至鬼方絶域之地乎』。『狐欲渡河』下有『無奈尾何』。

〔二〕今按：『楊虞』『木』，華夏出版社《水經注》引晋《泰康地記》作『楊威』『母』。

〔三〕今按：『永和』，中華書局《異苑》作『永初』。

背。苟有宿命，非智力所求也。《異苑》。劉牧子仁，嘗居南山，二虎近居，摇尾俯首歷年。牧卒，虎乃去。《獨異志》。

見一道士成虎而去，見一亭長化虎而走。雍州刺史設檻，機發，梁侯蕭泰見一道士成虎而去。長沙居民作檻捕虎，見一亭長化虎即走。

掩于，酋耳。後周楊忠，從太祖狩於龍門，獨當一虎，左挾其腰，右拔其舌。北臺謂虎爲掩于，因以字之。《周書》。天后時，涪州多虎暴。有一獸似虎而絶大，逐虎噬殺，亦不食肉。録奏，撿《瑞圖》乃酋耳。不食生物，有虎豹則殺之。《僉載》。《周書》云：『夾〔一〕林酋耳，酋耳若虎，食虎豹。』《大傳》謂之侄獸。

虎威如乙字，虎光化白石。虎威如乙字，長一寸，在脇兩旁皮内，尾端亦有之。佩之臨官佳，無官人所娼嫉。虎夜視，一目放光，一目看物。獵人射之，光墜入地，化白石，主小兒驚癎。

衝破地卜。虎知衝破，又能畫地卜。今人有畫物上下者，推其奇偶，謂之虎卜。《博物志》。

〔一〕今按：『夾』，《逸周書·王會篇》作『央』。

登山履谷，與虎相觸。猬爲功曹，斑奴奔北。虎卧山林，鹿過後朐，猬爲功曹，遂全其躬。《易林》。虎飢欲食，見蝟而伏。上。蝟見虎，則跳入虎耳。《酉陽》。

跋摩居而虎化，竺僧居而虎絶。始興靈鷲山，曲江靈鷲山。

扶南投虎，臨邑喂虎。扶南王范尋，畜虎五六頭。若有訟未知曲直，便投虎，虎不噬，則爲有理。《異苑》。林邑國，門外圈市猛獸，有罪者輒食，不食爲無罪〔一〕。三日乃放之。《南史》。

祭虎爲神，有神召虎。濊貊之人，祭虎爲神，將有以也。《異苑》。有神結壇召虎，人有疑罪，令壇。有罪者，虎傷。無罪者，不顧。名虎噬。《僉載》。

貙虎化爲人，好着紫葛衣。《博物志》。功曹曾化虎，數月還作吏。《交州記》。

四指者，天虎也。五指者，人虎也。又食犬則醉犬，虎之酒也。《癸辛雜志》。

虎鬚治齒痛。《酉陽》。虎牙治犬咬。《北户録》。虎交而月暈。《酉陽》。虎嘯而風洌。王裒《頌》。

顧少連之驅虎，鄭思遠之騎虎。唐顧少連，登封主簿。移文岳神，驅虎。仙人鄭思遠

〔一〕今按：『有罪者輒食，不食爲無罪』，中華書局《南史·林邑國》作『有罪者輒以喂猛獸及鱷魚，魚獸不食爲無罪。』

常騎虎。《酉陽》。

鄆州守之數罪，不其令之服罪。張侍郎守鄆，令執符追虎。虎至府，數罪撻之，乃去死。於其地化爲石，今呼爲石虎。《青瑣高文》。

童恢除不其令。民爲虎所害，捕獲二虎。一虎服罪，放之。其一鳴吼，即殺之。鄭家群虎，賈家三虎。五代鄭昌士博學，子八人，號鄭家群虎。賈彪三兄弟。吴氏六虎，五虎尤甚。宋延平，吴氏姊妹六人，皆妒悍。〔一〕

猛虎，乳虎。孔子過泰山，有婦人哭，曰：『吾舅死於虎，吾夫死於虎，吾子又死焉。』曰：『何爲不去？』曰：『無苛政。』子曰：『苛政猛於虎也。』《禮記》。寧見乳虎，無值甯成之怒。杜甫詩：『乳贙號盤。〔二〕』《揚子》或問：曰酷吏『虎哉！虎哉！角而翼者也。』

老虎，殿上虎。晋崔鴻爲御史，號爲老虎。劉安世，正色立朝，目之曰殿上虎。

三人言虎，虎得一狐。龐共〔三〕與太子質於邯鄲，謂魏王曰：『三人言市虎，王信乎？』王曰：『寡人信之矣。』曰：『市無虎明矣，而三人言，願王察之。』《韓子》。楚王曰：『北方畏

〔一〕今按：此處疑缺『就中五虎尤甚』。
〔二〕今按：『盤』，《全唐詩》杜甫《寄劉峽州伯華使君四十韵》作『攀石』。
〔三〕今按：『龐共』，四部叢刊初編本《韓非子・内儲説上第三十》作『龐恭』。

虎不知獸畏己而走也，以爲畏狐也。北方非畏昭奚恤也，其實畏王之甲兵也。』《新序》。庾信賦：『虎威狐假。』昭奚恤。』江乙曰：『虎得一狐。狐曰：「天帝令我長百獸。」虎隨而行，獸見之皆走。

無事行步，淺草身伏。虎豹無事，行步者若將不勝其軀。積怒而後，金剛生焉。《裴氏新書》。虎骨甚異，雖咫尺淺草，能身伏不怒〔一〕。及其虓然作聲，則嵬然大矣。《癸辛雜志》。

吴將赦越。子胥曰：『虎之卑勢，將以有擊也。狸之卑身，將求所取也。』越王既歸，大夫曰：『猛獸將擊，必弭毛怗〔二〕伏。鷙鳥將搏，必卑飛戢翼。』《吴越春秋》。

《列子》：『養虎之法。凡順之則喜，逆之則怒，血氣者之性也。凡食虎者，不敢以生物與之，爲其殺之之怒也。不敢以全物與之，爲其决之之怒也。』

獵人祭虎。漢景好遊獵，獵人乃爲珍饌，祭所見之虎。帝夢虎死在祭所，命剥取皮牙，餘肉化爲虎。《異志》。秦壽光元年，虎狼食人，群臣請禳之。生曰：『正以犯罪者多，故助朕殺之耳！』

〔一〕今按：『怒』，四庫全書本《花木鳥獸集類》作『露』。

〔二〕今按：『怗』，江蘇古籍出版社《吴越春秋》作『帖』。

蜡之迎虎，祭之以虎。見上。《記》：『大蜡八迎虎，爲其食田豕也。』方其爲虎也，不知其嘗爲人也；方其爲人也，不知其且爲虎也。牛哀病七人〔一〕化爲虎。《莊子》。牛哀病而虎化，雖逢昆而必噬。

黄公壓虎，夷人射虎。東海黄公，少時製蛇禦虎。秦末有白虎見，黄公以赤刀往厭之。術既不得，爲虎所殺。三輔人俗用以爲戲，漢帝亦取以爲角抵之戲。《西京雜記》。秦昭襄王時，白虎爲害，夷人朐䏰等射殺之。王曰：『功莫大焉！』乃刻石與盟。《苗陽國志》。〔二〕

陵上之虎，山中之虎。靈帝光和三年夏，虎見年樂觀下，又見憲陵。上詔問楊賜，賜對曰：『虎者，金行參伐之精，狼戾之獸也。』

張均曰：『白虎者，西方之獸，爲禽剛猛，强梁之物也。』《漢記》。

周處年少時，凶王〔三〕俠氣，山中有邅迹虎，一作白額。《志怪》：『邪段〔四〕』。水中有蛟，義興人謂爲『三横』。或説擊蛟殺虎，處遂改勵。《世説》。虎知衝破。見上。

〔一〕今按：『人』，諸子集成本《淮南子・俶真訓》作『日』。
〔二〕今按：『苗陽國志』當作《華陽國志》。
〔三〕今按：『王』，諸子集成《世説新語・自新》作『强』。
〔四〕今按：『邪段』當作『邪足虎』。

虎知邊事。齊沈僧點〔一〕，別名法朗。嘗校獵，中道而还。曰：『國家有邊事，須還處分。』問：『何以知之？』曰：『向聞南山虎嘯，知耳。』俄而使至。《梁典》。

緱氏令之格殺，北平守之射斃。緱氏縣仙鶴觀，天寶中，每年九月二日夜，有一道士得仙。後張竭忠攝令，見一黑虎，銜出一道士。大獵于太子陵東石穴中，格殺數虎。《博異志》。裴旻守北平。北平多虎，旻射，日斃虎三十有一。有父老曰：『此皆彪也。』若遇真虎，無能爲也。一虎騰出，狀小而勢猛。據地一呼，山石震裂。旻馬辟易，弓矢皆墜。自此慚懼，不復射虎。《國史補》。

西伯獵之非虎，王莽兵之驅虎。西伯將獵，卜之曰：『非虎非貔，所獲霸王之輔。』王莽驅虎豹以助兵勢。會大雷，風雨如注，虎豹皆股戰。庾信賦：『雷無驚於九虎。』

綉虎之號，卧虎之號。曹植七步成章，號綉虎。後董宣號卧虎。宋蕭惠開治益州，嚴刑，號卧虎。《史》。

李陵曰：『臣所將迍邊者，荆楚勇士，力扼虎。』班超曰：『不入虎穴，不得虎子。』杜樊川詩：『中原虎穴空。』

〔一〕 今按：『點』，《太平御覽》作『昭』。

無終嘉父之納虎皮，令尹子文之飲虎乳。納虎豹之皮，以請和諸戎。楚人謂乳穀，謂虎於菟。故名之，曰鬥穀於菟。

《易》：『風從虎，聖人作而萬物睹。』《乾・文言》。『履虎尾，不咥人，亨。六三，履虎尾，咥人，凶。九四，履虎尾，愬愬，終吉。』《頤》：『六四，虎視眈眈。』《荀九家易》：『艮爲虎。』《革》：『九五，大人虎變，其文炳也。』《書》：『宗彝絺繡，作服汝明。』宗彝，虎蜼，取其孝也。『尚桓桓，如虎如貔。』執夷也，虎屬。

《詩》：『襢裼暴虎，獻于公所。取彼譖人，投畀豺虎。豺虎不受，投畀有北。匪兕匪虎，率彼曠野。』不敢暴虎，人知其一。有貓有虎。『韓姞燕譽。』進厥虎臣，闞如虓虎。

杜牧之詩：『戈矛虓虎士。』矯矯虎臣，在泮獻馘。《書》：『心之憂危，若蹈虎尾。』

《論語》：『暴虎馮河，死而無悔者。虎兕出於柙，是誰之過與？』孟子曰：『是爲馮婦也。晋人有馮婦者，善搏虎，卒爲善士。則之野，有衆逐虎。虎負嵎，莫之敢攖。望見馮婦，趨而迎之。馮婦攘臂下車，衆皆悦之，其爲士者耻之〔一〕。』

〔一〕今按：『耻之』，《十三經注疏》本作『笑之』。

左思《吴都賦》：『鈎爪巨牙，自成鋒刃〔一〕。精若耀星，聲若雷霆。名載於山經，形鏤於夏鼎。』

《抱朴子》：『書字之訛，有寫魯爲魚，寫帝爲虎。』李白詩：『權歸臣兮鼠變虎。』東坡詩：『射殺南山雪毛虎。』杜甫詩：『乾坤尚虎狼。』

其邑多虎，命盡去阱。宋曹靖宇爲益陽令，其邑多虎，所在設機阱，目以得虎，而虎暴不息。侯曰：『是爲政之罪。』命盡去機阱，山行水宿不逢虎。

文王之囚，以玄虎而獻；武王之廟，以一裘而入。文王拘於羑里，散宜生得玄虎〔二〕，以獻。紂免西伯之難。《瑞應圖》。武王爲侈靡，令人貂襜豹裘。方得入廟，故豹得〔三〕百金。功臣之家，粜千鍾米得一豹皮。《管子》。

赤虎之乘，玄虎之美：春山，百獸所聚也。爰有赤、虎、熊羆〔四〕。《穆天子傳》。太山多赤虎。《山海》。《詩》云：『赤虎黄羆。』《楚辭》：『乘赤豹兮從文貍。』尾赤而文黑，謂之赤虎。

〔一〕今按：『鋒刃』，《歷代賦選》作『鋒穎』。
〔二〕今按：『玄虎』，《太平御覽》作『玄豹』。
〔三〕今按：『得』，《太平御覽》作『皮』。
〔四〕今按：『爰有赤、虎、熊羆』，四庫全書《穆天子傳》作『爰有赤豹、白虎、熊羆』。

《陸機疏》。　翟人有獻豐狐、玄虎之皮於晋文公，文公嘆曰：『此亦皮之美自爲罪。』〔一〕。《韓子》。

起神明之臺，而食虎脯；　立大姥之廟，而竪虎尾。　元封中，起神明之臺，炮青虎之脯。青虎出浪坂之山，狀如虎，色如翠。　殺之爲脯，食之不愚。《洞冥記》。《武昌記》云：『樊口南有大姥廟，孫權獵于山下，見一姥，問：「權獵何所得？」曰：「正得一豹。」姥曰：「何不竪豹尾？」忽然不見。』應劭《漢官儀》云：『天子鹵簿中，從屬車施豹尾于道路，豹尾之内爲省中。　蓋權事應在此，故立廟也。』《水經》。

窺豹，窺虎。　王獻之數歲時，看門生樗蒲，因曰：『南風不競。』門生輕某小兒，乃曰：『此郎亦管中窺豹，時見一斑。』獻之怒曰：『遠慚荀奉倩，近愧劉真長。』《世説》。　建安八年，詔曰：『論者之言，一似管窺虎與。』《魏志注》。

室利得之而耕，伯奇感之而學。　室利佛逝，國有橐它，豹文而犀角，以乘且耕，名曰它豹。《唐・南蠻傳》。　狄伯奇少曾遊獵，得豹。　見其文采焕炳，遂自感嘆，始學書藝。《後秦記》。

屠州，綱山。　屠州有黑豹，有白豹别名貘。《王會》。　綱山有豹獸，文彩蔚山，小似猿猴。南海人名之爲果下，非凡豹也。《山記》。

〔一〕　今按：『亦』，四部叢刊初編本《韓非子・喻老》作『以』。

夫豐狐文豹，栖於山林，伏於岩穴，静也。夜行晝居，戒也。雖飢渴隱約，猶且胥疏於江湖之上不求食焉，定也。然且不免於羅網機辟之患，是何罪之有哉？其皮爲之灾也。〔一〕《莊子》。狐死首丘，豹死首山，是性之異也。《廣志》。《易・革》：『上六，君子豹變，其文蔚也。』

杜詩：『猛憑其威，往往遭急縛。雷吼徒咆哮，枝撑已在脚。忽看皮寢處，無復睛閃烁。人有甚於斯，足以勸元惡。』言虎之禍，止於一身。惡人之禍，非止一身。『不寐防巴虎。於菟侵客恨。豺虎亂雄猜。豺虎正縱横。』

王仲宣詩：『豺虎方遘患。』《周禮・冥氏》：『掌設弧張。冥氏以縻取禽獸之名。爲阱擭以攻猛獸，以靈鼓驅之。若得其獸，則獻其皮、革、齒、須、備。』須，頤下須。搔。

豺狼

豺，狼屬。狼，似犬，鋭頭白頰，高前廣後。牡名豺，牝名狼。

〔一〕今按：『且』『不』，諸子集成本《莊子・山木》分別作『旦』『而』。

狼，大如狗，蒼色，作聲，諸竅皆沸。脞中筋大如鴨卵，有犯盜者，薰之，當令手攣縮。狼糞烟直上，烽火用之。狼狽是兩□〔一〕，狽前足絶短，每行常駕兩狼。失狼則不能動，故世言事乖者稱狼狽。《酉陽》。

白狼者，金狼精也。王者仁智明哲即至，動准法度則見。《瑞應圖》。豺亦狼屬，狗足長尾，體細瘦，故謂之豺狼。浮休子曰：『俊臣之輩，何異豺也。』見獅子。《詩》：『取彼〔二〕譖人，投畀豺虎。豺虎不食，投畀有北。』《巷伯》。《孟子》：『嫂溺不援，是豺狼也。』《左傳》：『戎狄豺狼，不可厭也。』張綱埋輪曰：『豺狼當道，安問狐狸！』豺狼喻梁冀不疑。狐狸喻州郡污吏。

無豺狼，縱豺貁。女猾反。王業爲荆州刺史，山無豺狼。《搜神記》。大曆十四年，縱豺貁。女猾反。

杜詩：『未息豺狼鬥，豺狼得食喧。《喻寇》。豺虎正縱横。豺虎亂雄猜。豺遘哀登楚。』王粲《七哀詩》。

〔一〕今按：『狼狽是兩□』，中華書局《酉陽雜俎》作『狼狽是兩物』。
〔二〕今按：『彼』原脱，據《十三經注疏》本補。

越椒豺聲，伯石豺聲。子良生豺狼。子文曰：『必殺之。是子也，然〔一〕虎之狀而豺狼之聲。』諺曰：『狼子野心，是乃狼也。』叔向生伯石，姑視之，及堂，聞其聲而還。曰：『是豺狼降也，狼子野心。』遂不視。

豺戰，豺聲。《揚子》曰：『羊質而虎皮，見草而説，見豺而戰。』《左》：『楚子將以商臣爲太子，子上曰：「蜂目而豺聲，忍人也。」』當途甘问豺，當道豈容豺。

《詩》：『子之還兮，並驅從兩狼兮。』《孟子》：『養其一指而失其肩背，而不知也，則爲狼疾人也。』《左傳》：『士會曰：「晋人，虎狼也。」』

神牽白狼，征得白狼。商湯爲天子，都於亳。有神手牽白狼，口銜金鈎，而入湯庭。《田俅子》。周穆王征犬戎，得四白狼、四白鹿以歸，自是荒服者不至。《國語》。

白狼見而犬戎服，神狼乳而烏孫收。周宣王時白狼見，而犬戎服。《瑞應圖》。烏孫王昆莫，初生置草中，見狼乳之，以爲神。《張騫傳》。

羊化爲狼，狼化爲女。周幽王時，牛化爲虎，羊化爲狼。《述異記》。百歲狼化爲女人，名曰知女，狀如人。丈夫娶爲妻，三年而食人。以其名呼之，則逃去。《白澤圖》。

〔一〕今按：『然』，《十三經注疏》本作『熊』。

狼城，狼圈。洛陽有避狼城，群臣爲狼食人，故築城避之，今洛中狼村是其處也。《述異記》。秦虎圈周匝三十五步，狼圈廣八十步。《漢宮殿疏》。

縱狼噛人，有客食主。江都易王非卒，子建立。宮人有過，縱狼噛之，觀以爲樂。《本傳》。薛延陁部落，嘗有一客，乞食於主人，引與入帳，命妻具饌。其妻視客，乃狼頭人也。食主人而去，相與逐之。見二人，曰：『我是也。我即神人。』追者惧而反走。《舊唐》。

白狼仰天，白狼隨縣。王懿仲德遇符氏〔一〕之敗，與兄叡同起義兵，與慕容垂戰。敗，被重創走。困卧大澤林中，苦飢。忽有青衣童兒，携食與之。會水潦暴至，莫知所如。有一白狼仰天而號，號訖，銜仲德衣，因渡水，仲德濟。後仲德三臨徐州，威德著于彭城。立佛寺，作白狼、童子像于塔中。卒後，亦于廟立白狼、童子壇，每祭必祠之。《宋書》。武后人，游擊將軍朱佛兒，于魏縣逢白狼，馴狎，以繩絡頭，隨送於縣。縣令孟神符諜稱，崔融爲表賀。

一老狼之臺下，一小兒之澤中。匈奴單于生二女，築高臺，置二女。有一老狼，呼其小女，晝夜守臺下，爲狼妻而產子，繁滋成國。其人好引聲長歌，又似狼鳴。《北史》。突厥之先，有一小兒棄草澤中，有牝狼以肉餇之。及長，狼交合，遂生十男，各爲一姓。阿史那，即

〔一〕今按：『符』中華書局《南史》作『苻』。

其一性也。《後周四夷傳》。

突厥旗纛上，施金狼頭。侍衛之士，皆爲附離〔一〕，夏言亦狼。蓋本狼生，示不忘本耳。《北史》。

一豹一狼，共看一羊。龙朔中，楊思玄恃外戚，典選多排斥選士。爲選人夏彪訟之。中丞郎餘慶弹奏，免官。許南陽曰：『一豹一狼〔二〕，共看一羊，不敗何待？』《南部》。

《周禮·夏官》：『司馬服不氏，掌養猛獸而教擾之。猛獸，虎、豹、熊、羆屬。凡祭祀，共猛獸。賓客之事則抗皮。』

狼狽風塵裏。憶昨狼狽初。獸人冬獻狼。《春秋傳》：『熊蹯不熟。』

獬豸

東北荒中有獸，如牛，一角，毛青，四足，似熊。見人鬥則觸不直，聞人論則咋不正。名曰獬豸，一名任法獸。故立獄皆東北，依所在也。《神異經》。

〔一〕今按：『皆爲附離』，中華書局《北史·突厥傳》作『謂之附離』。

〔二〕今按：『一豹一狼』，四部叢刊初編本《南部新書》作『一彪一狼』。

張華曰：『今御史法冠曰獬豸。獬豸，神羊也。』《輿服志》。

獬豸似山牛，令觸不直。帝曰：『何食何處？』曰：『廌春夏處水澤，秋冬處松柏。』《説文》。

神人之遺，帝堯之帳。見上。堯時有獬廌，緝其毛爲帝帳。《田求子》。

有罪則觸，無罪則不觸。『觟䚦者，一角之羊也，性知有罪。皋陶治獄，其罪疑者，令羊觸之。有罪則觸，無罪則不觸。斯蓋天生一角聖獸，助獄爲驗。皋陶知羊，起事之。』《論衡》。以之決訟，以之觸疑〔一〕。

元禮之奏，富平之産。武后時，侍御史侯思正，本賣餅人，以綱告人，授五品官。高元禮奏云：『獬豸獸亦不識字，而能觸邪。陛下用人安事識字？』《舊唐》。開元二十一年，富平縣産一角神羊，肉角當頂，而毛上捧〔二〕，議者以爲獬豸。《雜俎》。

〔一〕今按：『斯蓋天生一角聖獸，助獄爲驗。皋陶知羊』，諸子集成本《論衡・是應篇》作『斯蓋天生一角聖獸，助獄爲驗，故皋陶敬羊』。《白帖》『性知』作『性識』。《太平御覽》引『性知』作『性識』。

〔二〕今按：『而毛上捧』，中華書局《酉陽雜俎》作『白毛上捧』。

獅子

《説文》：『虒，獅子也。』

《爾雅》：『狻猊如虦猫，食虎豹。』《穆天子傳》：『狻猊日走五百里。』郭璞：『獅子也。』獅子形似虎，正黄。有髯須，尾端茸毛大如斗，銅頭鐵額，鈎爪鋸牙，彌耳跪足，聲吼如雷，目光如電，能食虎豹。外國之産，毛群之長也。《東觀漢記》。

安息之獻獅子，白狼之逢獅子。章帝章和元年，安息國遣使獻獅子，形似麟而惟無角。《後漢》。後魏武帝伐冒頓，經白狼，逢獅子。使人格之，殺傷甚衆。獅子哮吼，左右咸驚。王忽見一物從林中出，如狸，起上王軍軶。師子將至，此獸便跳起上獅子頭上，即伏不敢起。〔一〕於是遂殺之，得師子一。還，來至洛陽，三千里鷄犬皆伏〔二〕，無鳴吠。《博物志》。

〔一〕今按：『獅子哮吼』『起上王軍軶』『此獸便跳起上獅子頭上』，中華書局（晋張華撰，范寧校證）《博物志校證》分别作『王乃自率嘗從軍數百擊之，師子哮吼奮起』『起上王車軶』『此獸便跳起在獅子頭上』。

〔二〕今按：『三千里鷄犬皆伏』，《初學記》、《太平御覽》引作『四十里鷄犬皆伏』，《太平廣記》作『三十里鷄犬皆伏』。

梁伯玉之説，宋宗慤之言。『説沙門釋僧吉云：「嘗從天竺，欲向大嶺，忽聞數十里外哮哮檻檻，百獸伏地，四象塗泥。俄有獅子三頭，見於山下，直搏四象，崩血若濫泉。」』〔一〕宋炳《擊象圖序》。宋宗慤元幹隨檀和之伐林邑，入象浦。林邑王范陽邁以具裝被象。慤曰：『吾聞獅威伏百獸。』乃制其形，與象相禦，象果驚奔，遂克林邑。《宋書》。

魏波斯之獻，梁波斯之獻。波斯國獻獅子，詔山郡縣捕虎以進。鞏縣山陽並進一虎。一豹瞑目，不敢仰視。有一盲熊，驚怖跳踉。《伽藍記》。舊説：『獅子，虎見之而伏，豹見之而瞑，羆見之而躍。』波斯獻獅子，帝問曰：『獅子有何色？』武帝。劉顯曰：『黄獅子超不及白獅子超。』《南史》。

陸溉之虐，遂愈於顧光寶之圖；王妾之痁，頓減於蒲延昌之畫。光寶圖獅子，户外牓之〔二〕。是夕中夜，户外有窸窣之聲。明日，所畫獅子，口中臆前，有血淋漓，溉病遂愈。』《八朝畫録》。

〔一〕　今按：『欲向大嶺』『檻檻』『四象塗泥。俄有獅子三頭，見於山下，直搏四象，崩血若濫泉』，《初學記》分别作『欲向大秦』『摼摼』『而四巨象俄焉而至。以鼻卷泥自厚塗數尺，數數噴鼻隅立。俄有獅子三頭搏象，血若濫泉，巨樹草偃』。

〔二〕　今按：『光寶圖獅子，户外牓之』，《太平廣記》引《八朝畫録》作（光寶）『遂命筆，以墨圖一獅子，令於外户榜之』。

朝家怪録》。延昌遂畫師子一圖，王昭遠公有妾患痁。是夕，縣卧内，其疾頓減。

誰知吴興太守之摸，實愈昭明太子之恙。吴興太守張僧繇摸此二獅子，密懸寢壁之內，風恙應夕而愈。《名畫録》。

姚璹之諫，浮休之對。中宗時，大石國請獻獅子。姚璹上疏諫曰：『獅子猛獸，惟止食肉。肉既難得，極爲芀費。陛下以百姓爲心，慮一物有失，鷹犬不蓄。漁獵總停，運不殺以闡大慈，垂好生以敷至德。凡在翾飛蠢動，莫不感荷仁恩。豈容自菲薄於身，厚資給於獸。』既奏，遽停來使。《舊唐》。客有問於浮休子曰：『來俊臣之徒何如？』對曰：『昔有獅子王，於深山攫一豺，將食之。豺曰：「請爲王送二鹿以自贖。」周年之後，無可送者。王曰：「汝殺衆生亦已多，今次到汝，汝其圖。」豺默無對，遂齚殺之。俊臣之輩，何異豺也？』未幾皆遇禍。浮休子。

會看近井，蛟龍之去；莫慮夏月，蠅蚋之來。開元末，西國獻獅子至安西道中，繫於驛樹，近井，獅子哮吼。風雨俄至，有龍出井而去。《國史補》。張希復言：『舊有獅子尾拂，夏有蠅蚋不敢集其上。』〔一〕《西陽雜俎》。

〔一〕今按：『夏有』，中華書局《西陽雜俎》作『夏月』。

獅子異於諸獸，子溺於牢虎。元朝大會，出諸獸於萬歲山。獅子短小，絶類人家金毛猱。及飼，以鷄鴨野味之類。諸獸以爪按定，用舌去毛羽，獅子以掌擊吹，毛羽紛然脱落，此其所以異於諸獸也。《輟耕録》。元時，有貢獅子者，首類虎，身如狗。牽入虎牢，俯首帖身〔一〕。獅子遂溺於虎之首，虎亦莫敢動也。《癸辛雜志》。

五色食虎，惟畏鈎戟。束晳《記》。筋絃以鼓，衆絃皆絶。

西域有黑獅子、棒獅子。舊説：『鷄舌香，獅子糞也。』《酉陽雜俎》。

聚窟洲在西海中，地方三千里，北接崑崙，二十六萬里。有獅子、辟邪，銅頭鐵額之獸。《十洲記》。

蛩蟨

蛩，獸也。獸狀如馬，駏驉似羸而小。郭璞曰：『距虚即蛩蛩，邛作蛩，駏作距，虚作驉。變文互言耳。』

〔一〕　今按：『俯首帖身』，中華書局（宋周密撰，吴企明點校）《癸辛雜識》作『俯首貼耳』。

相如賦：『蛩蛩驒騱皆北方獸。』《子虛賦》：『轔邛邛，蹵距虛〔一〕。』韓詩：『低頭拜東野，願得終始如距蛩〔二〕。』

《孔叢子》：『北方有獸，其名曰蟨，愛蛩蛩駏驉。食得甘草，必嚙以遺蛩蛩駏驉。見人將來，必負蟨以走。蟨非愛駏蛩也，爲其假足也。二獸亦非必愛蟨也，爲其得甘草而遺之也。夫禽獸猶知假此而相報也，况士君子之欲名利者乎？』

熊羆

熊，獸名，似豕。羆如熊，黄白文。又曰：『赤羆見，則奸宄息。』關西呼曰貑。陸機曰：『有黄羆、赤羆，大於熊，其脂如熊。』嶓冢之山多熊羆。《山經》。獵者云：熊是其雄。羆則熊之雌者，羆力尤猛。《爾雅翼》。鹿畏貙，貙畏虎，虎畏羆。羆之狀，被髮人立，絶有力而甚害人。柳宗元《羆説》。《周禮》：『穴氏掌攻蟄獸，蟄獸，熊羆之屬。各以其物火之，以時獻其珍

〔一〕今按：『轔邛邛，蹵距虛』，南海出版公司《歷代賦選》作『蹵蛩蛩，轔距虛』。
〔二〕今按：『距蛩』，《全唐詩》韓愈《醉留東野》作『駏蛩』。

箕皮革。』《禹貢》：『梁州厥貢熊羆。』尚桓桓，如熊如羆，于商郊。《牧誓》。《詩》：『吉夢維何，維熊維羆。維熊維羆，男子之祥。《斯干》。』熊羆，陽物在山，强力壯毅，男子之祥。《孟子》：『熊掌亦我所欲也，而取熊掌者也。』《詩》：『孔樂韓土，有樂有土。赤豹黄羆。』《韓奕》。

文王之田，昌邑之見。文王將田，史編卜曰：『非龍非彪〔一〕，非熊非羆，兆得公侯，天遺汝師。』及田，渭陽見太公，立爲師。《六韜》。昌邑王見大熊，以問龔遂。遂曰：『山野之獸，入宫室，宫室將空，危亡象也。』杜詩：『渭老得熊羆。熊羆載吕望。熊軾且移輪。』杜牧〔二〕：猶得凭熊軒。太守。

待熊蹯而詎熟，胹熊蹯而不熟。《左·文公元年》：『楚王請食熊蹯而死。不〔三〕聽，王縊。』庾信賦『待熊蹯而詎熟』是也。宣公二年，晋靈公不君，宰夫胹煮也。熊蹯不熟，殺之，置諸畚。

張華《女史箴》：『玄熊攀檻，馮媛趨進。夫豈無畏？知死不吝！』漢元帝馮婕好。潘岳賦：『壯當熊之忠勇。』黄熊入夢於晋門，熊白不用於禹廟。《左·昭公七年》：『子産聘晋，

〔一〕今按：『非龍非彪』，吉林人民出版社（徐玉清，王國民校注）《六韜·文師》作『非龍非彲』。
〔二〕今按：『杜牧』脱，當補。
〔三〕今按：『不』，《十三經注疏》本作『弗』。

晋侯有疾。韓宣子曰：「今夢黄熊入于寢門，其何厲鬼也？」對：「堯殛鮌于羽山，化爲黄熊，以入羽淵，實爲夏郊，三代祀之。晋爲盟主，未之祀也乎？」韓子賜〔一〕夏郊，晋侯有間。』又按：東海人祭禹廟，不用熊白。駱賓王《啓》曰：『博聞强記，辨晋國之黄熊。』

姜氏入夢而有孕，王子袒身而大呼。符健〔二〕，字建業。母姜氏夢大熊而孕，及長便弓馬。《載記》。王羆，字熊羆。齊神武遣韓軌從河東宵濟襲羆，羆不覺。比曉，軌衆入城，羆尚卧未起。便袒身露髻徒跣，持一大棒，大呼而出。曰：『老羆當途卧，貉子那得過！』敵見，驚退。《北史》。

象

象，南越大獸。《運斗樞》：『瑶光之星，散而爲象〔三〕。』

〔一〕今按：『賜』，諸子集成本《論衡·死僞》作『祀』。
〔二〕今按：『符健』，中華書局《晋書》作『苻健』。
〔三〕今按：『瑶光之星，散而爲象』，《初學記》引《春秋運斗樞》作『樞光散而爲象』，又引作『瑶光之精，散爲象變』。

人希見生象也，而得死象之骨。按其圖，以象其生也。故緒〔一〕人之所以意想者，皆謂之象也。《韓子·解老》。《説文》：『象三歲一乳。』禱過之山多象。注：性妒，不畜子。《山經》。

象牙長一丈餘，脱其牙則深藏，象木可得代之〔二〕。《南越志》。《什氏書》〔三〕言：『象牙生理，必因雷聲。』《西陽》。象耳中有油出，謂之山性發。有油出，則多以索縻之。孔平仲《談苑》。凡象白者，西天有之。陀國有青象。《北户録》。神靈滋〔四〕液，百寶爲用，則白象至。《援神契》。

王者自養有道，則白象至，負不死藥來。《瑞應圖》。南山〔五〕之美者，有梁山之犀象焉。《爾雅》。舊説象性久識，見其子皮必泣，一枚重千斤。《酉陽雜俎》。莊周婦死而歌。曰：『通性命者，以卑及尊，死生不悼，周不可論也。夫象見子皮，周何忍哉！無遠近必泣〔六〕。』蔣子《萬機言》。河南府有象莊，以象馱同『驮』。經。舊傳漢時，西域僧至洛陽，化爲石，今石象猶

〔一〕今按：『象』『緒』，諸子集成本《韓非子·解老》分别作『想』『諸』。
〔二〕今按：『象』，《初學記》作『削』。
〔三〕今按：『什氏書』，中華書局《酉陽雜俎》作『釋氏書』。
〔四〕今按：『滋』，上海古籍出版社《緯書集成》作『孳』。
〔五〕今按：『南山』，《十三經注疏》作『南方』。
〔六〕今按：『周何忍哉！無遠近必泣。』『蔣子《萬機言》』，《初學記》分别作『無遠近必泣。周何忍哉！』『蔣子《萬機論》』。

存。《山川紀異》。

龍象六十歲，骨方足。今荆地象，色黑，兩牙。象膽隨四時在四腿〔一〕，春在前左，夏在前右。鼻端有爪可拾針。肉有十二般，惟鼻是其本肉。陶貞白言：『夏月合藥，宜置牙於藥旁。』南人言象尤惡犬聲，舉鼻吼叫，循守不復去。五六日，困倒下，潛刺殺。耳穴薄如鼓皮，一刺而斃。胸前小横骨，灰之酒服，令人能浮水出没。食其肉，令人體重。

廣之屬郡，多野象。牙小而紅，最堪作笏。潮循人或捕得象，争食其鼻，云肥脆，偏堪作炙。或云象膽隨月轉，在肉，不附肝。楚越之間，象皆青黑。西方大食國即多白象。雲南豪族，各家養象。蠻王宴漢使于百花樓。樓前入舞，象動頭摇尾，皆合節奏。《嶺表録異》。

安南有象，知人曲直。有鬥訟者，行立而齅。有理者即過，負心者以鼻捲之，擲空中數丈，以牙接之，應時碎矣，莫敢犯者。《朝野僉載》。

環王國野象成群，一牡管三十餘牝者，牙纔二尺，卧則環守。牝象死，共空〔二〕地埋之。國人養馴者，可令代樵。《酉陽》。

〔一〕今按：『腿』，中華書局《酉陽雜俎》作『腿』。

〔二〕今按：『空』，中華書局《酉陽雜俎》作『挖』。

南貢四象，各有雌雄。其一雌死，其雄泥土着身，獨不飲酒食肉。長史問其所以，輒流涕焉。《博物志》。象被傷，則群黨相扶。將去則向南跪拜，鳴三匝，以木覆之。《寰宇記》。

林邑人殺象，象怒，布陣以鬥人。人登樹取衣掛樹枝，緣他樹而走。象見衣，以爲人存，以鼻汲水灌樹，且枝倒不見人，怒，踏碎掛衣而去。象病，首必向南而死。《南志》。

驃國王宫有巨白象，高百尺，訟者焚香跽象前，自思是非而退。有灾疫，王亦對象跽自咎。《唐書》。其王近適則羿以金繩林，遠適則乘象〔一〕。《舊唐》。

南蠻環王，衛兵五千，戰乘象，幸〔二〕象千，馬四百，分前後。不設刑，有罪者，使象踐之。《唐書》。

鄭文振，潮陽人，言象爲南方之患，性嗜酒，聞酒香，輒破屋壁入飲。象獨畏烟火，望見其來，共然火持竿以措之。眼惡蠅蚋，有日色則不出。宋莘《視聽志》。

燕京有一雄象，傷死數人。官使殺之，不得已，乃明其罪。象遂帖耳就殺，凡得象油四十八大甕。《癸辛雜志》。

〔一〕今按：『其王近適則羿以金繩林，遠適則乘象』，中華書局《舊唐書・驃國》作『其王近適則舁以金繩床，遠適則乘象』。

〔二〕今按：『幸』，中華書局《新唐書・南蠻下・環王傳》作『率』。

《詩》：『憬彼淮夷，來獻其琛，元龜象齒。』《孟》：『驅犀象而遠之，天下大悅。』周公。《左·襄公廿四年》：『子產書：「象有齒，以焚其身，賄也。」』一名伽那。《北户録》。或邦先。《翻譯》。大者曰預，不害於物。賈侍中。

蒼梧之耕，會稽之耕。舜葬蒼梧下，有群象常爲之耕。禹葬會稽，祠下有群象耕田。《帝王世紀》。左思《吴都賦》：『象耕鳥耘，此之自歟。』

楚王之執，莽賊之驅。《左·昭公四年》：吴伐楚，楚『王使執燧象以焚吴師〔一〕。』王莽驅犀象之屬，以助兵象。庾信賦曰：『昆陽之戰，象走林。』

高宗之遺，德宗之縱。高宗時，周澄國遣使上表，云：『訶伽國有象，首垂四牙，身運五足，象之所在，其土必豐。既有威靈，又弭災患。力兼十象，强製百人。以水洗牙，飲之愈疾。請發兵迎取，以獻之。』上曰：『聖人越席以昭儉，茅茨以誡〔二〕奢。』《書》云：「珍禽奇獸，不育于國。」知無益之源，不可不遏。朕安用其象，令其遠獻？』乃勞其使而遣之。《唐書》。大曆十四年，唐德宗即位，外國獻馴象。上曰：『象費豢養而違物性，將安用之？』命

〔一〕今按：『左·昭公四年』『焚』，《十三經注疏》本分别作『左·定公四年』『奔』。
〔二〕今按：『誡』，《太平御覽》作『戒』。

縱於荆山之陽。胡氏曰：『禹放龍蛇，周公驅虎豹犀象。夫象大而無用，其又傷人。受貢遠致，其害甚廣。德宗始初清明，其行事無愧於先王，是可法也。』

張茂之夢，王喬之駕。會稽張茂，嘗夢大象，以問萬推。推曰：『君當爲大都，而不能善終。夫象者，獸也。獸者，守也。象以齒焚其身，後必爲人所殺。』永昌中，茂爲吴興太守，值王敦問鼎，執正不移，敦殺之而取其郡。〔一〕《異苑》。仙人王子喬，駕白象游于高安之荷山，其象化爲石。山中有池，多紅蓮。《豫章記》。

南海之獻，林邑之獻。武帝時，南海獻馴象。成帝咸康六年，林邑獻象一，能拜跪。《漢書》。

任城頓鼻，鄧王知重。魏文帝時，南越獻白象。任城王曹彰手頓其鼻，象伏不動。《拾遺記》。孫權獻馴象二頭，魏太祖欲知其斤重。鄧王尚幼，乃曰：『置象大船，刻其所至，稱物以載，可知也。』《江表傳》。

伏罪之象，不舞之象。晋時，南越致馴象，養於皋澤，作車。帝行則以象車導引，以試橋梁。後象以鼻害人，有司祝之而殺象。象垂鼻泣，血流地不敢動。自後，朝議以象無益，

〔一〕　今按：『君當爲大都，而不能善終』『夫象者，獸也』『敦殺之而取其郡』，《藝文類聚》分别作『君當爲大郡，而不能善』『夫象者，大獸。取其音』『敦遣沈充殺之』。

悉送還越〔一〕。《晋諸公贊》。明皇賜酺御樓，引大象犀牛，或拜或舞，動中音律。及西幸蜀，禄山驅掠舞象舞馬，盡入洛陽。一日，大設聲樂，出，幽燕戎王、番胡酋長多未之見，因出象紿之曰：『此自南海奔至，以吾有天命，異類必拜舞。』左右教之，象皆蹬〔二〕目，略無拜舞者。禄山慚怒，盡坑殺之。《明皇雜録》。

象箸，象函。紂始爲象箸，箕子嘆曰：『彼爲象箸，必不盛以土簋，將爲玉杯。玉杯象箸必不羹藜藿，衣短褐，而舍茅茨之下，則錦衣九重，高臺廣室。稱此以求天下，不足矣。』有一僧行遇群象，上樹避之。象隨倒樹，負之至林中。有一病象，足瘡而卧，乃竹刺，沙門拔去。俄傾，一象持金函轉授沙門，乃佛牙也。《西域記》。

被甲之象，陷坑之象。周軍逼江陵，梁以二象被之以甲，束刃於鼻，令崑崙奴馱〔三〕之以戰。楊忠射之，象反走。《三國典略》。隋文帝遣劉方等擊林邑。其王梵至，乘巨象而戰。

〔一〕今按：《初學記》引《晋諸公贊》曰：『晋時南越致馴象，於皋澤中養之。爲作車，黄門鼓吹數十人，令越人騎之。每正朝大會，皆入充庭。帝行則以象車導引，以試橋梁。後象以鼻擊害人，有司祝之而殺象，垂鼻泣，血流地不敢動。自後朝議以象無益於事，悉送還越。』

〔二〕今按：『蹬』，《嶺表録異校補》作『努』。

〔三〕今按：『馱』，《太平御覽》作『馭』。

方多掘小坑，草覆其上。方與戰，僞北。梵至逐之，其象陷，軍遂亂，方大破之。《北史》。

呼大客，容數人。始興郡陽山縣人忽遇一象，以鼻捲之，遥入深山。見一象，脚有巨刺，此人牽挽得出，病者即起。以鼻掘出數條長牙，送本處。本境苗稼爲象所困，其象俗呼大客，因語曰：『我田稼在此，恒爲大客所犯。』便覺躑躅，如有馴解。《異苑》。元魏永平二年，乾綱國胡王獻白象，背施五綵屏風，七寶坐牀，容數人，真是異物。《伽藍記》。

旄象之約，舞象之樂。伊尹説湯以至味曰：『肉之美者，猩猩之唇，旄象之約。』《吕・本味》。賀齊還新都，孫權出祖道，作樂舞象。權謂齊曰：『今定天下，都中國，使殊俗貢珍，狡獸率舞，非君而誰？』《吴書》。

殺象，斃象。宋沈攸之爲荆州刺史，時有象三頭，自出格殺之。《南史》。宋淳化中，上苑一象斃，太宗命取膽。徐鉉曰：『當在前左足。』果得之，問其故。鉉曰：『象膽隨四時，在足。今方春，故知之。』《類苑》。

宏詞獨孤綬所司試《馴象賦》。『化之式孚，則必受乎來人。物或違性，斯用感於至仁。反諸林邑之野，歸爾梁山之隅。時在興兵，豈賜乎燧尾！上惟賤賄，寧惜乎焚軀。』上以綬爲知去就，故特書第三。

贊曰：『象之爲獸，形體特詭。身倍數牛，目不逾豕。鼻爲口役，望頭若尾。馴良承教，聽言則跪。素牙玉潔，載籍所美。服重致遠，形如丘徙。』〔一〕《南州異物志》。

麋鹿

瑶光星散而爲鹿。江淮不祠則瑶光不明。㲋生鹿。《春秋運斗樞》。四九三十六，六主律，律主鹿，故六月而生。《家語》。

鹿有角而不能觸，麞有牙而不能噬：麋，大鹿也，冬至角解。麚，牡也。麀，牝也。麛，其子也。千年爲蒼鹿，又百年爲白鹿，又五百年爲玄鹿。商汝山中多麝，絶愛其臍，每爲人逐，勢且急，即投高岩。舉爪裂出其香，就縶而死。猶拱四足，以固其臍。李商隱詩曰『投岩麝退香』是也。麝鹿非辰屬，八卦無主，故道家聽許爲脯。《陶氏書》。

西北之麝，嚙𩢦而食柏，故其香結。東南山溪，有松而無柏，故麝不結也。趙辟公《雜説》。〔二〕

〔一〕今按：『豕』，《初學記》作『豨』。

〔二〕今按：『嚙』，上海古籍出版社《禽魚蟲獸編》作『噬』。『趙辟公』，《中國藏學史料叢刊（第一輯）·邊藏風土記卷二》作『趙辟公』。

麝，小麞。《養生論》：『麝食柏而香。』許渾詩：『麝過春山草自香。』《抱朴子》：『山中未日稱吏者，麞也。』《易》：『即鹿無虞，唯入于林中。』《屯》六三。以陰居剛，即不自濟，又無應援。《象》曰：『即鹿無虞，以從禽也。』

《詩》：野有死麕，白茅包之。野有死鹿，白茅純束。貞潔自守。町畽鹿場。麀鹿麌麌。呦呦鹿鳴，食我之苹。鹿斯之奔，維足伎伎。《小弁》。舒貌。王在靈囿，麀鹿攸伏，麀鹿濯濯。《靈臺》。瞻彼中林，甡甡其鹿。《桑柔》。

惠王之顧麋鹿，宣王之殺麋鹿。《孟子》：『顧麋鹿曰：「賢者亦樂此乎？」曰：「賢者而後樂此。樂其有麋鹿。古之人與民偕樂，故能樂也。」』『有囿方四十里，殺其麋鹿者如殺人之罪。則是方四十里，爲阱於國中。』

上林之殺鹿，禁地之殺鹿。武帝時有殺上林鹿者，下有司收殺之。東方朔曰：『是故當死者三：使陛下以鹿殺人，一當死；天下聞陛下重鹿賤人，二當死；匈奴有急，以鹿觸之，三當死。』帝默然，赦之。《高堂隆集》：『近日有司宣令，殺禁地鹿者，身死。』此爲重禽獸而賤人也。

震澤之鹿，夢澤之鹿。楚王獵於震澤，驅鹿入谷，將令盡殪。忽一大鹿跪而人言曰：『我鹿王也，願自今日日獻一鹿。』王異之，開道縱之，自是日有一死鹿置王所獵處。僅三年，王薨，遂止。傍人立廟，號爲鹿王廟。《震澤事苑》。楚王獵雲夢之澤，云云。後吴侵楚，萬鹿乘月黑，馳繞吴軍，若萬馬奔聲，吴軍驚遁。明日一白鹿見王，叙其報恩曲折。楚王立廟，以旌其德，名其山曰仁鹿山，谷曰仁鹿谷，廟曰仁鹿廟。《青瑣高議》。

韓文秀之收養，孫法宗之解放。梁時，韓文秀見鹿産一女，遂收養之，遂爲女冠。梁武立一觀，號曰鹿娘。死後入棺，武帝致祭，每聞異香，不見骸骨，遂葬棺于毗陵，號其處爲真山。《述異記》。孫法宗麕鹿觸網，必解放之，償以錢物。後苦頭瘡，夜有女人至，云：『我是天使，來相謝。瘡本不關善人，取牛糞煮傅之。』傅便差，一境賴之。《南史》。

鹿之産女，人之化鹿。見上。潘陽樂安有人姓彭，世以獵射爲業，後忽化成白鹿，其子終身不復弋獵。至孫復射，忽得一白鹿，乃于兩角間得道士七星符，並有其祖姓名及鄉居年月。乃燒弓矢，永斷射獵。《異苑》。

後趙王之相救，項縣長之來謝。石勒嘗傭於臨水，爲遊軍所囚。會有群鹿傍過，軍人競逐，勒乃獲免。又見老父曰：『向群鹿者我也，君應爲中州〔一〕，故相救耳。』《晋書》。項〔二〕

〔一〕今按：『君應爲中州』，中華書局《晋書·石勒載記》作『君應爲中州主』。

〔二〕今按：『項』，《太平廣記》作『須』。

縣姚牛，年十餘歲，父爲鄉人所殺。牛在縣署手刃，官長深矜孝節，推遷其事，獲赦得免令。後逐鹿入草，中有古深阱數處，馬將趨之，忽見一公舉杖擊馬，馬驚避，不得鹿。令怒，引弓將射之。曰：『此中有阱，恐君墮耳。』令曰：『爾爲何人？』翁跪曰：『姚牛父也。感君活牛，故來謝恩。』因忽不見。《幽明録》。

褚無量之馴鹿，伍世公之悲鹿。丁母憂，廬於墓側，所植松柏時有鹿犯。無量泣曰：『山中衆草少木，何忍犯塋樹？』俄有群鹿馴狎，不復侵害。無量因此終身不食鹿肉。《唐書》。伍襲世公，丁父憂，廬墓側有一鹿，每襲哭，輒繞墳而悲鳴。《蕭廣濟孝子傳》。

丁茂白鹿之遊，唐頌白鹿之食。丁茂仲虚至孝，母終，負土治冢，列植松柏，白鹿遊乎左右。《廣州先賢傳》。唐頌德雅，遭喪六年，廬於墓次，白鹿拾食冢邊。上。

民化爲鹿，鹿詐爲人。越俚之民，老者化爲鹿〔一〕。《括地圖》。張盍蹹、孺甯成〔二〕，並精思於蜀云臺山石室中，忽有一人着黄練單衣葛巾，曰：『勞乎道士，乃辛甚幽深！』顧視於鏡，乃是鹿也。因問曰：『汝是山中老鹿，何敢詐爲人形也？』《抱朴子》。

〔一〕　今按：『鹿』，上海古籍出版社（李劍國著）《唐前志怪小説輯釋》作『虎』。

〔二〕　今按：『張盍蹹、孺甯成』，諸子集成本《抱朴子内篇・登涉》作『昔張蓋（原注一作盍）蹹及偶高（原注一作豪）成二人』，『著黄練單衣葛巾』下有『往到其前』。

謝鯤獲鹿，陳氏斫鹿。謝鯤避地豫章。嘗行經空亭夜宿。此亭舊每殺人。將曉，黄衣人呼鯤字，令開户。鯤澹然無懼色，便於窗中度手牽之，髀斷，視之鹿也，尋血獲焉。爾後此亭無復妖怪。《晋書》。淮南陳氏，於田種豆。忽見二女，姿色甚美，着紫纈襦，青裾，天雨而衣不濕。壁掛一銅鏡，鏡中見二鹿，以刀斫，以爲脯。陶潛《搜神後記》。

高柔之請，古弼之乞。魏主叡，殺禁地鹿者身死，財産没官。高柔曰：『天下生財者少，而麋鹿之損者多，請除其禁。』見上。魏主田于山北，獲麋鹿數千頭，詔尚書發牛車運之。古弼表乞使矜緩，使得收載。

子家之告宣子，管子之告楚人。《左・文公十七年》：『鄭子家告宣子曰：「古人曰鹿死不擇音〔一〕」，小國之事大國也，德則其人也，不德則其鹿也。以人道相事。鋌而走險，急何能擇。』鋌，急疾貌。桓公問管子：『楚之强國，舉兵伐之，恐力不過，奈何？』對曰：『公貴買其鹿。』載錢二千萬，公使人求鹿於楚人，楚人釋其農而田鹿。管子告楚人賈曰：『爲致生鹿，賜子金百斤。』《管子》。

樂伯射麋，潘黨射麋。《左・宣公十二年》：『楚樂伯矢一而已，麋興於前，射麋麗龜。

〔一〕 今按：『音』，《十三經注疏》本作『蔭』。

注：麗，着也，龜背之隆高當心者。』楚潘黨，見六麋，射一麋。庾信賦曰『箭不麗於六麋』是也。

魏文帝之殺鹿，邵文立之殺鹿。明帝爲平原王，王母甄后妒，文帝殺之，故不立爲太子。嘗從帝獵，見鹿子母，帝射殺鹿母，語射其子，對曰：『陛下既已殺其母。』帝歎，由是帝立太子意定矣。《魏本傳》。天監中，有邵文立者，嘗欲殺一鹿，鹿跪而流淚，以爲不祥。鹿懷一麑，尋當産育，就庖哀切，同被刳割。因患疾，尋自悔責，舍宅爲伽藍，小莊嚴寺是也。《梁京寺記》。

士瞻夢鹿，孔祐養鹿。梁吉士瞻夢得一積鹿皮，從而數之，有十一領。及覺，喜曰：『鹿者禄也，吾當居十一禄乎？』及除西陽武昌二郡太守，心惡之，愚疾不肯療，普通七年卒於郡。《南史》。會稽孔祐，至行通神，曾有鹿中箭來投，爲之養療，愈然後去。上。

盧氏縣之射鹿，虢州人之得鹿。陸紹弟爲盧氏縣尉，觀獵人遇鹿五六頭，見人不驚，陸怪不射。問之，言此仙鹿也，射不能傷，且復不利。陸强之，獵者發矢，鹿帶箭而去，射者墜崖折足。胡珦爲虢州獵人，殺得鹿，重一百八十斤，蹄下貫銅環，上有篆字。《西陽雜俎》。

范陽節下之鹿，金陵苑中之鹿。唐寶曆中，范陽節度使朱克融獵得一鹿，膽中得珠，初軟後硬，如石光明。麻安石曰：『請以意推之，鹿者，禄也。鹿死，是鹿盡也。珠初軟後硬，是珠變也。禄盡珠變，必有變易之事，衰亡之兆也。』是年五月，帳下軍亂，全家被殺。《祥驗録》。開寶七年，金陵苑中鹿忽人語，牧者叱之，鹿亦叱牧者，曰：『明年今日，汝等俱作鬼物，苑囿荒凉，焉能拘我？』明年宋師渡江，牧者俱死，苑囿亦廢。《金陵志》。

西巴放麑而爲傅，惠度射鹿而爲僧。孟孫獵得麑，使秦西巴載歸，其母隨之而歸，秦西巴不忍而與之。孟孫大怒，逐之。居三月，復召爲子傅，曰：『夫不忍于麑，又且忍吾子乎？』嵊縣剡山，一名鹿胎山。獵士陳惠度射鹿。此山鹿，孕而傷，既産，以舌舐子，乾而母死。惠度投寺爲僧。後鹿胎處生草，名曰鹿胎草。《浙江志》。

趙高獻鹿於二世，趙高駕鹿而從行。趙高持鹿，獻於二世，曰：『馬也。』二世曰：『丞相誤耶，指鹿爲馬。』趙高駕鹿而從行，王曰：『何爲駕鹿？』高曰：『馬也。』問群臣，半言馬，半言鹿。當此之時，秦王不敢信其目，而從邪臣之言。陸賈《新語》。潘岳賦：『苑鹿化而爲馬。』陶隱居云：『馬之似鹿者，直百金。荆楚之地，其鹿絶似馬，土人謂之馬鹿。趙高指鹿爲馬，蓋以類耳。』《爾雅翼》。

鹿形似馬而迅於馬，豻形似犬而健於犬。國有千金之馬而無千金之鹿，家有千金之犬而無千金之豻，以犬馬有用而豻鹿無用也。《劉子》。

麋茸補陽，鹿茸補陰。《瑣碎録》。

《襄公十四年》：戎子駒支曰：『譬如捕鹿，晋人角之當其頭，秦人掎之踣其足。』〔一〕『麗，旅行也，鹿之性見食急則必旅行。』《字統》云：『粗，鷩防也。鹿之性相背而食，慮人獸之害也。』『麗，旅行背食，旅行。』《禮》：「儷皮納聘」，蓋鹿皮也。』《説文》。

鹿者仙獸，自能樂性。至六十年，懷瓊于角下，角有班痕，紫色如點。《天玄主物簿》。

佛書謂鹿爲伊尼。山谷詩：『焚野得伊尼。』

胡居士嘗言：『鹿性驚烈，多别良草，食九物，餘則不嘗。九草者，曰葛葉及花、鹿蘂、白蒿、水芹、甘草、齊頭蒿、茸、蓍芑。享神肉，其肉者，以其性清浄也。』凡餌藥勿食鹿肉者，以鹿常啖解毒之草也。山谷。

蜀都頤慕山有穴，號曰鹿市。諸山之鹿，一日一聚其中。《圖經》。雲南郡出茶首，其音爲蔡茂，是兩頭鹿名也。其腹中胎以四月中取，可以治蛇虺毒。《博物志》。熊倉山上有神鹿，一身兩頭，主食毒草，名之食毒鹿。魏宏《南中志》。武陵山有獸如鹿，前後有頭，常以一頭食，一頭行。盛弘之《荆州記》。《蜀都賦》：『戟食鐵之獸，射噬毒之鹿。』

鹿夜臨宿，下寨角，寨大者角而外四圍，小者在中，團圍如寨，今人以木倣作鹿角寨。

〔一〕今按：『晋人角之當其頭，秦人掎之踣其足』，《十三經注疏》本作『晋人角之，諸戎掎之，掎其足也』。

《瑣碎録》。

江同祖過郢州，人言鹿在前結寨，巨鹿無數，四環成圍，以角外向凡十數重。兩麑麅處中，勃跳嬉戲。麋千千爲群，掘食草根，其處成泥，名曰鹿畯。民隨此畯種稻，不耕獲，其收百倍。《博物志》。

《周禮》：『醢人朝事之豆，其實有麋臡。』

蘭室山之鹿，海陵洲之麋。蘭室山葛玄隱處有隱几，化爲鹿。鹿鳴，即縣令有罪。《獨異志》。海陵洲上，群麋馬大，迅走，人欲捕之，雖麑不獲，蓋常兩兩並負其子而行。

大者爲麈，其尾辟塵。鹿之大者爲麈，群鹿隨之麈。音主。鹿之長以尾指，則后鹿隨之，故名談者揮焉，其尾辟塵。《郡譜》云：『麈謂之荒，鹿謂之擢。』

赤鹿足短，形大如牛。張掖南山，一名天山，一名雪山。出赤鹿，足短而形大，如牛重千斤。《寰宇記》。麞鹿無魂，故可食。《酉陽雜俎》。

白鹿

夫鹿者，純善之獸也。道術得，則白鹿見。王者明，惠及下，則見。《瑞應圖》。

白鹿，仁獸也，色若霜雪，不如他鹿爲群。晋徵祥説。

殷仲堪上《白鹿表》，曰：『白者，正色。鹿者，景福嘉義。』《中興書》。

白鹿之乘，神鹿之行。黄帝時，西王母使使乘白鹿獻環，白之休符，有金方也。夏禹之時，神鹿行於河水。《金樓子》。

萑臺之鹿，豫章之鹿。天子征于萑臺，獵萑之獸，有白鹿一，迮乘而逆〔一〕。《穆天子傳》。

和帝永元中，豫章餘干，得白鹿，高長九寸。《古今注》。

開元之鹿，正元之鹿。唐明皇獲白鹿，愈愛之。正元八年正月，鄂州觀察使何士幹獻白鹿，上曰：『朕初即位，即上祥瑞。士幹致白鹿，其謂我何？還之，彼當慚懼。留之，遠近復獻。』竟不視，放於苑中〔二〕。《唐會》。

淮陽之鹿，華陰之鹿。鄭弘爲淮陽太守，行春大旱，隨車致雨，白鹿方道，俠轂而行。弘怪，問主簿黄國。國拜賀曰：『三公車轓畫作鹿，明府必爲宰相。』後果爲太尉。辛繕公文，少治《春秋》《詩》《易》，隱居弘農華陰，白鹿甚馴。《三輔决録》。

〔一〕今按：『逆』，《太平御覽》作『逸』。

〔二〕今按：『正元八年正月』『即上祥瑞』，中華書局《唐會要》分别作『貞元八年正月』『即止祥瑞』。

烏馴丹羽，壯叔和之室〔一〕；鹿呈白毳，擾功文之廬。《晉·孝友傳序》。羨門之乘，李渤之養。羨門子乘白鹿而行，杜詩曰『騎行白鹿馴』是也。李渤隱廬山，養一白鹿。

白鹿之駕，白鹿之獻。唐杜悰曰：『季龍暴虐，得白鹿以駕芝蓋。後趙。以是觀之，瑞豈在德，願陛下專以百姓富安爲國慶。』上善之。文宗。周建德二，周太子獲白鹿，以獻周主。詔曰：『在德不在瑞。』

丁茂冢上之遊，唐頌冢邊之食。見上。

李堅之獻，陶淡之養。晉咸光四年七月壬寅，長沙郡邏吏黄光道遇白鹿，驅之不去。光遂抱取，遣吏李堅奉獻。《宋書》。陶淡，侃之孫，雅好導養。年十五，服食絶穀。得白鹿子，馴而養之，與之往还，後遂不還。《晉中興書》。

白鹿山，白鹿洞。岸有一白鹿，浮過江，人竟逐之，鹿忽飛超逾岡而去，故名白鹿山。白鹿書院見白鹿之升天，獲白鹿之移山。唐玄宗幸温泉，見白鹿升天，改會昌爲昭應縣，會昌新豐也。《會昌解頤》。上於芙蓉園獲白鹿，王昊山人識之，曰：『晉時鹿也。』乃於角

〔一〕今按：『壯叔和之室』，中華書局《晉書·孝友傳》作『巢叔和之室』。

際得銅牌字，刻之曰『宜春苑中白鹿』。移于北山，字之曰山客。《津陽門詩》：『長生鹿瘦銅牌垂。』〔一〕《宣室志》。

晋成帝遣人捕得，有銅牌，字在角後。云：『寶鼎二年臨江所獻。』《述異記》。

異鹿

雨一蒼鹿，得一玄鹿。漢成帝時，宫中雨一蒼鹿。《述異記》。成帝時，中山人得玄鹿〔二〕，烹而視，骨皆黑。仙人説：『玄鹿，壽二千歲。』爲脯食之。

高僧之見，驚女之得。唐安國寺，什元康見一鹿，角分三岐，撫而馴伏，遂豢養之。乘而致遠，曾無倦色。以《三論》之文荷之於背，又以小軸繫之于尾。《宋高僧傳》。昔有女子采薇，有所驚而走，因得鹿，其家遂昌熾。故屈子《天問》云：『驚女采薇鹿何祐〔三〕？』

咏麃，杜甫。書麋。孔子。永與清溪别，蒙將玉饌俱。無才逐仙隱，不敢恨庖厨。九華隱

〔一〕今按：『字之曰山客』，文化藝術出版社《增訂注釋全唐詩（第四册）》作『目之曰仙客』。
〔二〕今按：『中山人得玄鹿』，《述異記》作『山中得玄鹿』。
〔三〕今按：『祐』，上海古籍出版社（曹明綱標點）《柳宗元全集》作『佑』。

翁，與白鹿同隱。亂世輕全物，微聲及禍樞。聞鳴獵取。衣冠爲盗賊〔一〕，饕餮用斯須。《春秋·莊公十七年》：『冬，多麋。』胡傳：鹿，魯所有也。多則爲異，以其又害稼也，故書此。亦禹放龍蛇，周公遠犀象之意也。害稼則及人矣。

豕

《易·説卦》：『坎爲豕。』《記》：『豕曰剛鬣。』猪，一名參軍，一名豕。豕生子，謂之豵。《古今注》。斗星發，散爲彘，四月生，應天玉〔二〕。《春秋説辭》。六九五十四，四主時，時主豕，故豕〔三〕四月而生。《淮南子》。猪，北〔四〕燕、朝鮮之間謂之豭。關東西謂之彘，或謂之豕。南楚謂之豨。其子或謂之豚，或謂之豯。吴揚之間謂之猪。《方言》。

〔一〕今按：『衣冠爲盗賊』，《全唐詩》杜甫《鹿》作『衣冠兼盗賊』。
〔二〕今按：『玉』，《初學記》引《春秋説題辭》作『理』。
〔三〕今按：『豕』，諸子集成本《淮南子·墬形訓》作『彘』。
〔四〕今按：原脱『北』字。

梁州以豕爲猪，河南謂之彘，吴楚謂之狶，漁陽以大猪爲豝，齊徐以小猪爲豯。豝白豕，黑頭也。豱，豕走〔一〕毛也。豰，小肫也。何承天。

豯，春生三月也。豵，春生六月也。或曰一歲曰豵。豝，牝豕。豜，豵也。豕豣，三歲豕。豭，牡豕也。豧，豶也。上谷名猪曰豛。豷，豕息也。豢，以穀圈養豕也。〔二〕《説文》。

大豕五尺爲豝。《尸子》。豕所寢檜。郭云：『檜，其所卧蓐。』《方言》云：『其檻及蓐曰檜。』舍人曰：『豕所寢草名爲檜〔三〕。』某氏曰：『臨淮人謂野猪所寢爲檜。』李巡曰：『猪卧處名檜。』檜是所居處。《爾雅翼》。

卞彬云：『猪性卑而率。豢豕者，翁爲調糠，而媪爲擇之虱，豈愛豕哉？利其肉也。』

張驚云：『亥之與豕，涇渭莫分。』《内則》：『豚去腦。』《小儀〔四〕》：『君子不食圂腴。』大豕亦食米穀，其腹與人相似，故不食其腸也。《内則》：『豕望視而交睫腥。』望視，舉目高也。交睫，目睫毛交也。腥讀爲星，肉中生小息肉，如米者也。

〔一〕今按：『走』，中華書局《初學記》作『奏』。
〔二〕今按：『春』『豵』，《説文解字》分别作『豚』『豝』。
〔三〕今按：『檜』，《十三經注疏》本作『橧』。
〔四〕今按：『小儀』，《十三經注疏》本作『少儀』。

《易·大畜》：『六五，豶豕之牙。』六〔一〕五居君位，止畜邪惡。攻其特而去之曰豶。《睽》：『上九，見豕負塗。』見三，如豕之汙穢，而背負泥塗。《姤》：『初六，羸豕孚蹢躅。』豕陰躁之物，故以爲況。羸弱之豕，中心在乎蹢躅。《中孚》：『豚魚吉。』《彖》曰：『豚魚吉，信及豚魚也。』臨川吴氏曰：『豚魚知風，故中孚象取爲象。』

《詩》：『有豕白蹢，蹄。烝涉波矣。烝，衆也。』

《孟》：『鷄豚狗彘之屬，無失其時。』『二母彘，無失其時。』狗彘食人，食而不知撿。

《詩》：『一發五豝。一發五豵。發彼小豝。言私其豵，獻豜于公。』

彭生人立，伯封豕心。《左·莊公八年》：『齊侯田於貝丘，見大豕，從者曰：「公子彭生也。」豕人立而啼，公懼，墜于車。彭生既死。《昭公七年》：后夔生伯封，實有豕心，貪淋〔二〕無厭，謂之封豕。

吴爲封豕，衛之婁豬。《定公四年》：申包胥曰：『吴爲封豕，以荐食上國。』《定公十四年》：蒯聵過宋野，野人歌之曰：『既定爾婁豬，盍歸吾艾豭？』婁豬，求子豬也，得牡則定，

〔一〕今按：原脱『六』字。
〔二〕今按：『淋』，《十三經注疏》本作『婪』。

以喻南子。艾，老也。豭，牡豕也，以喻宋朝。南子，宋女。朝，宋公子。舊通于南子。衛侯爲南子召宋朝，故《孟》：『食而弗愛，豕交之也。』

舜之居深山之中，與鹿豕遊。今之與楊墨辯者，如追放豚。認豕不争，奏豕爲患。曹萌〔一〕鄰有亡豕者，與萌豕相類分，詣門認之，萌不與争。後亡豕自還，其主大慚，送所認豕。盧杞爲虢州，奏官豕三千爲民患。德宗曰：『徙之沙苑。』杞曰：『同州亦陛下百姓，臣謂食之便。』德宗曰：『守虢而憂他州，宰相才也。』《史》。海上之牧豕，遼東之有豕。公孫弘牧豕海上，年四十餘，學《春秋》。《漢書》。朱浮《與彭寵書》：『遼東有豕，生子白頭，異而獻之。行至河東，見群豕皆白，懷慚而还。以子之功論於朝廷，則遼東豕也。』《選》。駱賓王《啓》：『顧遼豕以多慚。』李太白詩：『遼東慚白豕。』

燕王之膳豕，張端之殺猪。駱賓王《啓》：『膳後之豕，翻化黿於魯津。』張端爲河南司録，府當祭社，買猪已呈，猪突入端所，即殺之。吏白尹，尹問端，對曰：『按律，諸無故夜入人家，主人殺之，勿論。』《書》：『周公「乃社于新邑，豕一。」』《召誥》。《左》：『鄭伯使卒出

〔一〕今按：『曹萌』，中華書局《三國志·魏書》載『曹騰』，名『節』。

豭，以詛射潁考叔者。』

杜詩：『幽薊餘蛇豕。燕薊奔封豕。』

渤海俗之所貴，京畿民之所訴。北狄渤海俗所貴者，曰鄭頡之豕。宋太宗朝京畿民牟哶詣登聞鼓，訴家牧失豭豚。

子路烹豚，子路佩豭。孔子窮陳蔡之間，子路烹豚，孔子不問所由來，即食之。《墨子》。子路性鄙，好勇力，冠雄鷄，佩豭豚，凌暴〔一〕孔子。孔子設禮，稍誘子路。子路後儒服，委質請爲弟子。《史》。

子韋氏之豭，昭釐侯之豕。子韋氏之豭，其色粹而黑，一産三豚，其二如之，其一則駁而白，惡其不類于己也，噛而殺之。其同於己也，字之惟恐傷也。《子華子》。視所以祠廟之牲，其豕小，昭釐侯令官更之，官以是豕來也。侯曰：『是非鄉者之豕耶？』官無以對，令吏罪之。從者曰：『何以知之？』君曰：『吾以其耳也。』韓昭釐侯也。

化龜之豕，化石之猪。朔人獻燕昭王以大豕，使曰：『今年百二十矣，人謂豕仙。』養之十五年，大如沙犢。乃命膳之。豕夢於燕相曰：『仗君之靈，得化吾生，始得爲魯津之伯。』

〔一〕今按：『凌暴』，中華書局《史記·仲尼弟子列傳》作『陵暴』。

後燕相游于魯津，赤黿銜夜光而獻。《符子》。見上。蜻蛉縣有石猪圻，長谷中有石猪，子母數千頭。長老傳言夷昔牧此，一朝化爲石。迄今夷人不敢往牧。《水經》。

留長孺以相彘立名。《史》。商丘子有養猪之法。《博物志》。

吴祐牧豕於澤中，公沙賣猪於市上。吴祐季英牧豕於長垣宅〔一〕中，行吟經書。《後・傳》。公沙穆嘗養猪，有病，使人賣之於市。其直過價，穆齎半直，以还買猪者。買猪者辭不取，穆棄錢而去。《謝書》。

孫期牧豕，馬氏養猪。孫期家貧，牧豕於大澤中。事母至孝，遠人從學。黄巾賊起，相約不犯孫先生舍。辟舉〔二〕方正，遣吏賫羊酒請期。期驅豕入草不顧，司徒黄琬特辟，不就。《高士傳》。

馬氏兄弟五人，共作五門，養猪賣豚，民謂之曰：『苑中三公，巨下一卿。五門嘍嘍，但聞豚聲。』

于闐人語，王濟人乳。莎車王殺于闐王。于闐大都末見野豕，欲搏之，乃人語曰：『無

〔一〕今按：『宅』，中華書局《後漢書・吴祐傳》作『澤』。

〔二〕今按：『辟舉』，中華書局《後漢書・儒林上・孫期》作『郡舉』。

殺我，我爲汝殺莎車將軍。』都末異之，共殺莎車王。《漢記》。王濟性侈，帝幸其家，供饌甚豐，蒸豚尤美。上問其故，曰：『蒸以人乳。』上色不平，食不畢而去。

豕出囷中，豕死殿上。昭帝時，燕王宮永巷中豕出囷〔一〕，壞都竈，銜其鬴六七枚置殿前。《漢・五行志》。劉聰末年，犬與豕交。豕着進賢冠，升聰坐。犬冠武冠帶，與逐並外，鬥死殿上。《晉・五行志》。

認曹萌之豕，而曹萌不争；認德操之猪，而德操以與。見上。司馬徽德操，時人號爲水鏡。嘗有人妄認徽猪，徽便推猪以與之。後數日，亡猪者得其猪，以猪还徽，叩頭自責。《董正别傳》。

有豕來飲，殺豘以進。阮咸不用杯觴，以大瓮盛酒。時有群豕來飲其酒，接去其上，便共飲之。《晉書》。劉道真少時漁釣，有一老嫗識其非常人，殺豘以進。道真食盡，又進一豘，又食半，餘半还之。後道真爲吏部郎，嫗兒爲小令史，道真乃超用之。賫牛酒以詣，道真笑

〔一〕今按：『囷』，中華書局《漢書・五行志》作『圂』。

曰：『去去無復相報。』〔一〕

見女子之金鈴，偷女子之青履。吴中一士夫，見一女子，共宿，解臂上金鈴，繫女臂。過猪圈，見一母猪臂上繫金鈴。《志怪》。李汾撫琴于四明山，月夜，有女子，惟覺口帶高緇黑色，留宿極歡。汾偷女子青毡履子一隻，明見鮮血滿地，乃猪蹄殼也。汾惶駭，尋血張氏溷中，見一牝豕，後足刓殼，瞋目咆哮。汾白張叟，叟即殺之。《搜神記》。尹縱之事同。

李瞿曇之夢，郭元振之聞。饒陽李瞿曇，夜夢一母猪。李仙藥占之，曰：『母猪豘主也，君必得豘主。』果如其言。〔二〕《僉載》。郭元振開元中下第，自晋之汾，夜行失道。有宅門宇甚峻，堂上燈燭，俄聞女子哭聲，曰：『妾鄉有烏將軍，每歲鄉人擇美女嫁，父利鄉人之金，潛以應選。醉妾此室而去，將軍二更當來。』公大憤曰：『當殺身以殉女。』未久，紫衣吏入，復走，曰：『相公在此。』既而將軍入，公出揖曰：『今夕嘉禮，願爲小相。』公取佩刀斫其

〔一〕今按：『劉道真少時漁釣』『殺豘以進。道真食盡，又進一豘，又食半，餘半還之。後道真爲吏部郎』『道真乃超用之。賫牛酒以詣，道真笑曰：「去去無復相報。」』，諸子集成本《世説新語·仁誕》分別作『劉道真少時常漁草澤，善歌嘯，聞者莫不留連』『有一老嫗識其非常人』下有『甚樂其歌嘯』『乃殺豚進之。道真食豚盡，了不謝。嫗見不飽。又進一豚，食半餘半，乃還之』『道真超用之。不知所由，問母；母告之。於是齎牛酒詣道真，道真曰：「去！去！無可復用相報。」』

〔二〕今按：『豘』，《太平廣記》作『屯』。

腕，將軍大驚而走。天明視其手，乃猪蹄也。俄聞哭聲，乃父母舁櫬而來，將收尸，公具告焉。乃令鄉人執弓矢尋血而行，入大冢，見豕，無前蹄，走出而斃。公納其女爲側室。《幽怪録》。

猪王，猪龍。廢帝無道，因諸父殿中，以明帝肥壯，號爲猪王。《宋書》。安禄山夜宴，醉卧，化爲異猪而龍首。玄宗曰：『猪龍也，無能爲者禄山。』《禄山事迹》。

劉胡舍宅，陸逞仁政。兄弟四人以屠爲業，永安年中，胡殺猪，猪忽唱乞命，聲及四鄰。鄰人謂胡兄弟相驅鬥，而來觀之，乃猪也。即舍宅，爲歸覺寺，合家入道。《伽藍記》。陸逞爲京兆尹，都界有豕生數子，經旬而死。其家又有豮，遂乳養之，諸豚賴之以活，時論以逞仁政所致。《周书》。

渭南夜中之二豕，洪州有人之畜猪。開皇末，渭南二豕〔一〕寄宿他舍，夜中聞二豕對語，其一曰：『歲將盡，阿耶明日殺我供歲，何處避之？』一曰：『可向水北姊家。』因相隨而去。洪州有人，畜猪以致富，因號猪爲烏金。《僉載》。

語豚而行，人立而化。渤海僧隆多網能通鳥獸之音。路逢牝猪，語豚而行，咯咯有聲。

〔一〕今按：『二豕』，《太平廣記》作『有人』。

一朝士戲云：『此猪有語否？』僧曰：『巨猪顧諸雛云：「行行，向前樹陰下吃孋。」料其不遠當遇官槐而止，且飼群子矣。』值之果然。《闕史》。僧辨聰遊五臺，將还京師。有老僧託以書，其上題云：『東京城北尋勃賀分付。』竊啓封視之，云：『度衆生畢，早來。苟更强住，切恐造業。』復封之，至京不見其人。一日，小兒逐猪名勃賀。屠者趙氏能令群猪不亂逸，猪受食薄荷，故以名。僧試呼其名，以書投之，猪遽食其書，人立而化。僧徑之五臺，訪其老僧，亦化去矣。〔一〕《洞微志》。

今觀宰司之取士也，有似于司原之佃也。鹿斯東奔，司原縱譟之。西方之衆有逐豨者，聞司原之譟也，競衆音而和之。司原聞音之衆，則反輟己之逐而往伏焉，遇夫俗惡之豨。司原喜，而自以爲獲白瑞珍禽也。居無何，烈風興而澤雨作，遂駭惧，灌巨豕而惡塗

〔一〕　今按：『切恐造業』『一日，小兒逐猪名勃賀。屠者趙氏能令群猪不亂逸，猪受食薄荷，故以名。僧試呼其名』，江西人民出版社本王河，真理整理。《宋代佚著輯考》分別作『卻恐造業』『一日於五丈河側，見一小兒逐一大猪名勃賀。屠者趙氏子，能引群猪令不亂，遂愛婆荷，故以名。僧呼其名』。此條亦見四庫全書本《天中記》、四庫全書本《紺珠集》。

渝，真聲出，乃知是家之艾猳耳。此隨聲遂〔一〕響之過也。《潛夫論》。

狗彘不擇甂甌而食，偷肥其體而顧近其死。鳳凰翱翔千仞之上〔二〕，故莫之能致。《淮南子》。

狐狸

《玄中記》：『鉛錫之精爲狐狸。』《格物論》：『狐形似黄狗，鼻尖，尾大，性多疑，審聽。』《文中記》：『十〔三〕歲之狐爲淫婦，百歲之狐爲美女。』《名山記》：『狐者，古先之淫婦也，其名曰紫紫，化爲狐，故稱姓自號阿紫。』《説文》：『狐，妖獸也，鬼所成也。有三德，其包中和，小前大後，死則首丘。』〔四〕

〔一〕今按：『遂』，諸子集成本《潛夫論箋校正・賢難》作『逐』。《潛夫論箋校正》注：『王先生云：逐當爲豕。』四部叢刊初編本《潛夫論》亦作『逐』。

〔二〕今按：『鳳凰翱翔千仞之上』，諸子集成本《淮南子・説林訓》作『鳳皇高翔千仞之上』。

〔三〕今按：『十』，四庫全書《花木鳥獸集類》引《玄中記》作『千』。

〔四〕今按：『成』『包』，《説文解字》分别作『乘』『色』。

《荀九家易》：『狐，艮爲狐，坎爲狐。』徐廣曰：『狸，一名不來。』《封禪書注》。

靈狸一體，自爲夫婦，故能媚人。《異》即《異物志》。

《易・解》：『九二，田獲三狐。』狐者，邪媚之獸。三狐，指卦之三陰，時之小人也。《未濟》：『小狐汔濟，濡其尾，無攸利。』汔當爲仡，狀勇之狀。《彖》曰：『小狐汔濟，未出中也。』狐能渡水，濡尾則不能濟。其老者多疑畏，故履冰而聽。小者則未能畏慎，故勇於濟。『濡其尾，無攸利，不續終也。』

《書・禹貢》：『梁州，厥貢狐狸。』

《詩》：『莫赤匪狐。《北風》。雄狐綏綏。《南山》。有狐綏綏，在彼淇梁。有狐綏綏，在彼淇厲。有狐綏綏，在彼淇側。寡婦見鰥夫而欲嫁。一之日于貉，貉，狐狸也。取彼狐狸。《七月》。有芃者狐，率彼幽草。《何草不黄》。』

《論》：『與衣狐貉者立，而不恥者，其由也與？』狐貉之厚以居。

《孟》：『他日過之，狐狸食之。』

《記・檀弓》：『太公封於營丘，比及五世，皆反葬於周。君子曰：「古之人有言曰，狐死竟丘首。」仁也。』《内則》：『狐去首，狸去脊〔一〕。』《左·僖公十五年》：『秦伯伐晋，卜徒父曰：「其卦遇《蠱》，曰：千乘三去，三去之餘，獲其雄狐。夫狐蠱，必其君也。」』《襄公十四年》：右宰穀曰：『余狐裘而羔袖。』惡不多。

瑞狐 反

林甫玄狐，李揆白狐。見一玄狐，其質甚大，命射，未及，其歲籍没。《宣室志》。見一白狐，命逐，無見，明日遷禮部侍郎。上。

《白虎通》：『狐死首丘，不忘本也。德至鳥獸，則九尾狐見。九者，〔二〕子孫繁息也。於尾者，後當盛也。』

禹之白狐，文之青狐。二十未娶，行到山，乃有白狐九尾造於禹。曰：『白者，吾服也。

〔一〕今按：『狸去脊』，《十三經注疏》本作『狸去正脊』。

〔二〕今按：『見。九者』，四部叢刊初編本《白虎通德論·封禪》作『見者九』。

九尾者，王證也。』塗山之歌曰：『綏綏白狐，九尾龐龐。成家成室，我造彼昌。』禹娶塗山女〔一〕。《吴越春秋》。文王拘羑里，散宜生得九尾青狐以獻紂〔二〕，免西伯之難。《瑞應圖》。昔文王應九尾狐而東夷歸。王褒《論》。天命文王以九尾狐。《春秋元命包》。文王拘羑里，散宜生之西海之濱，取白狐青翰獻紂，紂大悦。翰，長毛也。《大傳》。

三壽得九尾狐，鄭州獲九尾狐。桓杍子征于東海及三壽，一狐九尾。《竹書》。周大建九年，周獲九尾狐焚之。鄭州獲九尾狐，已死，獻其骨。周主曰：『瑞應之來，必彰有德，今無其時，恐非實録。』命焚之，書法，狐已死，骨爾。書焚，何予周也？

周宣王之狐，晋恭帝之狐。周宣王三十三年，幽王生。是歲，有馬化爲狐。《搜神記》。晋恭帝元熙元年，汜稱諫曰：『狐上南門，變異之大者也。昔年狐入殿前，而秦師奄至。願罷宫室之役，止遊田之娱，禮賢愛民，以應天變。』凉公不從。三年，北凉滅之。

〔一〕　今按：『二十未娶，行到山』『曰：白者，吾服也。九尾者，王證也』，中華書局東漢趙曄。《吴越春秋·越王無餘外傳》作『禹三十未娶，行到塗山』，『乃有白狐九尾造於禹』上有『恐時之暮，失其度制，乃辭曰：「吾娶也，必有應矣」』，『禹曰：「白者，吾之服也。其九尾者，王之證也」』，『綏綏白狐，九尾龐龐』下有『我家嘉夷，來賓爲王』，『成家成室，我造彼昌』下有『天人之際，於兹則行，明矣哉？』』

〔二〕　今按：『散宜生得九尾青狐以獻紂』，《太平廣記》作『散宜生詣途山得青狐以獻紂』。

《管子》曰：『狐白應陰陽之變，六月而一見。』昔年狐入殿，而秦師奄至。穆王得白狐，而荒服不至。杜甫《鵰賦》：『千年孽狐。』

總

四足九尾，金色九尾。《山海經》：『青丘之北，有狐，四足九尾。』術中有天狐別行法，言：『天狐九尾，金色，役於日月宫，有符有醮目〔一〕，可洞達陰陽。』《酉陽》。

君衣狐裘而出，君衣狐裘而朝。晋平公出朝，有鳥環平公不去。公曰：『吾聞之也，霸王之主鳳下之。有鳥不去，是其鳳乎？』師曠曰：『東方有鳥名諫珂，憎鳥而愛狐。今者吾君必衣狐裘以出乎？〔二〕』《説苑》。林既衣韋衣，而朝齊景公。景公曰：『此君子之服也？小人之服也？』林既曰：『夫服事何足以端士行乎？即如君言，衣狗裘者當犬吠，衣羊裘者當羊鳴。且君衣狐裘而朝，意者得無爲變乎？』上。

狐白之裘，一狐之腋。狐白之裘，天子被之而在廟堂，爲狐計者，不若走於平澤。《金樓子》。趙簡子曰：『千羊之皮，不如一狐之腋。』

〔一〕今按：『目』，《太平廣記》作『日』。

〔二〕今按：『諫珂』，《太平御覽》作『端琦』。

虎威狐假，社鼠稷狐。《春秋後語》：虎不知獸之畏己，反以爲畏狐也。見虎。庾信賦：『虎威狐假。』杜牧詩：『狐威假白額。』張綱埋輪，曰：『豺狼當道，安問狐狸。』杜詩：『狐狸何足道，狐狸不足論。』客謂孟嘗君曰：『狐者，人之所攻也。鼠者，人之所燻也。臣未見稷狐見攻，社鼠見燻，何則？所託者然也。』《説苑》。

胡道洽，胡博士。胡道洽，廣陵人，惟忌猛犬。自審死日，戒弟子曰：『氣絶避〔一〕殯，勿令狗見我尸也。』死於山陽，斂畢，棺空，時人咸謂狐也。《異苑》。有一書生稱狐博士，教授諸生，忽復不見。九月九日，士人登山，聞講書聲，見空冢中群狐網列，見人即走，老狐獨不去，是皓首書生。《搜神記》。

廣平王之夢，習鑿齒之見。廣平王去疾，發欒書冢，有一白狐，戟傷左足。夢一丈夫，鬚眉盡白，以杖叩王左脚，脚患至死不差。《西京雜記》。習鑿齒從桓温出獵，見草上有氣出，伺一物，射之。取之，乃老雄狐，足上帶絳繒香囊。《渚宫故事》。

孫岩之妻，鄭生之婦。後魏孫岩，聚妻三年，妻不脱衣而卧。陰解其衣，尾長三尺，似狐尾，岩懼而出之。截岩髮而走，變爲一狐，追之不得。京邑被截髮者一百三十人，當時婦

〔一〕今按：『避』，《初學記》分别作『便』。

人着綵衣者，指爲狐魅。《伽藍記》。鄭生乘驢，入昇平門，遇美婦人，牽居數歲。鄭生調聞見尉，爲獵駒所殺，乃狐也。《廣記》。

狐魅，狐書。唐初以來，百姓多事狐神，諺曰：『無狐魅不成村。』《僉載》。神龍中，有何讓之者，洛中光武原陵上見老翁吟曰：『野田荊棘春，閨閣綺綱新。出没頭上日，生死眼前人。』訝非其人。一狐跳出，尾有火焰如流星。見一几案，有文書二紙，其一曰：『五行七曜，成此閏餘。上帝降靈，歲旦涒涂。蛇蜕其皮，君亦神攄。九九六六，束身天除。何以充喉，吐納太虛。何以蔽倮，霞裓雲袽。哀爾浮生，擲比荒墟。吾復浩氣，还形之初。在帝左右，道濟忽諸。』題云『應天狐超異科策八道』。讓之獲此書帖，喜而懷之。狐化爲僧，持縑來易。復化讓之弟給取去。未幾，有敕捕盜内庫絹者，遂執讓之付法。《乾䐉子》。

輦下三楊，爲通天之狐。三十餘年，爲朝廷之陰蠹。楊虞卿，漢公，黨附關節。《牛羊日曆》。

王老雙犬，乃伏不動；志玄胡語，遂化而走。睢陽宋王冢旁老狐，每至衙中，邑中之狗悉往朝之。狐坐冢上，狗列其下。東都王老雙犬咋魅，王老牽犬往，犬乃伏而不動。《廣異記》。

什志玄者，河朔人，曾至絳州，見一狐，俄成美女。少選乘馬郎，欲偕去。玄乃振錫胡語，女遂化狐而走。《高僧傳》。

《類從》曰：『燕識戊己，不銜泥。狐潛上伏，不越度阡陌。』又曰：『狐狼知虛實，虎豹識衝破。犀角駭狐，犀角置狐穴。』《淮南子》。

不有吴王之賜書增封，必無越王之索皮答禮。吴王聞越王盡心自守，賜之以書，增之以封。越王使大夫種索胡皮五兩，以答封禮。《淮南子》：『狐之捕雉也，必先卑體彌耳，以待其來也。雉見而信之，故得而擒也。使狐瞋目植睹，見必殺之勢，雉亦知驚憚遠飛，以避其怒矣。夫人僞之相欺也，非直禽獸之詐計也。』

誰知有狸之乳，而致無野之名。齊惠公之妾蕭桐叔子見御有身，以其賤不敢言也。取薪而生景公於野，又不敢舉也。狸乳鸇覆之，人見而收之，因名無野。《搜神記》。

董仲舒之有客，費長房之書生。下帷獨咏，有客論經，仲舒曰：『巢居覺風〔一〕，穴處知雨。卿非狐狸，即是老鼠。』化成老狸，蹶然而走。《幽明録》。見一書生，無鞍騎馬，曰：『还他馬，赦汝死罪。』曰：『此狸也，盗社公馬耳。』《後漢》。

張華伐木，欒廣掘墻。張華爲司空，燕惠王墓前有一斑狸，化爲書生，持刺謁華，引入

〔一〕今按：『巢居覺風』，《太平廣記》作『巢居卻風』。

談論三日不屈。華曰：『千年枯木，照之則形見。』孔章曰：『千年神木，何由可得？』華曰：『惠王墓[一]前有華表木，已經千年。』乃伐其木，血流，便將木歸。燃之以照書生，乃一斑狸，乃烹之。《齊諧記》《搜神記》。樂廣爲河南尹，郡中前所多妖怪[二]。後人皆于廊下督郵傳中治事，無敢在所事者，惟廣處之。白日户自閉，廣使掘墻孔，得狸乃絶。《傅子》。

程雄鸜鵒，弘度野狸。王度至長安，程雄一婢名曰鸜狐，引鏡逼之，化爲老狸而死。《異聞録》。武弘度，士護[三]兄子也，父卒，廬墓側，晨夕哀號。有野狸，每至齊時，必來求食，往來甚馴，時以爲孝感。《舊唐》。

猫

猫似虎。

《詩》：『孔樂韓土。』『有猫有虎。』《記》：大蜡八：『迎猫，爲其食田鼠也。』猫食薄荷則

[一] 今按：『惠王墓』，中華書局《搜神記》作『昭王墓』。
[二] 今按：『妖怪』，《藝文類聚》作『怪病』。
[三] 今按：『士護』，中華書局《新唐書·武弘度傳》作『士蒦』。

醉。世稱六月六，猫犬澡洗之候。猫目睛，朝暮圓；及午，竪斂如綖。鼻端常冷，惟夏至一日暖。其毛不容蚤虱。黑者闇中逆循其毛，即若火星。俗言猫洗面過耳，則客至。射陽出猫，有經叱撥者，青驄色者，猫一名蒙貴，一名烏圓。《酉陽》。

高氏猫鬼，隋季猫鬼。獨孤陁外祖母高氏，先事猫鬼，轉入他家，每子日夜祠〔一〕之，猶爲鬼所殺，人取其財物置於所事猫鬼家。《北史》。隋大業之季，猫鬼事起。家養老猫，爲厭魅，頗神靈。遞相誣造，被誅戮數千餘家。蜀王秀皆坐之。隋室既亡，其事亦寢。

蕭良娣之得爲猫，李德柔之號爲猫。高宗廢王皇后及蕭良娣，蕭駡曰：『阿武狐媚，翻覆至此，願生得一日爲猫。阿武爲鼠，吾扼其喉以報今日。』武后不悦，不許畜猫。《舊唐》。李德柔任大理少卿，持法甚峻，更佞，時號『李猫兒』。《南唐近事》。

武則天之慚，薛季昶之夢。武則天習猫，使與鸚鵡共處，出示百官，傳觀未遍，猫飢搏鸚鵡食之，太后大慚。薛季昶爲荆州長史，夢猫兒伏卧于堂限上，頭向外。以問占者張猶，猶曰：『猫兒者爪牙。伏門限者，閫外之事。君必知軍馬之要。』旬月，知桂州都督〔二〕。

〔一〕今按：『祠』，中華書局《北史》作『祀』。

〔二〕今按：『旬月，知桂州都督』，《太平廣記》作『未旬日，除桂州都督嶺南招討使』。

《僉載》。

王燧之猫，馬燧之猫。河東孝子王燧家，猫犬互乳其子。州縣上言，遂蒙旌表。乃是猫犬同時産子，取猫兒置犬巢中，取犬子置猫窩内，飲慣其乳，遂以爲常。《僉載》。馬燧家猫有生子同日者，其一母死焉。有二子。其一方乳其子，銜而乳之，若其子。韓文。

猫鼠同乳，猫犬共言。朱泚上言：隴州將趙貴家猫鼠同乳，不相爲害。詔遣中使示於朝，常衮率百僚慶賀。崔祐甫獨否，中官詰其故，答曰：『此物之失常也。』上奏言：『《禮》云：「迎猫，爲其食田鼠也。」今對鼠不食，無乃失于性乎，且猫受人養育，職既不修，亦何異于法吏不勤觸耶？·强吏不勒捍敵，以兹稱慶，臣所未詳。』代宗深嘉之。《舊唐》。軍容使嚴遵美，閹宦中仁人也。一日發狂，手足舞蹈。傍有一猫一犬，猫忽謂犬曰：『軍容改常也，顛發也。』犬曰：『莫管他，從他。』俄而舞定，自驚自笑，且異猫犬之言，乃求致仕。《北夢瑣言》。

裴諝好談諧，張搏好養猫。爲河南尹，有婦人投狀争猫兒，狀云：『若是兒猫，即是兒猫；若不是兒猫，即不是兒猫。』諝大笑，判狀云：『猫兒不識主，傍我搦老鼠，兩家不須争，將來與裴諝。』遂納其猫，争者皆哂。《開元傳信記》。連山張大夫搏好養猫，衆色備有，皆自製佳名。或謂搏是猫精。《南部新書》。

峻而佞，時號爲『李猫』。見上。柔而害物，謂之『李猫』。李義府。

雪夜遇駁猫，月下聞白老。成自虚東陽嶧寺中，遇苗介立，吟詩曰：『爲慚食肉主恩深，日晏蟠蜿卧錦衾。且學志人知白黑，那將好爵動吾心。』次日觀之，一大駁猫兒也。《傳奇》。建州刺史月下見白衣人，雜坐而飲。一人曰：『今日甚樂，然白老將至，奈何？』因哭入溝中，數月後罷官。新政家有猫名白老，得白鼠七八枚，食之。《稽新録》。〔一〕

猫所觸而因薨，猫人立而高第。江南二徐，大儒也。後主岐王六歲時，戲佛像前，有大琉璃瓶爲猫所觸，劃然墮地，因驚得疾，薨。詔鍇爲墓誌，鍇謂鉉曰：『此文章雖不引猫兒事，此故實兄頗記不？』鉉爲疏二十事。鍇曰：『適已憶七十餘事。』邵思《野説》。鄱陽龔晃仲言：其祖紀應進士舉，其家衆妖競作，乃召女巫徐姥治之。時尚寒，有一猫卧炉側，家人謂姥曰：『不爲異者獨此猫耳。』於是猫亦人立，拱手而言曰：『不敢。』姥大駭，馳去。後數日捷音至，二子皆高第矣。知妖異未必盡爲禍也。《墨客揮談》〔二〕。

指猫諷蔡京，有猫在山岩。宋有盧仙姑者，指猫而問蔡京曰：『識之否？此章惇也。』其意蓋以諷京。河南永寧天壇，有仙猫洞。世傳燕真人丹成，鷄犬俱自升仙，猫獨不去。

〔一〕　今按：『稽新録』，《太平廣記》作『稽神録』。
〔二〕　今按：『墨客揮談』當作『續墨客揮犀』。

鼠

《方書》：老鼠，虚星精，故能夜視。《運斗樞》：玉衡星散而爲鼠。

鼸鼠：地中行鼠，百勞所化，亦作蚡鼠。《字林》。《易·説卦》：『艮爲鼠。』《晋》：『九四，晋如鼫鼠。』貪而畏人者，鼫鼠也。

《象》曰：『鼫鼠貞厲，位不當也。』《詩》：『相鼠有皮，人而無儀。』『相鼠有齒，人而無止。』『相鼠有體，人而無禮。』舉卑污可惡之物，以惡人之無禮也。『碩鼠碩鼠，無食我黍。』『碩鼠碩鼠，無食我麥。』『碩鼠碩鼠，無食我苗。』『誰謂鼠無牙，何以穿我墉？』《行露》。『穹窒熏鼠』《七月》。『鳥鼠攸去。』《斯干》。

臧孫比鼠，叔孫賦鼠。《左·襄公廿三年》：臧孫見齊侯曰：『多則多矣，抑君似鼠。夫鼠晝伏夜處〔一〕，不穴於寢廟，畏人故也。寢廟人多，鼠爲竄。今君聞晋之亂而後作焉，寧將事之，非鼠如何？』知齊將敗，故以比鼠。《襄公廿七年》：齊慶封來聘，叔孫與慶封食，不

〔一〕今按：『處』，《十三經注疏》本作『動』。

敬，爲賦《碩鼠》〔一〕，亦不知也。

王肅以銅爲逐鼠丸，晝夜自轉。《酉陽》。

李斯見厠鼠，管仲言社鼠。少爲小吏，見厠鼠食不潔，近人犬，數驚恐之。觀倉鼠食粟，居大廡下，不憂，嘆曰：『人之賢不肖，亦猶是矣。』乃從荀卿學，後相秦。韋莊詩曰『李斯不向倉中悟』是也。桓公問曰：『治國奚患？』管仲對曰：『最苦患社鼠矣。君亦見夫社木者乎〔二〕，樹木而塗之，鼠穿其間，掘穴託其中。燻之則恐焚木，灌之則恐塗陁，此社鼠之所以不得也。今人君之左右，出則勢重而收利於民，入則比周而蔽惡於君。不誅則亂法，誅之則不安。據而有之，此亦國之社鼠也。』《韓子》《説苑》《晏子·景公》。

社鼷不灌，屋鼠不燻，何則？所託者然也。《漢·中山王傳》。馬成，人之巨蠹，久依城社，不畏燻燒。《虞延傳》。蚤風雖細，困於安寢；鼷鼠雖微，猶毁郊牛。魏文。鼷鼠，甘口鼠也。食牛嚙盡而牛不覺。鄭人謂玉未理者爲璞，周人謂鼠未腊者爲璞，周人問鄭賈曰：『欲買璞乎？』因出其璞視之乃玉也。《尹文子》。馬屎爲靈薪，老鼠爲玉璞。《上清經》。《抱朴子》：

〔一〕　今按：『碩鼠』，《十三經注疏》本作『相鼠』。

〔二〕　今按：『君亦見夫社木者乎』，諸子集成本《韓非子集解》作『君亦見夫爲社者乎』。

『死王樂生鼠，雖爲帝王，死不及生鼠。』

祥妖：《玉策記》稱：『鼠壽三百歲，滿一百歲者則色白，善憑人而卜，名曰「仲」，能知一年中吉凶及千里外事也。』《抱朴子》。

元鳳之鼠，正始之鼠。漢昭帝元鳳元年九月，燕有黄鼠，銜其尾，舞王宫中端門。王往視之，鼠舞如故。王使吏以酒脯祠。鼠舞不休，一日一夜死。時刺燕王且謀反〔一〕，將死之象也。其月發覺伏誅。京房《易傳》曰：『誅不原情，厥妖鼠舞門。』魏齊王正始中，中山王周南爲襄邑長，有鼠從穴出，語曰：『王周南爾以某日死。』周南不應。至期，更冠幘皂衣出，語曰：『周南汝日中當死。』又不應。日適中，鼠曰：『周南汝不應，我復何道？』言絶，顛蹷〔二〕而死，即失衣冠。《幽明録》《五行志》《列異傳》。

平原太守之鼠，魏州刺史之鼠。北齊平原太守蘭陵蕭悉達，服帶爲鼠嚙。楊遵彦曰：『當遷官。』未幾，除家令，鼠後嚙其靴。遵彦曰：『當得官。』悉達曰：『便爲吏部，鼠何關人事？』《談藪》。天寶末，御史中丞畢杭爲魏州刺史，陷於禄山賊中，欲歸順而未發。數日，於

〔一〕今按：『時刺燕王且謀反』，中華書局《搜神記》作『時燕王旦謀反』。燕王名旦，惡謚爲『刺』。『且』字誤。

〔二〕今按：『蹷』，《太平廣記》引《幽明録》作『厥』。

庭中忽見小人長五六寸，數百枚，遊戲自若。家人擊殺。明日，群小人皆白服而哭，仍於庭中作冢。葬畢，入墻。發冢，得死鼠。熱湯沃中，得死鼠數百枚。後十餘日，一門遇害。《廣異記》。

李仁略之免難，路敬淳之遷令。李曉仁鼠。爾朱榮之害朝士，將行，曉衣冠爲鼠所嚙，遂不成行，得免河陰之難。《北齊》。路敬淳爲遂安令，先是，令多死。敬潛到官，有梟嘯其屏，鼠數十走于前，左右驅之，擁杖而號，敬潛不爲惧，久之遷衛令。

人立之鼠，頓伏之鼠。寶應中，李氏家于洛陽，不畜狸者三世。一日李氏大集親友，門外數百鼠俱人立，以前足相鼓，如甚喜狀。李氏親友空堂縱觀，堂忽摧圮，其家無一傷者。悲夫！鼠固微物也，尚能識恩而知報，而况於人乎？《宣室志》。王孝傑爲清邊道總官，初進軍平州，白鼠入營，頓伏，皆謂：『鼠精，胡象也。白質歸命，天亡之兆。』及戰孝傑覆焉。《新唐》。

郤尚書之鼠，李昭蝦之鼠。郤尚書士美，元和末爲鄂州觀察。一日晨興，出視事，左手引鞾，未及陷足。忽有一巨鼠拱立而舞。八座驚叱。略無惧意。自擲鞾以擊，鼠則奔逸。

有毒鼠墜于韡中。向無鼠妖，則以致臃指潰足之患〔一〕。《國史》。進士李昭蝦舉進士不第。主司晝寢，窺，見一軸文券在枕前。看其題處，乃昭蝦之卷。令遷於架上，復寢暗視。有一大鼠取其卷，銜其軸，復還枕前，再三如此。昭蝦來春及第。問其故，乃三世不養猫，皆云鼠報。〔二〕《聞奇録》《玉泉子》。

唐縉大曆之貶守，文成景雲之加階。唐縉，大曆中，嘗將入朝，前榻囊中忽有一鼠長尺餘，躍出，公大惧。顧謂其子曰：『我以不才謬居卿相，無德而貴，惧有意外之咎。今者妖異如是，豈非禍之將至耶？』後數日得罪，貶縉雲守〔三〕。《宣室志》。張文成景雲二年爲鴻臚寺丞，帽帶緑袍，並鼠嚙數日，大赦，加階授五品。《僉載》。

總

陳武曰：『里語有之，都亭鼠數聞長者語。』

劾鼠書如老吏，掃鼠輩如秋葉。張湯爲兒守舍。鼠盗肉，掘燻得鼠及餘肉，劾鼠掠治，

〔一〕今按：『立』『自』『毒鼠』，《太平廣記》分別作『手』『因』『毒虺』。

〔二〕今按：『窺』『遷』『還』，《太平廣記》分別作『忽寤』『送』『送』。

〔三〕今按：『嘗』『今者妖異如是』，《太平廣記》分別作『常』『今異物接於手足』。

書訊鞠論，取鼠與肉，具獄磔堂下。父見文辭如老獄吏。《本傳》。李克用報王重榮曰：『掃鼠輩如秋葉耳。』

鼫鼠，唐鼠。竇攸治《爾雅》，舉孝廉爲郎，世祖會靈臺得鼠如豹文，熒熒光澤，以問群臣，攸對曰：『鼫，鼠也。見《爾雅》』賜帛百匹，詔諸侯子弟，從攸受《爾雅》。《竇氏家傳》。唐鼠形如鼠，稍長，青黑色，腹邊有餘物如腸，時亦污浴名『易腸鼠』。《録異記》。唐房升仙，鷄狗並去，惟以鼠惡，不將去。鼠悔，一月二出腸也。《博物志》。

區純鼠市，義宣鼠函。大興中，衡陽區純作鼠市，四方丈餘，開四門，門有一木人，縱四五鼠於中，欲出門，木人以椎椎之。《晋陽秋》。譙王劉義宣得一鼠置函中，召府吏蔡鐵，使卜之。鐵兆成，笑曰：『花色之鼠，背明戶，弯弧射之，絶左股。鼠孕三雄而兩雌。若不見信，剖腹而立知。』皆如鐵言，賜錢一萬。

入則一，出則四。袁天綱客師，高宗置一鼠於㔶〔一〕，令術家占之，皆曰『鼠』。客師曰：『雖實鼠，入則一，出則四。』發之，鼠生三子。史。

床角之鼠，山中之鼠。景平中，東陽大水，永嘉蔡嘉夫避水住南壟。夜有大鼠，浮水而

〔一〕今按：『㔶』，中華書局《新唐書・袁天綱》作『奩』。

來，伏嘉夫奴床角。奴以餘飯與之。水勢既退，返故居。鼠以前脚捧青囊，裹三斤許珠，著奴床前。齊永明中，鍾山有人姓蔡，山中養鼠數十頭。《南齊・高逸傳》。

鬱林王之刺鼠，東昏侯之捕鼠。夜與宦者共刺鼠，每夜輒得十藍。《金樓子》。在東宫，夜捕鼠以爲樂。《南史》。

目爲失窟之鼠，有如入角之鼠。孫徵士，汜水縣令，舉止輕薄，張元一目爲『失窟鼠』。南漢劉玢曰：『吾子孫不肖，後世如鼠入牛角，勢當漸小爾。』泣下歔欷。《五代史》。

鼠不容穴，鼠名曰巨。韓延壽下獄，楊惲上書訟。惲曰：『脛脛者未必全也。所謂鼠不容穴，坐銜窶藪也。』《漢書》。王莽詔誣劉信云：『信父東平王雲不孝不謹，親毒殺其父思王，名曰「巨鼠」。』《前書》。

魏太祖之馬鞍爲鼠所嚙，而一無所問；《魏志》。晋簡文之床，塵見鼠行迹而視以爲嘉。《世說》。馬鞍在庫爲鼠所嚙，庫吏懼罪，議欲首罪。冲以刀穿衣，如鼠嚙者，繆爲失意貌，有愁色，太祖曰：『此妄言耳，無所苦也。』俄而庫吏以嚙鞍聞，太祖笑曰：『兒衣在側尚嚙，况馬鞍懸柱乎？』簡文爲撫軍參軍，見鼠白日行，以手板批殺之，撫軍不悦，門下起彈教，曰：『鼠被害，尚不能忘懷。以鼠損人，無乃不可乎？』《世說》。

鼠膽在頭〔一〕，活取則有。《雜俎》。人食砜石而死，蚕食之而不飢，魚食巴菽而死，鼠食之而肥。《淮南・説林》。甲子夜鼠伏，庚申夜蝙蝠伏。《瑣碎録》。聖人師蜂立君臣，師蜘蛛立網罟，師拱鼠制禮，師戰蟻置兵。《文子》。〔二〕拱鼠形如常鼠，行田野中，見人即拱手而立，人近欲捕之，即跳躍而走。秦川有之。《録異記》。《詩》：『相鼠有體，人而無禮。』見上。陸機云：『河東有大鼠，能人立。』韓愈聯句云：『禮鼠拱爲立。』孫奕云：『相，地名。按《地志》，相州與河東相鄰，則知相州有此鼠。』詩人蓋取譬焉。若如毛氏以相爲視，則視物之有體與皮者，皆可以有禮，何以取鼠哉？

紅飛鼠，鼲鼠。雙伏紅蓮花間。《嶺表録異》。色青黑，重千斤。《録異記》。

家鹿，蜜唧。南人食鼠，謂之家鹿。《倦遊録》。飼之以蜜，唧唧作聲，故曰：『蜜唧。』《僉載》。

竹鼠，竹鼦。竹鼠如小狗，出封溪縣。《交州記》。竹鼦者，食竹之鼠也。非竹不食，巨如野狸，其肉肥脆，山民重之。

大秦國，鼠王國，出辟毒鼠。鼠大如狗，著金環。中者如兔，小者如常鼠，頭悉白，不先

〔一〕今按：『頭』，《酉陽雜俎續集・支動》作『肝』。
〔二〕今按：『文子』當作『关尹子』。

祈祀，嚙人衣裳。諺云：『鼠得死人目精則爲王。』《異苑》。舊説鼠王其溺精，一滴成一鼠。一説鼠母大如水牛，溺一滴成一鼠，鼠母所至處，動成萬鼠，其肉極美〔一〕。《酉陽雜俎》。

罽賓國之特鼠，能食蛇。《舊唐》。烏馬國之白鼠，獻金錢。《高僧傳》。

契丹國産大鼠，曰『毗狸』。足短，極肥，其國以爲殊味，以供國王之膳，公相以下皆不得嘗。北使至京，烹以進御，本朝使其國者亦皆得食。《澠水燕談》。

刁約使契丹，戲爲詩云：『押燕夷離畢，看房賀跋支。燕夷離畢參知政事。餞行三匹裂，密賜十毗離。』毗離如鼠而大。《續揮尾》。

《尸子》曰：『松柏之鼠，不知堂蜜〔二〕之有美樅。』

《説文》：山如堂者蜜。東坡詩：『火鼠不知暑。』

山谷：『五枝〔三〕鼯鼠笑鳩拙。』

北至嫗厥律，多黑、白、黄貂鼠皮。《陷虜記》。

宣、大間産黄鼠，土人珍之。捕之者必畜鬆尾鼠數隻，名夜猴兒，能嗅黄鼠穴。契丹西

〔一〕今按：『水牛』『萬鼠』，《酉陽雜俎續集·支動》分别作『水中獺』『萬萬鼠』。

〔二〕今按：『蜜』，《十三經注疏·爾雅注疏》作『密』。

〔三〕今按：『枝』，黄庭堅《演雅》作『技』。

白鼠，鼷鼠。後魏比苑獲白鼠千鈞之弩，不爲白鼠發機。《左·成公七年》：鼷鼠食郊牛角，改卜牛。鼷鼠又食其角，乃免牛。免，放也。

《淮南子》：諺曰：『鳶墮腐鼠，而虞氏以亡。』何謂也？虞氏，梁之大富人也。升高樓，臨大路，設樂陳酒，擊〔一〕博其上。遊俠相隨而行樓下。飛鳶適墮其腐鼠而中遊俠。遊俠相與言曰：『虞氏富樂之日久矣。吾不敢侵犯，而乃辱我以腐鼠。悉率徒屬，而以必滅其家。』此所謂類之而非者也。

兔

《典略》：『兔者，明月之精。』

中秋元月則兔不孕，三月十三日以木爲兔，分兩用射之，負者跪，勝者酒。

月者，陰精之宗，積而成獸。象兔，陰之類，其數偶。

『月中何有，白兔搗藥。』傅玄。白兔搗藥秋復春。李。搗藥兔長生。杜。兔望月而孕，口

〔一〕今按：『擊』，諸子集成《淮南子·人間訓》作『積』。

中吐子。《博物志》。五月而吐子。《陶氏書》。玉衡星散而爲兔。《運斗樞》。兔舐雄豪而孕，及生子，從口中出。《論衡》。兔壽千歲，五百歲其色白。《外國圖云》。『西王母國前弱水，有玉山白兔。』《抱朴子》。

《木蘭歌》：『雄兔脚撲朔，雌兔眼迷離。』一本作『撲握』。

《詩》：『有兔爰爰，雉罹于網。有兔爰爰，雉罹于罦。有兔爰爰，雉罹于罿。』比小人幸免，君子受禍。『肅肅兔罝，椓之丁丁。肅肅兔罝，施于中逵。肅肅兔罝，施于中林。』罝兔野人，其才可用。相彼投兔，尚或先之。《小弁》。躍躍毚兔，遇犬獲之。《巧言》。有兔斯首，炮之燔之。有兔斯首，燔之炙之。有兔斯首，燔之炮之。』《瓠葉》。物雖薄，與客共。

《孟》：文王之囿七十里〔一〕，雉兔者往焉，與民同之。

范雎曰：『以秦治諸侯，如馳韓盧而搏蹇兔。』

能飛之兔，生角之兔。北極潰陽之山，有兔如鼠能飛，毛色如漆，以腦和丹食之則不死。武帝放兔於昭祥苑，苑在甘泉宮西周十里。《洞冥記》。商紂之時，兔生角，兵甲將興之兆。《述異記》。

〔一〕今按：『十里』，《太平御覽》作『千里』。

白兔之獲，白兔之射。慕容皝田于南鄙，見父老曰：『此非獵所。』言卒不見。明日出，見白兔射之，墜馬還宮，遂薨。《前燕録》。唐開成三年，文宗禁諸道言祥瑞。太和末，杜悰鎮鳳翔獲白兔，監軍欲奏之。悰曰：『且宜畜之。』旬日而斃。上謂悰曰：『卿在鳳翔，不奏白芝〔一〕，真先覺也。』遂詔諸道：『有瑞，皆勿以聞。』

何定之捕兔，梁冀之發兔。吴何定使諸將各上御犬二，以捕兔。吴主以爲忠，賜爵列侯。梁冀起兔園于河南，移檄所在，調發生兔，刻其毛以識，民有犯者罪至死。西域賈胡誤殺一兔，轉相告，引死者十餘人。張播《漢記》。

馮驩三窟之言，屈建一兔之喻。馮驩謂孟嘗君曰：『巧〔二〕兔有三窟，僅得免其死耳。』《齊策》。楚王多寵子，世子位不定。屈建曰：『楚必多亂。一兔走於街，萬人追之。一人得之，萬人不復走。分未定，則一兔走，萬人擾；分已定，則雖貪夫知止。太子者，國之基也，而百姓之望也；國既無基，絶其本矣。本絶則擾亂，猶兔走也。』《説苑》。

積兔滿市，過不能顧，非不欲兔也，分定之後，雖鄙不争。《慎子》。

〔一〕今按：『白芝』，《資治通鑒》作『白兔』。
〔二〕今按：『巧』，《戰國策·齊策四》作『狡』。

蔡邕之兔，華秋之兔。性篤孝，母病三年未嘗解帶，不寐七旬。母卒，廬於冢側。有兔馴擾其室傍。《後漢》。汲郡人喪母，負土成墳，廬於墓側。大業初，調狐皮，郡縣大獵。有一兔，人逐之，奔入秋廬中，匿秋膝下，獵人異而免之。自爾此兔常宿廬中，馴其左右。郡嘉其孝，具以狀聞。《隋書》。

白兔御史，守株耕者。唐酷吏王弘義，微時求瓜不與，乃騰文言其園有白兔，縣集衆捕，園瓜無遺。李昭德曰：『今見白兔御史。』宋人有耕者，田中株兔走觸之，折頸而死，因釋耕守株冀復得兔，爲宋國笑。《韓子》。

吴之鐵膽，楚之鐵腸。吴得雙兔，有鐵膽，鑄爲二劍。楚王獵雲夢，三日而獲狡兔。其腸是鐵，良工曰：『可爲劍。』《異苑》。

楚莊辛曰：『見兔而呼狗未爲晚。』《新序》。《記》：『宗廟之禮，兔曰明視。』

杜《鵰賦》：『三窟狡兔。』

韓愈《毛穎傳》：『毛穎者，中山人也。其先明視，佐禹治東方土，因封於卯地，死爲十二神。子丑寅卯之類。嘗曰：「神明之後，當吐而生。」』兔望月而孕，自吐其子。明視八世孫曰：『䨲居中山，得神仙之術。』舐毫而孕，從口而出『竊恒娥，騎蟾蜍入月』。居東郭者曰㕙，狡而善走。

秦始皇時，蒙將軍恬次中山，將大獵。筮者曰：『今日之獲，不角不牙。衣褐之徒，缺口而長鬚，八竅而趺居。獨取其髦，簡牘是資，天下其同書，秦其遂兼諸侯乎！』遂獵，圍毛氏之族，拔其毫，載穎而歸。獻俘于章華宫，聚其族而加束縛焉。封諸管城，號曰：『管城子。』

漢諸郡獻兔書，鴻都門題。唯趙國毫中用。《廣志》。中山出兔毫，爲筆精妙。《元和郡志》。溧水中山有白兔，爲筆最精。《寰宇記》。

《内則》：兔去尻。

獺 水獺

《月令》：『獺，祭魚。』《淮南子》：『鵲巢知風之自〔二〕，獺穴知水之高下。』懸板得獺，伺穴有骨。魏明帝遊洛水，有白獺數頭。侍中徐景山曰：『獺嗜鯔魚。』畫板作兩生鯔魚，懸板岸上。於是群獺競逐，一時執得。《續齊諧記》。孫和悦鄧夫人月下舞，水

〔二〕今按：『自』，諸子集成《淮南子・繆稱訓》作『起』。

精如意誤傷夫人頰，醫曰：『得白獺髓，雜玉與琥珀屑，當滅此痕。』富春漁人云：『伺其祭魚之時，獺有鬥死者，穴中應有枯骨。』和乃命合此膏，及差而有赤點如朱，更益其妍。嬖人皆以丹脂點頰而後進幸。妖惑相動，遂成淫俗。《拾遺記》。

見一青衣，養十餘頭。有吏丁初長塘湖堤，見一青衣戴青傘，顧是〔一〕婦人自投陂中，視是大蒼獺，衣傘皆荷葉也。《搜神記》。元和末，郿鄉縣民年七十，養獺十餘頭，捕魚爲業，隔日一放。無網罟之勞，而獲甚厚，户部郎中李福親見之。《酉陽》。

猿猴

《淮南子》：五九四十五，五主音，音主猨，猨故五月而生。猨與獮猴不共山宿，臨且相呼。《地記》。猿似猴，大而黑，長前臂。所以壽者，好引其氣也。《繁露》。猿食果，故其膽黑甜。猨，寓屬也，能於空輪轉，好吟。雌爲人所得，終不徒生。《孝子傳》。猿臂可爲笛，其聲

〔一〕 今按：『顧是』，《太平廣記》作『顧視』。

圓於竹。《酉陽》。猴一名狙，一名王孫，一名胡孫。《廣雅》。『猱，獨〔一〕猴也。』楚人謂之『沐猴』，老者爲獑猢，駿捷。其鳴嗷嗷而悲。《詩疏》。山中申日稱人君者，猴也。猴壽八百歲。《抱朴子》。《詩》：『毋教猱升木，如塗塗附。』《角弓》。《周禮》：『貉逾汶則死，此地氣然也。』貉或爲猨。

君子爲猿，由基射猴。周穆王南征一軍皆化，君子爲猨爲鶴，小人爲蟲爲沙。《抱朴子》。庾信賦：『君子則方成猨鶴。』李白詩：『君子變猨鶴。』荆王有神白猿，王自射之，則搏樹而嬉，使養由基射之，未發，猿擁樹而號。《吕覽》。班固賦：『養流睇而猿號。』

越之白猿，蜀之玄猿。越王問范蠡手戰之術，范蠡曰：『越有處女，國人稱之。』王乃請女，女將北見王，道逢老人，自稱袁公。公即挽林内之竹，似枯槁，末折墮地，女接其末。袁公操其本而刺處女。處女應即入之，三入，因舉杖擊袁公，袁公則飛上樹，化爲白猿。《志》：『授圖黄石，不無師表之心。學劍白猿，遂得風雲之志。』杜牧詩：『授圖〔二〕黄石老，學劍白猿翁。』蜀車騎將軍鄧芝征涪陵，見玄猿射之。猿拔其箭，卷木葉塞其瘡。芝曰：

〔一〕今按：『獨』，《初學記》引《毛詩·草蟲經》作『獮』。
〔二〕今按：『圖』，《全唐詩》杜牧《題永平西崇王宅太尉愬院六韵》作『符』。

『嘻！吾違物之性，其將死矣。』《華陽志》。

芝見猿抱子，射之中猿母，其子爲拔箭，以木葉塞瘡。芝乃歎息，拔弩，自知當死。《晉·五行志》。

齊猿悲鳴，蜀猿哀號。南齊魚復侯子響爲蕭順之所殺。武帝出景陽山，見一猿透擲悲鳴，問後堂丞：『此猿何意？』答曰：『猿子致死，其母不見，故耳。』上因憶子響，歔欷良久。順之慚懼，以憂卒。《南史》。桓公入蜀，至三峽山中，部伍中有得猨子者。其母哀號，至便即絶。破視其腹中，腸皆寸寸斷。公聞之怒，命黜其人。《世説》。

張氏之猿，魏家之猿。北齊高昂母張氏，始生一男二女，令婢爲湯，將浴。婢置而去，養猿繫解，以兒投鼎，爛死〔一〕。張使積薪，縛婢及猿焚殺之，揚其灰于漳水。《北史》。魏元忠微時，家貧只一婢，一婢出外汲水，乃見老猿守火，婢驚白元忠，猿執爨。《廣異傳》。

報時之猿，携榼之猿。商山隱士高太素，山中構道院。起居清心亭下。每至一時，即有猿一枚詣亭前，鞠躬而啼，不易其候。目之爲報時猿。唐王縉讀書嵩山，有四叟携榼來訪，自稱水巢，南林大節，孫文蔚，石媚虬。既醉化爲猿，升木而去。《樹萱録》。

〔一〕今按：『二女』『爛』，中華書局《北史·高祐孫顥傳附昂傳》分別作『二歲』『焰』。

山公，巴兒。王績遊嵩山，月夜見一人稱山公，與績談文。潛取鏡，鏡光出，化爲猿而殞。《異聞集》。李絢養一猿名『山公』，月夜泛江登山，擊鐵鼓琴，猿必嘯和，不俟外賓。《因話録》。段公路，咸通十年，往高凉，程次青山。其山多猿，黄者絶大，毛彩殷鮮；玄者善啼，韵含宫徵。捕而養之，名曰：『巴兒』。後至繙州，聞舊山猿啼，不食而卒，乃積薪藏坎。《北户録》。

巴西侯，野賓。吴郡張鋋行次巴西。日暮，有人曰：『巴西侯來邀飲酒，命樂。』見猿醉卧。《宣室志》。王仁裕畜一猿號『野猿』。後因爲患，項上繫紅絲一縷，題詩送之，有『栖宿免勞青嶂夢，踏攀應愜碧雲心』之句。後入蜀，行次嶓冢廟前，巨猿下顧，紅綃髣髴而在。移時，哀叫數聲而去。繼作一篇。末句云：『數聲腸斷和雲叫，識是前年舊主人。』《王氏見聞》。

峽長十百里，兩岸連山。孤猿長嘯，屬引清遠。漁者歌曰：『巴東三峽巫峽長，猿鳴三聲淚沾裳。』《荆州記》。

行者歌之曰：『巴東三峽猿鳴悲，猿鳴三聲淚沾衣。』《宜都山川記》。

左思《吴都賦》：『猿父哀吟，𤠣子長嘯。狖鼯猓然，騰趠飛超。争接懸垂，競游遠枝。木之懸垂。驚透沸亂。牢落翬散。如雉之散。』

《放猿》：放爾千山萬水身，白雲紅樹好爲鄰，啼時莫近瀟湘岸，明月孤舟有旅人。

宋有狙公養狙成群，將限其食，先詐之曰：『與若芧，朝三而暮四，足乎？』衆狙皆起而怒。俄而曰：『與若芧，朝四而暮三，足乎？』衆狙皆笑而喜。物之以能鄙相籠，皆由此也。聖人以智籠群愚，亦猶狙公之以智籠衆狙也。《列子》。

杜詩：『歲拾橡栗隨狙公。』

莊子過魏王。魏王曰：『何先生之憊耶？』莊子曰：『王獨不見夫騰猿乎？其得楠梓豫章也。攬曼其枝而王長其間。及其得柘棘枳枸之間也，危行側視，振動掉慄。今處昏上亂相之間，而欲無憊，奚可得耶？』〔一〕《莊子》。

相如《上林賦》：『於是乎玄猨素雌，蜼玃飛蠝，蛭蜩蠼蝚，獑胡豰蛫，皆獸似猿。棲息乎其間。長嘯哀鳴，翩幡互經，夭蟜枝格，偃蹇杪顛。』

杜詩：『獮猴壘壘懸。衡岳猿啼裏。清猿惱夢思。猱玃鬚髯古。冷猿秋雁不勝悲。聽猿實下三聲淚。』

韓生曰：『人言楚人沐猴而冠。』楊仲嗣躁率，魏光柔〔二〕目爲『熱鏊上胡孫。』《僉載》。

〔一〕今按：『攬曼』『掉慄』，諸子集成《莊子·山木》分別作『攬蔓』『悼栗』。

〔二〕今按：『魏光柔』，《朝野僉載》作『魏光乘』。

射狙，烹猴。吴王登于狙之山。衆狙逃于深蓁。有一狙爲委蛇攫搔，見巧乎王。王命射之，狙死。王謂顔不疑，曰：『之狙也，伐其巧恃其便以傲予，以至此極也！戒之哉！嗟乎，無以汝色驕人哉。』《莊子》。楚人有烹猴而召其鄰人，以爲狗羹也。而其鄰人聞其猴也，據地而吐之，此未始知味者也。邯鄲師有出新曲者，託之李奇，人争學之。知其非也，而皆棄其曲。此未始知味原书作『音』者也。《淮南子》。

天監中，釋寶誌曰：『掘尾狗子自發狂。』又曰：『山家小兒果攘背。』掘尾狗子，山家小兒皆猴狀也，後侯景叛。《梁書》。

獻一頭之猴，有數百之猴。林邑王范績云：『晝觀天氣，中國有聖主獻白猴一頭。』《天監起居注》。大曆中，有猴數百集古田杉林中，里人欲伐木殺之。中一老猴忽躍去縱火焚屋，里人懼，亟走救火，群胡脱去。《汀洲志》。

膊而爲脯，號以供奉。魚弘爲湘東王司馬，道中乏食，得獮猴膊而爲脯，以供酒，。唐昭宗播遷，隨駕伎藝人止有弄猴，頗馴，能隨班起居。昭宗賜以緋袍，號『孫供奉』。

猩猩

猩猩似狟，聲如兒啼，出交趾封溪縣。《廣志》。

歸終知來，猩猩知往。《萬畢術》。

永昌郡有猩猩，能言，其血可以染朱罽。若刺其血，問之：『爾與我幾許？』猩猩曰：『二升。』果足其數。若加之鞭捶而問之，則隨所加而得，至于一斗。《華陽國志》。

《記》：『猩猩能言，不離走〔一〕獸。』左思賦《吴》：『猩猩啼而就擒。』猩猩好酒，醉則不去，啼則爲擒。李白詩：『向晚猩猩啼。』左思賦《蜀》：『猩猩夜啼。』

猩猩，知人名，如豕而人面。《山經》。

猩猩能言笑，亦二足，無尾。而君子啜其羹，食其胾。故人非以二足無毛，而知禮也。《孫卿子》。

武平封溪縣有獸曰『猩猩』，猿形人面，顏容端正，音聲妙麗。其肉食之，窮年可以辟

〔一〕今按：『走』，《十三經注疏》作『禽』。

穀。《水經注》。

宋祖平嶺南而得，黄霸令封溪而獻。宋太祖平嶺南，得猩猩如雄鴨而大。《談苑》。黄霸爲封溪令，部人陳廉携酒并猩猩以獻。霸問何物，人未及應，囊中語曰：『斗酒並僕耳。』霸以其物有靈，開囊放之，往往悲啼而去。《獨異志》。

阮研使封溪，邑人説猩猩好酒及屐，里人置之山谷。此獸甚靈，先知其人祖父姓名而詈曰：『奴欲殺我，捨爾去也。』既去復还，試共嘗酒。及飲，逮醉，取屐著之，爲人所擒。將烹，里人索其肥者，推肥，泣遣。楚太原王綱者傳。

猩猩形笑亦二足毛也，然而君子啜其羹，食其胾。人之所以爲人者，非特以二足無毛也，以其有辨也。夫禽獸爲父子而無父子之親，有牝牡而無男女之别，故人道莫不有辨，辨莫大於分，分莫大於禮，禮莫大於聖王。《荀子》。

狒狒

如人，被髮，迅走，食人。《爾雅》。《山海經》曰：梟羊其狀如人面，長唇黑身，有毛，反踵，見人則笑。交廣、南康郡山中亦有此物，大者長丈許，俗呼之曰『山都』，一名曰『贑』。

《羽獵賦》：『蹈飛豹，羂嘷羊。』

張衡《玄圖》：『梟羊喜獲，先笑後愁。』左思《吴都賦》：『萬萬笑而被格。』五臣作注。郭璞贊：『狒狒怪獸，被髮操竹。獲人則笑，脣蔽其目。終亦號咷，反爲我戮。』

州靡國之獻，安西縣之進。周成王時，州靡國獻萬萬，人身，反踵，自笑，笑則上脣翕其目，食人。北方謂之吐嘍。《周書·王會》。宋建武〔一〕中，安西縣主簿韋文禮進雌雄二頭。帝曰：『吾聞萬萬，能負千鈞，既力如此，何以致之？』彼土人丁鑾進曰：『萬萬見人喜笑，則上脣掩其目，人以釘釘着額頭上，任其奔馳，候死而取。』髮極長，可爲頭髮，血堪染韡，其毛一似獼猴，人面紅赤色，作人言馬聲，善知生死。飲其血，使人見鬼。帝欣然命工圖之。《本草》。

果然

獸似獼猴，以名自呼。

群行，老者在前，少者在後，得果食輒與老者，似有義焉。交趾諸山有之，以毛爲裘褥，

〔一〕今按：『宋建武』，華夏出版社（宋唐慎微撰，尚志鈞等校點）《證類本草》作『宋孝建』。

甚温暖。《山經》。

身如猨，犬面，身白色。體不過三尺，尾長四尺餘。反尾度身過其頭。視其鼻，仍見兩孔仰向天，其毛長柔細滑。澤色以白爲質，黑爲文，視如蒼頭鴨，脅邊斑文。集十餘皮可得一蓐，繁文麗好，細厚温暖。《南州異物志》。

果然有傷其類者，聚族悲啼，雖殺之不去，此禽獸之狀而人心也。樂羊、張仁願、史牟則人之狀而禽獸心也。《國史補》。

戎人進果然褥，皂、褐、碧三色相間。段氏《蜀記》。果然九真土人號曰『㰤然』。

馬

《説文》：『馬，怒也，武也。』

一歲曰馵，二歲曰駒，三歲曰駣，八歲曰馴。高六尺曰驕，七尺曰騋，八尺曰龍，以壬申死乘馬忌之。月精爲馬，月數十二，故馬十二月而生。王者駕馬，故其字以王爲馬。《春秋考異》。

地精爲馬，十二月而生，應陰紀陽以合功。故引重致遠以利天下，月度疾，故馬善走。

《春秋説題辭》。

資皎月而載生，祖河房而挺授。張士簡賦。漢中四星曰天駟，旁一星曰王良。《元命包》。

漢中四星曰骑，一曰天駟。《合成圖》：『王良主天馬。』

馬鬼常以晦夜出行，狀如炎火。《抱朴子》。鬣者吾知其爲馬。韓。

神駿

顔延年《赭白馬賦》：『帝軒陟位，飛黄服皂。後唐膺籙，赤文候日，漢道亨而天驥呈才，魏德楙而澤馬效質。』

《瑞應圖》：『幽隱之獸，有明王在位即至。』爲時除灾害。

黄帝之馬，唐帝之馬。《淮南子》：『黄帝治天下，青龍進駕，飛黄服皂。』又曰：『天下有道，飛黄服皂。』《瑞應圖》：『乘黄，王者輿服有度則至〔一〕。』《符瑞圖》：『騰黄者，神馬也。其色黄。王者德御四方則至，一名吉光，無死時。一名乘黄，亦曰飛黄，或作吉黄，或曰翠黄，一名紫黄。其狀如狐，背有兩角。出白民之國，黄帝乘之。』『帝堯修壇河洛，仲月辛日禮備，至于日稷，側也。榮光出河，龍馬銜甲。赤文緑色，臨壇吐甲。』《瑞應圖》：『龍馬

〔一〕今按：『至』，《太平御覽》作『出』。

者，仁馬也，河水之精。高八尺五寸，長頸，身有鱗甲，骼上有翼，旁有垂毛，鳴聲不哀，蹈水不没，有明王則見也。』

神禹之馬，成王之馬。飛兔者，神馬之名也，日行三萬里。禹治水，天應其德而至。《瑞應圖》。《周書》：『犬戎文馬，名曰吉黄，成王時獻之。』郭璞云：『吉良，吉黄，鷄斯，乘黄皆一物也。』犬戎國有文馬，名曰吉量[一]。孟康曰：『駃騠駿馬也。生七日而超其母。』

孫氏《瑞應圖》：『駃騠者，后土之獸也。自能言語，王者仁孝則出。禹治水有功而來。』

夏后兩龍，周王八駿。大樂之野，夏后啓舞九代馬，乘兩龍。《山海經》。夏后兩龍，載驅璿臺之上。王元長《序》。《瑞應圖》：『騕褭者，神馬也，與飛兔同，以明君有德也。』《地志》云：翁洲上有徐偃王城。穆王巡狩，諸侯尊偃王，王令造父禦，乘騕褭之馬，日行千里，自还討之。天子命駕八駿之乘，右服驊騮而左緑耳，右驂赤驥而左白義，天子主車造父爲禦。右服渠黄而左逾輪，右驂盗驪而左山子[二]，伯夭主車，參伯爲禦。

[一] 今按：『犬戎國有文馬，名曰吉量』，『吉量』，《藝文類聚》作『吉疆』。郭璞云：量，一作『良』。

[二] 今按：『右驂盗驪而左山子』，諸子集成本《列子集釋・周穆王篇》作『左驂盗驪而右山子』。

東遊至于黄澤，使宫樂謡曰：『黄之澤，其馬歕沙，皇人威儀。黄之澤，其馬歕玉，皇人壽穀。』《穆天子傳》。

王勃《序》：五校晨驅，蹴玄雲而噴玉。

夸父山中多馬，造父得驊騮、騄耳之乘獻周穆王。《山海經》。

扬雄《河東賦》：『乘翠龍而超河兮。』師古曰：『翠龍，穆天子所乘馬也。』

宜生獻文馬，孔牙受良馬。商王拘西伯於羑里，散宜生得大誠氏文馬，目如黄金，項如鷄尾，名曰『鷄斯之乘』，以獻商王。《六韜》。犬戎朝天子於雷首之河，召獻良馬四駟，天子使孔牙受之。《穆天子傳》。

纖離之馬，屈産之乘。騏驥纖離，古之良馬也。《孫卿子》。李斯《書》：『乘纖離之馬。』晋石樓有屈産泉，昔有白馬母飲兹泉，生得龍駒。《春秋》曰：『晋屈産之乘。』蓋此地生良馬也。《寰宇記》。晋滅吳，荀息牽曩所遺虞屈産之乘馬奉之獻公。公笑曰：『馬則吾馬，齒亦老矣。』《史》。

『馳驌騻于緑竹之區，騁驎驥於漳滏之野〔一〕。』世祖將幸鄴，李平諫。《魏書》。

〔一〕今按：『野』，中華書局《魏書·李平傳》作『壤』。

文帝九逸，武帝四駿。一名浮雲，一名赤電，一名絶群，一名逸驃，一名紫鷰，一名緑螭驄，一名龍子，一名麟駒，一名絶塵。有來宣能禦，代王號爲王良，俱還代邸。《西京雜記》。孟康曰：『蒲稍、龍文、魚目、汗血之馬充於黄門。』四駿馬名。

《天馬歌》：天馬歌，太初四年，李廣利斬大宛王，獲汗血馬，作《天馬歌》曰：其先天馬子也。『天馬來，從西極，涉流沙，九夷服。天馬來，出泉水，虎脊兩，化若鬼。天馬來，歷無草，經千里，循東道。天馬來，執徐時，將摇舉，誰與期。天馬來，開遠門，竦予身，遊崑崙。天馬來，龍之媒，游閶闔，觀玉臺。』《漢書》。又大宛馬，有角爲奇，故漢武爲賦天馬之歌。武帝伐大宛，得千里馬，名『蒲梢』，作歌曰：『天馬來兮從西極，經萬里兮歸有德。承威靈兮降外國，涉流沙兮四夷服。』《史·樂書》。

虎斑龍文之逸。魏紹宗。蘭池蒲梢之駔。慕容僬。

漢之天驥，魏之澤馬。南陽新野有暴利長，武帝時屯田燉煌。見野馬中有奇異者。先使为土人持勒絆靽於水旁，馬玩習。久之，代土人持勒絆，收得其馬，獻之。文帝時上黨得澤馬。

劉備之馬，苻堅之馬。劉備奔劉表，表左右欲因會取備。備覺，如厠便出，所乘馬的顱，走墮襄陽城西檀溪水中。溺不得出，急謂的顱曰：『今日厄，何不努力！』的顱達備意，躍三丈得過。《世説》。符堅爲慕容冲所襲，堅馳騧馬墮而落澗，追兵幾及，計無由出。馬踟蹰臨澗，垂鞚與堅，堅不能及，馬又跪授，堅攀之得登岸而走盧江。《異苑》。

孫堅之馬，孫權之馬。孫堅討黄巾，乘勝深入。墮馬卧草中。堅所騎驄馬掊地呼鳴，將士向草中得堅，還營。《吴書》。孫權征合肥，敗，馬上津橋，橋南已撤丈餘，無板，谷吉利在馬後使權持鞍緩轡着鞭，遂得超渡。《江表傳》。

慕容皝之馬，司馬休之馬。有駿馬赭白，有奇相。石虎之伐棘城也，將出避難，馬悲鳴蹄嚙，人莫能近。虎尋退，皝益奇之。年四十九歲，駿逸不虧。比之鮑氏驄，命鑄銅圖象。《戴記》。司馬休之奔廣固，慕容超欲害之，休之不知。騅馬連鳴不食，注目視鞍。因試騎便奔馳走行十里，收兵已至，乘馬南奔，殆而獲免，後还荆州，加騅馬『揚武』之號。《渚宫舊事》。

張飛之馬，吕布之馬。張飛有馬號『玉追』，時歌曰：『人中有張飛，馬中有玉追。』吕布良馬號曰『赤兔』，能馳飛塹，語曰：『人中有吕布，馬中有赤兔。』

方朔步景，曹洪白鵠。得神馬，股裏旋毛如日月狀，如月者夜光，如日者晝光，毛色隨四時之變。曰：『此西王母乘靈光之輦，適東王公之舍，税此馬於芝田，而食芝草，王公怒棄馬於天岸，臣至，王公壇因騎而返。』帝曰：『其名云何？』對曰：『步景。』曹洪，武帝從弟，其馬號曰「白鵠」，時人謂乘風而行，一代神駿也。』諺曰：『憑空應〔一〕躍，曹家白鵠。』《拾遺記》。

鮑子乘驄，鮑生换馬。鮑子都，少時舉上計，道遇書生，得心痛而卒。不知姓字，有素書一卷，銀十餅，即賣一餅以資殯殮。其餘以枕之，素書着腹上，埋之。未至京師，有驄馬隨之，遇一關侯，曰：『此吾兒也。』使迎喪開棺，視銀書如所言，薦子都至司隸，子永孫昱俱爲司隸，皆復乘驄馬。京師歌曰：『鮑氏驄，三入司隸再入公，馬雖瘦，行步工。』唐開成初，有鮑生者，有二客至，以妾换馬。題賦，其一曰：『香暖深閨，未厭夭桃之色；風清廣陌，曾怜噴玉之聲。』其一曰：『香散緑鬃，意已忘於鬒髮；汗流紅頷，愛無已於凝脂。』《異聞録》。

黄耳，紫騂。魏時鮮卑獻千里馬，白色而兩耳黄，名曰黄耳。魏陳王曹植獻文帝馬表：『臣於先武皇帝世，得大宛紫騂馬，能行與鼓節相應，謹以奉獻。』

梁張士簡《舞馬賦》：『懷夏后之九代，想陳王之紫騂。』驍騎將軍吕光封西域王疏曰：『龜兹據三十六國之中，入其國，見天驥、龍驤、騕褭丹髦。』崔洪《春秋》。

白口騮馬，追風赤驥。赫連之世有駿馬。《水經注》。後魏河間王元琛遣使西域求名馬，

〔一〕今按：『應』，中華書局《拾遺記》作『虚』。

得千里馬，號曰：『追風赤驥。』《伽藍記》。

美妾换駿馬，青廬合牝牡。後魏曹彰性倜儻，偶逢駿馬，彰曰：『余有美妾可换。』遂换之，馬號曰：『白鵠。』后因獵獻於文帝。《獨異志》。北齊高緯御馬，藉以氈罽，被以金玉，食物有十餘種，號爲『駁龍儀同』。將合牝牡，則設青廬，黼帳牢具，過於諸王昏禮。《三國典略》。

龍驤將軍，照殿獅子。楊玉夫殺蒼梧王：太祖乘赤馬入，太祖踐祚，號此馬爲『龍驤將軍』，世謂爲『龍驤赤』。《南齊》。《南都賦》：『馬鹿超而龍驤。』《吴都賦》：『四騏龍驤。』梁武帝有良馬，名『照殿玉獅子』。

天監赤龍，太清神馬。天監四年，禊飲華光殿。其日，河南國獻赤龍駒，能拜伏，善舞，詔張率、周興嗣爲賦。《梁書》。率《賦》序云：『天用莫如龍，地用莫如馬。』故《禮》稱驪騵，《詩》頌騮駱。先景遺風之美，世所得聞；吐圖騰光之異，有時而出。大梁，日入之所，浮琛委贄，風被之域，越險效珍。河南又獻赤龍駒，有奇貌絶足，能拜舞。』梁太清元年四月神馬出，五月丁酉朔，詔以馬寶示群臣，簡文爲太子獻頌。《文苑英華》。

豫章王之向泣，馬蹶前脚；裴仁基之踊騰，馬不敢動。梁豫章王綜降魏，脚病不得上馬，向馬泣曰：『驩子，我於此死矣。』馬跪前脚，乃得上馬，免難。《南史》。隋文帝時，大宛國獻千里馬，鬃曳地，號曰：『師子驄。』人莫能制，郎將裴仁基曰：『臣能制之。』踊身騰上，馬不敢動，朝發西京，暮至東洛。隋末不知所在。唐文皇敕訪之，宇文士及得於朝市。鬃尾焦秃，皮肉穿穴，見之悲泣。《朝野僉載》。

文帝騧騮，太宗師子。隋文帝所乘騧騮，脊有肉鞍。《北史》。吉頊武懿宗争趙州功，太后曰：『太宗有師子驄，肥逸無馭者，朕爲宫女侍側，曰：「妾能制，然須三物，一鐵鞭，二鐵撾，三匕首。鞭擊不服，則以撾撾其首，撾又不服，則以匕首斷其喉。」太宗壯朕之意〔一〕：「今日卿豈足污朕匕首耶？」』《通説》。

太宗黄驄，太宗十驥。太宗破竇建德，乘馬名黄驄驃。命樂工製《黄驄疊》曲。《樂志》。太宗時，東骨利幹國産良馬，首似槖駝，日中馳數百里。太宗時，大酋俟〔二〕斤因使者獻，帝號十驥，皆爲美名：曰騰霜白，曰皎雪驄，曰凝露驄，曰懸光驄，曰决波騟，曰飛霞驃，曰發電赤，曰流金䯄，曰翔麟紫，曰奔虹赤。《回紇傳》。

太宗六馬，玄宗六馬。其一曰拳毛騧。平劉黑闥時所乘，贊曰：『月精按轡，天駟横行。弧矢載戢，氛埃廓清。』其二曰什伐赤。王世充、建德時所乘，贊曰：『瀍澗未静，斧鉞

〔一〕今按：『鐵撾』『以撾撾其首』，四部叢刊本《資治通鑒》分别作『鐵檛』『以檛撾其首』。
〔二〕今按：『大酋俟』，中華書局《新唐書・回鶻下》作『大酋俟』。

伸威，朱汗騁足，青旌凱歸。』其三曰白蹄烏。平薛仁杲時乘，贊曰：『倚天長劍，追風駿足，聳轡平隴，迴鞍定蜀。』其四曰特勒驃。平宋金剛時乘，贊曰：『應策騰空，承聲半漢，入險摧敵，扶危濟難。』其五曰颯露紫。平東都時乘，贊曰：『紫鷰超躍，骨騰神駿，氣襲三川，威陵八陣。』其六曰寺騙蒼。平竇建德時乘，贊曰：『足輕雪影，神發天機，策兹飛練，定我戎衣。』《金石録》。天寶中，大宛國進汗血馬六匹：曰紅叱撥〔一〕，曰紫叱撥，曰青叱撥，曰黄叱撥，曰丁香叱撥，曰桃花叱撥。上乃製名曰紅玉輦，曰紫玉輦，曰平山輦，曰陵雲輦，曰飛香輦，曰百花輦。圖於瑶光殿，改爲觀驥殿。《紀異録》。

宋玉明圖叱撥有八，曰紅耳叱撥、鴛鴦叱撥、桃花叱撥、丁香叱撥、青叱撥、騮叱撥、榆叱撥、紫騮叱撥。

玄宗八馬，德宗八馬。玄宗幸蜀，天厩八馬，其七斃于棧道，惟一雲騅存焉。德宗幸梁，御馬號望雲騅，駕還，飼以一品料。後死化爲圖。《國史補》。德宗八馬幸蜀，七馬道斃，惟望雲騅來往，貞元中道死。元稹歌云：『登山縱飲望雲騅，平地須飢紅叱撥。』〔二〕《長慶集》。

〔一〕今按：『撥』，底本作『拔』，據中華書局《續博物志》改。
〔二〕今按：『登山縱飲望雲騅，平地須飢紅叱撥』，《全唐詩》元稹《望雲騅馬歌》作『登山縱似望雲騅，平地須饒紅叱撥』。

開元之獻，天寶之生。開元廿九年三月，滑州刺史李邕獻馬，肉髮〔一〕麟臆，嘶不類馬聲。邕任淄青日，遇一翁，云：『聖主將得龍馬以應太平。』遂於青州馬會恩家，獲而獻之。初會恩有牝馬，浴於淄水，有胎，産而因以龍子呼之。天寶中，隴右節度使皇甫惟明奏：龍支縣人狄孝義，有馬生龍駒。經九旬有九日，身有鱗而不生毛，時有慶雲五色，遥覆馬上，久而不散。請付史官。《唐書》。

玉花驄照夜白。上所乘馬有玉花驄、照夜白。《明皇雜録》。照夜白，封泰山迴，令陳閎圖之。《開元記》。杜詩：『曾貌先帝照夜白，龍池十日飛霹靂。』曹霸《圖》。紅衣奚官牽玉面騂，緑衣閹官牽照夜白。《畫鑑》。

韓幹《八馬圖》：二奚官引連錢驄、燕友驕。上。

三花馬，五花馬。開元中承平日久，多愛三花飾馬。郭若虚〔二〕家藏圖，中有三花馬。蘇大参家有韓幹畫《三花御馬》。晏元獻家藏一畫，有三花馬。三花者，翦鬃爲之瓣。樂天詩曰：『舞衣裁四葉，馬鬣剪三花。』是也。《唐六典》云：『外牧歲進良馬，印以三花飛鳳之

〔一〕今按：『髮』，江蘇古籍出版社《册府元龜》作『鬃』。

〔二〕今按：『郭若虚』，底本誤作『郭若應』。

字。』杜詩：『五花散作雲。』『個個五花紋。』李白詩《五花馬》。『開元内厩有飛黄、照夜、浮雲、五花之乘。』《要録》。

九馬二駿。《九馬圖》：曹霸所畫，杜甫作詩，卷毛師子二駿在焉。贊曰：『姚宋廟堂，李郭治兵。帝下毛龍，以馭群英。』

玉腕騮，髪拳紫色。荆南節度使衛伯玉有馬名玉腕騮。杜詩：『聞説荆南馬，尚書玉腕騮。』

肅宗時，有告保定太守反者，令李泌乘千里馬按之。寧遠所獻，髪拳紫色，初馳三十里，則皆旁側跳，三十里外乃墜然而去。辰時達保定，申時歸奏事。《續博物志》。

神智驄，如意驄。德宗有馬，一號神智驄，一號如意驄。耳中有毛，引之長一尺，進退緩急皆如上意。燕王借乘，馬鳴不行。帝升遐，從葬至陵下，悲鳴不食而死。《聞見録》。

玉逍遥，小鳥。神廟朝御馬，神宗有馬。《談苑》。

『秦州進一馬，毛生肉端。蕃人云：「此肉鬃馬也。」杜《鄧公鬃馬行》：「肉鬃碨礧連錢動。」是也。』《百斛明珠》。

滿天花，神龍超。元祐庚午，曾紆公見黄老直，曰：『李伯時貌天厩滿天花，放筆而馬殂。』蓋神魂精魄皆爲伯時筆端取去。周公謹《過眼録》。元祐初，西域貢馬，首高八尺，龍顱而鳳膺，虎脊而豹章，振鬣長鳴，萬馬皆瘖。蘇軾贊云：『八尺神，龍超送。若將西，燕西瑶，帝念民，乃下招。籥歸雲，逝房妖。』《玉海》。

鳳頭驄，錦膊驄。元祐時，于闐貢鳳頭驄，董氈進錦膊驄。

濊國果下馬，德興果下駟。濊國果下馬，漢桓時獻之。注：高三尺，可於菓樹下行。《魏志》。漢樂浪郡出果下馬，高三尺。《述異記》。德興産果下小駟。《吴衍志》。

昌邑王賀，召皇太后乘果下馬。『周弘正爲宣王所愛，給一果下馬。』《顔氏訓》。《北史》：『尉景有果下馬，文襄求之，不與。』

食肉之馬，飲酒之馬。大德十年，西域貢千里馬，其馬食肉，必以羊肉、酥乳、沙糖、胡椒和飯秣之。《霏雪録》。姚興畜一馬，名青獅子。時取斗酒投大盆中，與馬同飲曰：『與汝同力報國。』紹興辛巳，逆亮來寇。尉子橋之戰，興爲統領大將，王權先遁，部將戴皋不救，遂與馬同没于陣。立廟淮甸，有題絶句者，曰：『赤心許國自平時，見敵捐軀更不疑。權忌皋庸皆遁走，同時死難只青獅。』《梅澗詩話》。

黑大蟲，鐵象。畢再祐，兖州將家也。始居於霅。有馬黑大蟲。再遇既死，鐵絙羈圉中。岳司迎神，聞金鼓聲，意謂赴敵，斷絙而出。其家戒之，云：『將軍已死，汝莫生事累我家。』馬聳耳以聽，汪然出涕，喑啞長鳴數聲而斃。《齊東野語》。張浚畏曲端異己，送恭州獄。

仍命其雛康隨點焉。端聞之，呼天者數聲。端有馬名鐵象，日馳四百里，又呼『鐵象可惜』者數聲，逮死獄中。《宋・傳》。

朝鮮麟馬，青海驄馬。朝鮮有麒麟窟，在平壤府浮碧樓下。東明王養麒麟處也。世傳王乘麒麟馬入窟，從地中出，朝天石升天。至今石上有馬迹。吐谷渾青海，中有小山。冬放牝馬於其上，生駒號龍種。得波斯馬放於海中，因生驄駒，日行千里，故代稱『青海驄馬』。《舊唐》。

西夏赤駝，淮上義瑜。西夏酋豪青面夜叉，有駿馬曰赤駝，爲李顯忠所擒。《言行録》。九江王成淮上得病騟，後亦惟成得乘也。成爲峒寇李元礪所殺，馬悲鳴死側，爲元砺弟所得。后乘之，犯永新栅。我軍出迎，騟識旗幟，冒陣以入，執殉軍中。騟歸病傷，不秣而死。史。

小將軍翻婆子。金主完顏亮叛，民汪革有三馬，號惺惺騮、小驄騍、翻婆子。騊駼馬，小步馬。北狄良馬。烏耗國。華子曰：『堯漢皆得馬者，以皆火德正斗，南方乘德而至也。』《馬寶頌》。

齊桓公乘馬，虎望見而伏，晋平公出田，虎伏而不動：管仲曰：『意者君乘駮馬而洀柏〔一〕，迎日而馳乎？』公曰：『然。』仲曰：『駮食虎豹，故虎疑焉。』《管子》。平公出田，乳虎伏而不動，平公曰：『霸王出，猛獸伏。』師曠曰：『鵲食猬，猬食鵕鸃，鵕鸃食駮，駮食虎。駮狀似駮馬，今君驂駮馬以出乎？』《説苑》。

秦穆公之失馬，齊景公之好馬。野人取之，野人食之，於是編飲而去。處一年爲韓原之戰，嘗食公馬者三百人，獲惠公以歸。此詩之所謂曰『若君子則正，以行其德。若賤人則寬，以盡其力』者也。吕虔上。齊景公好馬，命畫工圖而訪之。殫一白馬〔二〕之價，期年而不得像。今使愛賢之君，考古籍以求其人，逾期百年不可得也。《荀子》。

駕馭

得十利劒，不若得歐冶之巧。得百走馬，不若得伯樂之數。《淮南子》。得十良馬，不若

〔一〕今按：『柏』，諸子集成本《管子校正·小問》作『桓』。

〔二〕今按：『一白馬』，《太平御覽》卷八百九十七作『百乘』。

得一伯樂。得地千里，不若得一聖人。《呂覽》。

顔延年《赭白馬賦》曰：『天子乃戒出豖之敗御，惕〔一〕飛鳥之跱衡。』

王子於期爲趙簡王取道，豖突出於溝中，馬驚，駕敗。一曰造父禦四馬，馳驟周旋而恣欲於馬者，擅轡策之制也。馬驚於出彘，而不能禁制者，威分於出彘也。』。《韓子》。

穆王田有黑鳥若鳩，翩飛跱衡，御者斃之以策。馬佚，不克止，蹪於乘，傷帝左股。

卓子之乘，造父之御。延陵卓子乘蒼龍挑文之乘，鉤飾在前，錯錣在後，馬欲進則鉤飾禁之，欲退則錯錣貫之，馬因旁出。因下抽刀而刎其脚。造父泣涕曰：『古人治人亦然矣！夫賞所以勸之而毀存焉，罰所以禁之而譽加焉，民中立而不知所由，此亦聖人之所爲泣也。』《韓非子》。

驊騮、騏驥、纖離、騄耳〔二〕，此皆古之良馬也，然而前有銜轡之制，後有鞭策之威，加之以造父之馭，然後一日而致千里也。《荀・性惡》。

駃黠馬，有良馬。張敞弟武爲梁相，敞使吏問：『何以治梁？』武曰：『駃黠馬者利其銜策。』《敞傳》。今有良馬，不待册錣而行；駑馬，雖册錣之不能進。爲此不明册錣而禦，則

〔一〕今按：『惕』，《初學記》作『揚』。
〔二〕今按：『騄耳』，諸子集成本《荀子集解・性惡篇第二十三》作『緑耳』。

蹶號足以破盧陷胸。及至圉人擾之，良御教之，掩以衡扼，連以轡銜，則雖歷險塹，不敢辭也。故其形之爲馬，馬不可化；其可駕御，教之所爲也。馬，聾蟲也，而可以通氣志，猶待教而成，又況人乎！上。

杜詩：『麒麟受玉鞭。』

相馬

古之善相馬者：寒風相口齒，麻朝相頰，子女厲相目，衛忌相髭，許鄙相尻，投伐褐相胸脅，管青相膹肳，陳悲相股脚，秦牙相前，贊君相後。凡此十人者，皆天下之良工也，其所以相馬者不同，見馬之一徵也，而知節之高卑，足之滑易，材之堅脆，能之長短。非獨相馬然也，人亦有徵。《呂・觀表》。

如耳之説，蘇代之説。如耳説衛君，君悦而太息。左右曰：『公何爲不相也？』公曰：『夫馬似鹿者而題之千金，然而有百金之馬而無一金之鹿者，馬爲人用而鹿不爲人用也。今如耳，萬乘之相也，外有大國之意，其心不在衛，雖辯智，亦不爲寡人用，吾是以不相也。』

《韓子》。蘇代欲見齊王，説淳于髡曰：『人有駿馬，欲賣之。見伯樂曰：「比三朝立於市，人莫與言。願子還而視之，去而顧之，臣請獻一朝之價。」伯樂如其言，一朝而馬價十倍。今臣欲以駿馬見於王，莫臣先後，足下有意爲臣伯樂乎？請獻白璧一雙，黄金十鎰，以爲馬食。』髡言於王而見之。《春秋後覽》。

泛駕之馬，天下之馬。武帝詔曰：『馬或踶奔而致千里，士有負俗之累而立功名。夫泛駕之馬，跅弛之士，亦在禦之而已。』《漢書》。

東方朔曰：『干將莫邪，天下之利劍也。將以補屩，曾不如一錢之錐。騏驥、騄耳，天下之良馬也，將以捕鼠，曾不如跛猫。』《方朔傳》。

寧王之，烈衮之。寧王方集賓客，鬻馬牙人麴神奴者，詣呈二馬顧曰：『其價幾何？』牙人先指曰：『此一千緡。』次指曰：『此五百緡。』寧王欣然如言付錢。王乃顧千緡者，曰：『此馬緩急百返，蹄下不起纖埃。』顧五百緡者，曰：『此馬往來十過，足下頗生塵埃。』《集異記》。女里安涅沮烈衮行郊野，見數馬迹，指其一曰：『此奇駿也。』以己馬易之，果然。《遼史》。

方臯相馬，伯樂哭馬。伯樂曰：『臣有所與有孔方臯，其於馬非臣之比也。』秦穆公使之求馬，三月而反，報曰：『在沙丘，牡而黄。』往視之，牝而驪。公曰：『牝牡色物不能知，何馬之能知也?』伯樂曰:『皋之所觀,天機也,得其精而忘其粗;在其内,而忘其外。』馬至,果良馬。《列子》。

騏驥伏鹽車而上太行,白汗交流,負轅而不能進。伯樂遭之,下車攀而哭之,解紵衣以幕之。騏驥於是俯而噴,仰而鳴,欣〔一〕伯樂之知己也。《戰國策》。

伯樂一过而馬群遂空。世有伯樂,然後有千里馬。韓《送温造序》:『伯樂一過,冀北之野而馬群遂空。解之者曰:「吾所謂空,非無馬也,無良馬也。」東都,固士大夫之冀北也。』《雜説》:世有伯樂,然後有千里馬。千里馬常有,而伯樂不常有。嗚呼!其真無馬耶?其真不知馬也!』

黄山谷詩:『相者舉肥驤空老。』

牧馬

《周禮》:趣馬掌贊正良馬,齊其飲食,簡其六節,掌駕説之頒,辨四時之居治。居牧

〔一〕今按:『欣』,《戰國策・楚策》作『彼見』。

處，治攻特。巫馬掌養疾馬，而乘治之。相醫而藥攻馬疾，受財于校人。馬死，則使其賈鬻之，入其布于校人。牧師掌牧地，皆有厲禁，而頒之。孟春焚牧，中春通淫。庾人掌十有二閑之政。教以阜馬逸特。圉師掌教圉人養馬。圉人掌養馬芻牧之事。蠻隸掌役校人養馬。

漢修馬復令，唐有典廄令。因養馬免役。《李文饒集》：飛龍掌天驥之閑。

宋有天廄，掌司國馬：乘輿、車輅院。養馬。騏驥院。天駟監，總於太僕寺。王明廣云：『牧馬童兒，先去亂群之馬；放牛豎子，由寵護群之牛。』《弘明集》。

杜詩：『伊昔太僕張景順，考校〔一〕攻駒閱清峻。開元遂令大奴字天育，時人別養驥子憐神駿。當時四十萬匹馬，張公嘆其才盡下。如今豈無騕褭與驊騮，時無王良伯樂死即休。』

宣年廄馬化爲童子。《晋書》：宣帝廄馬，羽鶴至廄，化爲童子，騎二大馬乘空去。杜甫詩『廄馬解登仙』是也。

置場掌，用谷量。魏太和十九年，置牧場於河陽，使將軍宇文福掌之。以畜無耗失，爲

〔一〕今按：『考校』，《全唐詩》杜甫《天育驃騎歌》作『監牧』。

司衛監。《漢・貨殖傳》：『用谷量馬牛。』《索隱》曰：言數饒不可計，故以山谷多少言之。主馬汧、渭間，有馬十二谷。非子好馬，爲周孝王主馬於汧、渭之間。馬大蕃息，分土爲附庸，邑之秦。魏高歡謂爾朱榮曰：『聞公有馬十二谷，色別爲群，畜此竟何用也？』

乾封減馬，儀鳳蓄馬。乾封二年，征伐四夷，厩馬萬匹，張文瓘諫曰：『隋鑑不遠，願勿使百姓生怨。』上減厩馬數千匹。儀鳳三年，魏元忠封事：『出師之要，全資馬力。請開蓄馬之禁，使百姓皆蓄。若官軍大舉，增價市之，則皆有官有矣。』

王毛仲之爲閑厩使，安禄山之爲群牧使。隋末國馬皆爲盗賊戎狄所掠。唐初得牝牡三千匹於赤岸澤，徙之隴右。命太僕張萬歲掌之。自貞觀至麟德，七十萬匹，垂拱以後潜耗太半。玄宗即位，二十四萬匹，以王毛仲爲閑厩使，張景順副之。四十三萬，上之東封，以數萬從，色別爲群，望之如雲錦。加毛仲開府儀同三司。天寶十三年，以安禄山爲閑厩群牧使，密遣親信選健馬堪戰者數千匹，别飼之。書法，書『群牧使』，何病帝也。

擇隙地，居帝閑。後唐諫議大夫薛昭上疏：『擇隙地牧馬，勿使踐京畿民田。』不從。柳宗元《龍馬圖》贊：明皇時，靈昌郡得異馬於河，居帝閑二十年。遇禍亂，帝西幸，馬入渭水化爲龍。天子十有二閑，馬六種。邦國六閑，馬四種。家四閑，馬二種。凡馬特居四之一。四之一者，三牝一牡。春祭馬祖，夏祭先牧，秋祭馬牡〔一〕，冬祭馬步。馬步神爲灾害馬者。《周禮》。

市馬

《周禮》：馬質掌質馬。質，平也。主買馬，平其大小之價直。馬量三物：一曰戎馬，二曰田馬，三曰駑馬，皆有物價。綱惡馬。以索維綱狎習之。

互市，和市。天寶中，王忠嗣在朔方、河東，每互市，高估馬價。諸胡聞之，争以馬求市，由是胡馬少，唐兵益壯。回紇自乾元以來，歲求和市。每一馬易四十縑，動至數萬匹馬，皆駑瘠無用，朝廷苦之。胡氏曰：『古者國有馬政，况爲天子審欲畜馬繁者。』《開元故事》。八坊監牧之地，初不失也。擇能其事付之，日滋月益，何患於乏絶。不修此，乃市諸遠夷，所得非駿，而徒耗民力，其損不亦大乎。

求馬，市馬。李聽爲羽林將軍有良馬，穆宗爲太子遣左右諷求之。聽以職總親軍，不

〔一〕今按：『牡』，《十三經注疏》本作『社』。

敢獻。及河東缺帥，上曰：『聽不與朕馬，是必可任。』以爲河東節度使。後唐明宗天成四年，置緣邊市馬場。先是党項詣闕貢馬，國家約其職酬之，加以館穀賜與，歲費五十萬緡。至是始置緣过市馬場。

千里馬，七百里馬。郭隗曰：『古之君有以千金使涓人求千里馬者，買死骨五百金而返。君怒。曰：「死馬且買之，况生者乎！馬今至矣。」不期年，千里馬至者三。』朱榮〔一〕敵以好婢换七百里馬。

曹彰以妾而换馬，魴生以妾而换馬。見上。魯市之鬻牛馬者，善豫賈。孔子將爲魯司寇，魯之鬻馬牛不豫賈。《新序》。

總

《易・坤》：『元亨，利牝馬之貞。』《彖》曰：『牝馬地類，行地無疆。』《屯》：『六二，乘馬班如，匪寇，昏媾。』『六四，乘馬班如，求昏媾，往。』『上六，乘馬班如，泣血漣如』。《賁》：『六四，賁如皤如，爲三所隔，不獲相賁。白馬翰如。』《大畜》：『九三，良馬逐。』進如良馬之逐，言其速也。』晋康侯用錫馬蕃庶。《明夷》：『六二，用拯馬壯，吉。』《涣》：『初六，用拯馬壯，吉。』

〔一〕今按：『朱榮』，中華書局《北史・爾朱榮傳附子文略傳》作『爾朱文』。

《中孚》：『六四，馬匹亡，無咎。』《象》曰：『馬匹亡，絶類上也。絶其類而從五，類謂應也。』《繫辭》：『乘馬致遠，以利天下，蓋取諸《隨》。』《説卦》：『乾爲馬，爲良馬，爲老馬，爲瘠馬，爲駁馬。震其於馬也，爲善鳴，爲馵足，爲作足，爲的顙。』《暌》：『初九，喪馬勿逐自復。』

《書・文侯之命》：『用賚爾，馬四匹。父往哉。』《書》：『予臨兆民，凛乎若朽索之馭六馬。』禹之訓也，《五子之歌》。御非其馬之正，汝不恭命。《甘誓》。歸馬于華山之陽，示天下不服。《武成》。

趣馬，司馬。掌馬之官，《立政》。主戎馬之事《周官》。今惟淫舍牿牛馬，無敢傷牿。閑牧也。牿之傷汝，則有常刑。馬牛其風。勿敢越逐。《費誓》。『入應門，右皆布乘黄朱。』《康王之誥》。

《詩》：『我馬虺隤，我馬玄黄，我馬瘏矣。』《卷耳》。『言秣其馬，言秣其駒。』《漢廣》。『爰居爰處，爰喪其馬。』《擊鼓》。匪直也人，秉心塞淵，騋牝三千。《定之方中》。良馬四之，良馬五之，良馬六之。《干旄》乘此車馬以見賢者。四牡有驕，朱幩鑣鑣。《碩人》。叔適野，巷無服，豈無服馬，不如叔也，洵美且武。《叔于田》。叔于田，乘乘馬。執轡如組，兩驂如舞。叔于田，乘乘黄。兩服上襄，兩驂雁行。叔于田，乘乘鴇。兩服齊首，兩驂如手。《大叔于田》。清人在彭，駟介旁旁。清人在消，駟介麃麃。清人在軸，駟介陶陶。《高克》〔一〕。四驪濟濟，垂轡瀰瀰。《載驅》。有車鄰鄰，有馬白顛。《車鄰》。駟驖孔阜，四馬既閑。四牡孔阜，六轡在手。騏騮是中，騧驪是驂。俴駟孔群。《小戎》。皇駁其馬。《東山》。四牡騑騑，嘽嘽駱馬。駕彼四駱，載驟駸駸。《四牡》。我馬維駒，六轡如濡。我馬維騏，六轡如絲。我馬維駱，六轡沃若。我馬維駰，六轡既均。《皇皇者華》。四牡業業。四牡騤騤。四牡翼翼。四騵彭彭。《采薇》《大明》。比物四驪，閑之維則。四牡脩廣，其大有顒。四牡既佶，既佶且閑。《六月》。乘其四騏，四騏翼翼。《采芑》。我馬既同，四牡龐龐。駕彼四牡，四牡奕奕。四黄既駕，兩驂不倚。蕭蕭馬鳴。既差我馬。『駕彼四牡，四牡項領。我瞻四方，蹙蹙靡所騁。』《節南山》。皎皎白駒，食我場苗。縶之維之，以永今朝。皎皎白駒，食我場藿。縶之維之，以永今夕。皎皎白駒，賁然來思。爾公爾侯，逸豫無期。皎皎白駒，在彼空谷。生芻一束，其人如玉。我覯之子，乘其四駱，乘其四駱，六轡沃若。《裳裳者華》。天子美諸侯。乘馬在廄，摧莝之秣之。《鴛鴦》。諸侯答《桑扈》。老馬反爲駒，不顧其後。《角弓》。但知讒害，不知不勝任。古公亶父，來朝走馬。《綿》。君子之馬，既閑且馳。《卷阿》。修爾車馬，用戒戎作。《抑》。四牡蹻蹻，鉤膺濯濯。

〔一〕今按：『高克』，《十三經注疏》本作『清人』。

王遣申伯，路車乘馬。《崧高》。有客有客，亦白其馬。言授之縶，以縶其馬。《有客》。駉駉牡馬，在坰之野。薄言駉者，有驈有皇，有驪有黄，思無疆，思馬斯臧。有騅有駓，有騂有騏，思無期，思馬斯才。有驒有駱，有騮有雒。思無斁，思馬斯作。有駰有騢，有驔有魚。思無邪，思馬斯徂。僖公牧馬之盛，由其立心之遠。有駜有駜，駜彼乘黄。有駜有駜，駜彼乘牡。有駜有駜，駜彼乘駽。《有駜》。

《論》：齊景公有馬千駟，死之日，民無德而稱焉。驥不稱其力，稱其德也。有馬者借人乘之，今無〔一〕矣。夫子路願車馬與用朋友共。陳文子有馬十乘，棄而違之。子曰：『清矣。』厩焚。子退朝曰：『傷人乎？』不問馬。赤之適齊也，乘肥馬。至於犬馬，皆能有養。孟之反不伐，策其馬曰：『非敢後也，馬不進也。』朋友之饋，雖車馬，非祭肉，不拜。

《孟》：厩有肥馬，此率獸而食人也。今王田獵於此，百姓聞王車馬之音，舉疾首蹙額而相告。今王田獵於此，百姓聞王車馬之音，舉欣欣有喜色而相告。太王事之以犬馬，不得免焉。君之視臣如犬馬，則臣視君如國人。滕文公曰：『未嘗學問，好馳馬。』伊尹繫馬千駟，不視也。晋人以屈産之乘，假道於虞。子思不受，曰：『今而後知君之犬馬畜伋。』白

〔一〕今按：『無』，《十三經注疏》作『亡』。

馬之白也，無以異於白人之白也；不識長馬之長也，無以異於長人之長與。

《大學》：孟獻子曰：『畜馬乘不察於鷄豚。』言當挈矩，不可侵下之利。

《曲禮》：大夫式路馬，乘路馬，必朝服，此習仪之節。步路馬，必中道，以足蹴路馬芻，有誅，齒路馬有誅。齒，評量年數也。

驪駒在門，僕夫具存。驪駒在路，僕僕整駕。此逸詩也。客欲去歌之。

杜《别馬巴州》詩：『興在驪駒白玉珂。』注：興在朝覲珂馬口鳴珂。

《左・昭公四年》：司馬侯曰：『冀之北土，馬之所生，無興國。』《左傳・襄公十八年》：邢伯曰：『有班馬之聲，齊師其遁。』班，别也。《哀公廿七年》：成子馬不出者，助之鞭之。《僖公四年》：楚子曰：『唯是風馬牛不相及也。』地遠不相干。《僖公廿三年》：重耳及齊，有馬二十乘，公子安之。及宋，宋襄公贈之以馬二十乘。《僖公十五年》：秦伯伐晋。乘小駟，鄭入也。晋惠公。

慶鄭曰：『古者大事，必乘其産，生其水土而知其人心，安其教訓而服習其道。唯所納之，無不如志。今乘異産，以從戎事。及惧而變，將與人易。變化。亂氣狡憤，陰血周作，氣戾。張脉僨興，僨動。外强中乾，乾渴。進退不可，周旋不能，君必悔之。』不聽。壬戌九月，戰於韓原，晋戎馬旋濘而止，秦獲晋侯以歸。

《書·旅獒》：犬馬非其土性不畜。林氏曰：『文帝却千里馬，光武異國獻名馬以駕鼓車。三代後能行召公之言，二君是也。』唐孔氏曰：『晉惠公乘小駟，旋濘見獲，馬非土性故也。』

《宣公十二年》：邲之役，趙旃以其良馬二，濟其兄與叔父，以他馬反，遇敵不能去。《宣公十五年》：伯宗曰：『古人有言曰：「雖鞭之長，不及馬腹。」』言非所擊。《成公二年》：新築之役，馬逸不能止，齊師敗績。《成公十六年》：鄢陵之役，范文子立於戎馬之前曰：『君幼，諸臣不佞，君其戒之。』戒勿驕。《襄公十八年》：晉侯伐齊，齊侯駕將走郵棠。太子光與郭榮扣馬，曰：『師速而疾，略也。且社稷之主不可以輕。』抽劍斷鞅乃止。伯夷叔齊叩馬而諫，太公曰：『義人也。』《昭公四年》：司馬侯曰：『冀之北土，馬之所生，無興國焉。』

韓文：冀北馬多於天下。衛齊豹作亂，公如死鳥。《昭公二十年》。以其良馬見，齊公孫青。衛侯以爲乘馬。喜其敬己。

《莊公廿九年》：春，新作延廄。書不時也。凡馬日中而出，日中而入。日中，春秋分也。《成公十六年》：范文子曰：『季孫於魯，相二君矣。馬不食粟，可不謂忠乎！』《襄公二年》：齊侯伐萊，萊人使正輿子賂夙沙衛以索馬牛，皆百匹，齊師乃還。索，簡擇。君子是以知齊靈公之爲靈也。《襄公五年》：季文子卒，無食粟之馬。君子是以知季文子之忠於公室也。《襄公十四年》：欒黶曰：『余馬首欲東。』《襄公廿二年》：楚觀起有寵於子南，未益禄而有馬數十乘。殺子南，轘觀起。薳子豐爲令尹，有寵於薳子者八人，皆無禄而多馬。《襄公廿六年》：宋左師見夫人之步馬者，曰：『誰爲君夫人？』步，習。圉人歸以告夫人，夫人使饋之錦與馬，先之以馬。平子每歲賈馬歸之于乾侯。衛侯來獻其乘馬，曰：『啓服馬名。塹而死，公將爲之櫝。棺。』子家子曰：『從者病矣！請以食之。』乃以幃裹之。《昭公廿九年》。《定公三年》：唐成公如楚，有兩肅爽馬。子常欲之，不與。三年止之，唐人竊馬而獻之。子常歸唐侯。四年〔一〕，林楚怒馬，激怒其馬。及衢而騁。十一年〔二〕，宋公子地有白馬四。公嬖向魋，魋欲之，公取而朱其尾鬣以與之。

〔一〕今按：『四年』，《十三經注疏》本作『定公八年』。
〔二〕今按：『十一年』：《十三經注疏》本作『定公十年』。

賜馬

《白虎通》：『能安民故賜車馬，以著其功德，安其身。』《記》：『君賜車馬乘以拜賜。』

康侯之錫，文侯之賚。見上。

世祖大驪馬之賜，代宗九花虬之賜。《後・李忠傳》：『世祖以所乘大驪馬賜之。』代宗命御馬九花虬並紫鞭轡以賜郭子仪。子仪固讓，上曰：『此馬高大稱卿仪質，不必讓也。』子儀身長六尺八寸。九花虬即范陽節度使李德山所貢也，額高九寸，毛拳如鱗，頭頸鬃鬣，真虬龍也。每一嘶，則群馬聳耳。以身被九花虬，號九花虬馬。上東幸觀獵，不覺日暮，曰：『行宮去此幾里？』曰：『四十里。』上令速鞭，恐閡〔一〕夜。而九花虬緩然如三五里而已。《杜陽編》。

杜詩：『近時郭家獅子花。』

韋挺之賜，保吉之賜。《韋挺傳》：帝賜中厩馬。宋真宗征澶淵，賜李繼隆石保吉鞍

〔一〕今按：『閡』，《太平廣記》引《杜陽編》作『礙』。

馬，曰：『北狄息戰，亦卿力也。』

名馬之賜，龍馬之借。王珪涇原都監，仁宗賜名馬。元稹《和李文饒述夢》詩云：『借騎銀杏葉，橫賜錦垂萄。』注云：學士初入，例借飛龍馬。《會昌品集》。

《詩》云：『駕彼四牡，四牡項領。』《抱朴子·嘉道篇》曰：『空谷有項領之駿者，孫陽之耻也。太平遺冠世之才者，賞真之責也。』

《勖學篇》曰：『抱翼之鳳，奮翮于清虛。項領之駿，騁迹于千里。天下有道，却走馬以糞。天下無道，戎馬生郊。』

王弼曰：『天下有道，修于内而已，故却走馬以糞。』

孔子行道，孔子登山。孔子行道而息，馬逸。食人之稼，野人取其馬。子貢往説之，畢辭，野人不聽。孔子曰：『夫以人之所不能聽，説人譬以大牢享野獸，以九韶樂飛鳥也。』乃使焦圉往説之。至見野人曰：『子耕於東海，至於西海，吾馬何得不食子之禾？』野人大悦，解馬而與。《淮》《吕》。

孔子與顔淵俱登魯東山，望吴昌門。謂淵曰：『爾何見？』曰：『一匹練前有生藍。』孔子曰：『噫！此白馬盧芻也。』《論衡》。

顏淵與孔子俱上魯泰山，孔子望吴閶門外有繫白馬，引顏淵指以示之，曰：『若見吴閶門乎？』顏淵曰：『見之。』孔子曰：『門外何有？』曰：『有如繫練之狀。』孔子撫其目而止之，因與俱下。下而顏淵髮白齒落，因以病死，蓋精神不能若孔子，强力自克，精華竭盡，故早夭死。

駱賓王《啓》：『登小魯之岩，辨練光於曳馬。』顏淵所以命短暴，孔子所以傷其年也。若庸馬良馬相追至晚尖列，良馬宿所，鳴食如故。庸馬垂頭，不復食，何異顏淵與孔子優劣？桓譚《新論》。

顏回望吴門馬，見一匹練。孔子曰：『馬也。』然則馬之光景，一匹長耳，故後人號馬爲一匹。《韓詩外傳》。庾信賦：『白馬如練。』

疲馬不能度繩，夏馬掉尾肅肅。或云馬羸不能度繩索，或云不能度種菜畦塍。按：齊有澠水，裁廣三四步。言馬之疲不能度此水。又曰：『蝦蟆一跳八尺，再丈六。從春至夏，裸袒相逐無他。所掉尾肅肅。』按：蝦蟆無尾，當言夏馬。夏馬患蠅蚋，掉尾擊之，故肅肅也。《風俗通》。

突圍而走者，赭丹隨身耳。凡達兵事急，突圍而走者，能致風雨，蓋有赭丹隨身耳。赭丹者，馬腹中所産之物，用之念咒，即至風雨。如狗寶、牛黄之類。鞍馬趁趯以騰擲，迅象飛控以馳驅。回鶻緑野馬，虜中護蘭馬。回鶻地出玉，犛牛、緑野馬、犻峰駝、白豹鼠〔一〕。《五代史》。虜中護蘭馬，五白馬也，亦曰玉面。《西陽》。

解人語，作人語。大食國馬解人語。路岩成都移渚宫，所乘馬忽作人語，且曰：『蘆荻花，此花開後路無家。』不久及禍。《北夢瑣言》。

彼之所乘，真良馬也。王世充兄子僞代王琬，使于竇建德軍中，乘隋煬帝所御騮馬。太宗曰：『彼之所乘，真良馬也。』

尉遲敬德直入賊軍，擒琬，引其馬以歸。《舊唐》。

此馬好跳躑，不堪御也。伯樂令其子執《馬經》以求馬，經年無有似者。歸以告父，更令求之，出見大蝦蟆，謂父曰：『得一馬，其馬隆顱趹目，脊轡縮，但蹄不如累趨耳。』伯樂曰：『此馬好跳躑，不堪御也。』子笑乃止。《朝野僉載》。

泥馬，流馬。章震以泥作馬，日行千里。葛洪《仙傳》。諸葛亮作木牛流馬。

馬坑，馬穿。中盧縣西山中有一道，漢時數百匹馬出其中。《襄陽記》。夷陵縣北三十里

〔一〕今按：『白豹鼠』，《新五代史》作『白貂鼠』。

有石穴，名曰馬穿。《水經》。

翁偉之聽，李南之聽。 廣漢陽翁偉能聽鳥獸之音，乘蹇馬之野，田間有放馬，相去數里，鳴聲相聞，翁偉〔一〕曰：『放馬目眇，罵此轅中馬曰蹇馬，蹇馬亦罵之曰眇馬。』使往視之，馬目竟眇。《論衡》。 李南乘赤馬行道，逢他人乘白馬者。白馬悲鳴，赤馬鳴應。南謂從者曰：『彼馬言汝今當見一黄馬，左目盲者是吾子，可爲告，使駛行相及。』行二里，果逢黄馬而左目盲，南之馬先鳴，而盲馬應之，問其主，果向白馬子也。《抱朴子》。

夫行天莫如龍，行地莫如馬。馬者，兵甲之本，國之大用。安寧則以別尊卑之序，有變則以濟遠近之難。援上銅馬式表。

老驥伏櫪，志在千里，烈士暮年，壯心不已。曹操《樂府》。

杜摯《贈毋丘儉》詩：騏驥馬不試，婆娑槽櫪間。壯士志未伸，坎軻多辛酸。《文章叙録》。

《天馬歌》：『天馬來出月氏窟，背爲虎文龍翼骨。嘶青雲，振绿髮，蘭筋權奇走滅没。』蘭筋目上如井字。權奇善行貌。 『騰崑崙，歷西極，四足無一蹶，鷄鳴刷燕晡秣越，神行電邁躡慌惚。天馬呼，飛龍趨。月明長庚臆雙鳧，尾如流星首渴烏，口噴虹光污溝珠。天馬奔，戀君

〔一〕 今按：『翁偉』，諸子集成本《論衡·知實篇》作『翁仲』。

軒，駷躍驚矯浮雲翻。不逢寒風子，誰採逸景孫。鹽車上峻坂，倒行逆施畏日晚。伯樂剪拂中道遺，小盡其力老棄之。願逢田子方，惻然爲我悲。雖有玉山禾，不能療苦飢，嚴霜五月凋桂枝，伏櫪銜冤摧兩眉。請君贖獻穆天子，猶堪弄影舞瑶池。』蓋爲逸群絶倫之士，不遇知己者嘆。

項王騅馬，姚襄騟騧。時不利兮，騅不逝。騅不逝兮，可奈何？《帳中歌》。姚襄所乘馬曰騟眉騧。是戰也，而馬倒，秦兵斬之。

符堅之馬，侯景之馬。符堅妻張氏諫曰：『秋冬以來，厩馬驚逸。侯景白馬，每戰將勝，意氣俊逸。其有敗衄，低頭不前。石頭之役，卧不肯動。』《南史》。

塞馬，泥馬。《淮南子》：塞上翁失馬，人吊之。曰：『詎知不爲福？』將胡駿而至，人賀之。曰：『詎知不爲禍？』墮馬折髀，人吊之。曰：『詎知不爲福？』胡兵大入，此子獨以跛，故父子相保也。康王南奔，元人追之。路憩崔府君廟，困倦假寐，忽有人喝云：『速起上馬。』一晝夜七百餘里，馬僵不進，廟中泥馬也。

葬馬，贖馬。楚王有愛馬，死欲葬以大夫禮。優孟入殿門哭曰『請葬以王禮』，云云。曰：『六畜之葬，籠竈爲椁，銅瀝爲棺，衣以火光，葬人腹中。』乃以馬屬太官。《史》。田子方出見老馬曰：『少盡其力，老棄其力，仁者不爲也。』《韓外》。

駱駝

陽光之山，獸多橐駝，善行流沙中，日三百里，負千斤。《山海經》。

明駝，黑駝。明皇時，交趾貢龍腦香，上賜貴妃十枚。妃私發明珠[一]，使持三枚遺禄山。《楊妃傳》。

《耕餘博覽》云：『明駝使眼下有毛，夜明見物日行三百餘里。迷密國正平元年，遣使獻一峰黑橐駝。』《北史》。

磁州山中有竹林寺，《齊志》云：『天寶末[二]，使人往此寺卿取我橐駝，目爲吉橐駝。』使者入山見一寺，有僧取經函。使者辭以不知。文宣曰：「卿取我橐駝，乘之則自至矣。」使者入山見一寺，有僧相謂曰：「高洋橐駝來也。」曰：「爾天子使汝來何求？」曰：「帝命取經函及尺八黄帕。」僧共取與後，不復見。』《常樂寺碑》。

[一] 今按：『珠』，叢書集成初編本《珍珠船》作『駝』。

[二] 今按：『天寶末』當作『天保末』。『天保』係北齊文宣帝高洋年號。

天官侍郎吉項，長大，昂頭行視。郎中張元一目爲望柳吉槖駝〔一〕。

養魚自給，養魚自隨。虞孝仁性奢華，伐遼之役，以槖駝負函盛水養魚以自給。宋孫承祐從太宗北伐，以槖駝負大函貯水，養魚自隨。

槖駝奏事，槖駝至郡。哥舒翰鎮于青海，遣使常乘白槖駝奏事。白駝日行五百里。《明皇雜録》。乾符中，劉秉仁爲江州刺史。自京將槖駝至郡，因風逸于廬山下。南土無此畜，擊射至斃。劉公曰：『吾槖駝也。』乃命瘞江壖。《三水小牘》。

雙峰，山驢。成目虛過束陽驛，遇雪，夜止佛廟。有老僧晏智高在焉。夜吟詩曰：『擁褐藏名無定蹤，流沙千里度衰容。傳得南宗心地後，此身應使老雙峰。』梁朱温言：『趙崇不識槖駝，呼爲山驢。』《南部新書》。

乘龍洲，聞駝語。周世祖征濠，夜遣兵，持炬乘槖駝，絶淮。濠兵驚以爲鬼乘龍。遂名乘龍洲。《寰宇記》。

有槖駝使臣夜坐，門户外偶語云：『舍人來日當有萬里之役，然遂免此苦，吾將奈

〔一〕　今按：『吉項』『昂頭行視』『望柳吉槖駝』，中華書局《朝野僉載》分别作『吉頊』『好昂頭行，視高而望遠』『望柳駱駝』。

何？』答云：『諫議願自寬，會當免耳！』使臣竊觀之，乃庭中二駝也。次早有旨差一駝，發軍衣入蜀。遂死蜀中。《投轄録》。

一封橐駝，兩脚駱駝。西域大月氏國出『一封橐駝』。注：脊上有一封也。封，言其隆高若封土也。今俗呼爲『封牛』。《漢書》。

吐蕃猗封駝，日行千里。滑國有兩脚駱駝，野驢有角。《南史》。

知水，知風。燉煌流沙千里，無水，人不能知。乘駝知水脉，遇其處，以足蹋地掘之，輙得水。《博物志》。

鄯善西北，流沙數百里，風之欲至，老駝知之即鳴，輙立埋口鼻於沙中。人即將氈擁蔽鼻口。《異域傳》。

于闐脚駝，波斯大駝。于闐小鹿與駝交生子曰風脚駝，日行七百里。《洽聞記》。

波斯國大駝，日行七百里。《北史》。

駝峰，駱石。駝峰倒者，齒老矣。少健者峰直。《瓊碎録》。

西域拘夷國山上有石駱駝，腹下出水，飲之昇仙。《異苑》。

義訓曰：『牛之聲曰牟，駝之聲曰圝。』背有兩峰，足有三節：兩峰如鞍，三節色蒼。凡欲脊載，屈足受之。所載未盡量，終不起。《爾雅翼》。

漢家之獻，魏國之供。南單于上書獻橐駝。單于走馬鬥橐駝，以爲樂事。《東觀漢記》。高不飲洛水，常以千里足明駝，更互回恒州取水，以供贍。《後魏書》。

驢

一曰漢驪〔一〕，其子曰涅何承天《纂文》。『匈奴奇畜，即駃騠也。』靈帝之駕，廢帝之養。駕四白驢，躬自操轡，公卿貴戚轉相放效。天意若曰：『國且大亂，賢愚倒植，凡執政者皆如驢也。』《後・五行志》。後廢帝於耀靈殿上，養驢數千。《宋書》。薊子訓之駕驢，諸葛恪之似驢。道過滎陽駕驢，忽僵蛆蟲流出，扣之以杖，應聲奮起，《後漢》。恪父瑾長面似驢，孫權會群臣，使人牽一驢入，長撿其面，題曰：『諸葛子瑜。』恪跪請筆益兩字，續其下曰：『之驢。』舉坐歡笑，以驢賜恪。《吴志》。晋孝武之未見，陳後主之嗜肉。未嘗見驢，謝太傅問遥相其形，當何所似？孝武掩口而笑，答曰：『頭當似猪。』《世説》。陳後主入，隋文帝問監者叔寶何嗜，對曰：『嗜驢肉。』

〔一〕今按：『漢驪』，《初學記》作『漢驪』。

《劉體仁傳》。魏元坦《南史》。

東海王之驢王，魏元坦之驢王。東海王凡劣，前廢帝號爲『驢王』。《北史》。

傲狠凶粗，當時聞者號爲『驢王』。《北史》。

驢無强弱，驢作少意。太武北征，發民驢以運粮。公孫輓令驢主皆加絹一匹，百姓語曰：『驢無强弱，負絹自壯。』衆共嗤之，坐徵還。《後魏書》。漢高祖鎮太原，周太祖爲漢衛時，令隱帝監符璽語。太祖曰：『我夜來夢爾爲驢，負我乘天。既捨爾乘，俄變爲龍，捨我南去，何祥也？』曰：『公謂驢作少意，知飛空見玩。』《册府》。

作驢鳴，數驢過。王濟卒，將葬。孫楚哭之甚哀。向靈牀曰：『卿嘗好我作驢鳴，我爲卿作之。』體似聲真。《晋書》。武后初稱周，多置裏行、拾遺、補闕、御史。有御史臺令史將入室，值裏行御史聚立。令史不下驢，衝其間。諸御史將杖之。令史云：『今日之過，實在此驢。乞先數之，然後受罰。』御史許之，謂曰：『汝技藝可知，精神極鈍，何物驢畜，敢於御史裏行。』於是羞赧而止。《傳記》。

人言驢馬，不言馬驢。王導謂諸葛恢曰：『人言王葛，不言葛王。』恢曰：『人言驢馬，不言馬驢，豈驢勝馬也？』《晋書》。

上有驢臺，南有驢村。釋道安常乘赤驢，今河東寺上有驢臺峴，南有中驢村。

路人驅驢，何類驅驢。王奂拜僕射，劉祥見路人驅驢，祥曰：『驢汝好爲之，如汝人才，皆已令僕矣。』蘇世長容貌醜陋，大業中，爲都水使者。煬帝曰：『卿面何類驅驢？』世長再拜，叫呼爲驅驢之狀。煬帝大悦，賜帛百匹。《舊唐》。

麟楦朝士，驅驢宰相。唐楊炯每呼朝士爲『麒麟』，楦或問之曰：『假弄麒麟者，必修飾其形，覆之驢上，宛然異物。及去其皮，還是驢耳。無德而朱紫，何以異是？』《僉載》。王及善後爲右相，無甚施設，將驢入堂，終日驅逐，號『驅驢宰相』。上。

女人乘驢，千人騎驢。郭英乂鎮劍南，頗恣狂蕩，取女人乘驢擊毬，以寶鈿爲驢鞍。《唐書》。

咸通末，執政以進士車服僭差奏請，不許乘馬。場中千人，皆跨長耳。或嘲之曰：『今年敕下盡騎驢，短轡長鞦滿九衢。清瘦兒郎猶自可，就中愁殺鄭昌圖。』《摭言》。

鄭光業軀幹偉大，故云鞦馬鞧也。

夏侯驢子，馮拯二字。唐夏侯籍依託勳臣，爲幕下從事。时人號爲夏侯驢子，言其鄙也。《北夢瑣言》。天聖中，侍中馮拯卒。次年錫慶院側人家生一驢，腹下白毛，成馮拯二字。

馮氏以金贖之，潛育於室中。《泊〔一〕宅編》。

不聽鶯聲，因目爲衛。嶺南有騆名翠嵐，多飼馬堂上，乃題堂上云：『犬馬本非堂上畜，莫言郵舍暫經過，大都人畜須分别，不聽鶯聲可奈何？』聽鶯聲者，蓋昔人爲《驢吃牡丹賦》云：『展似鐵之雙蹄，聳如船之兩耳，驚回蝶夢，不聽鶯聲。』《墨客揮犀》〔二〕。

衛，代呼驢爲衛，於文字未見。今衛地出驢，意在斯乎？或説以其有軸有槽，譬如諸衛有胄曹也，因目爲衛。《資暇録》。

或曰：『晉衛玠好乘之，故以爲名。』《爾雅翼》。

鳴欧欸，白元通驢鳴也。率以午及五更初而鳴。開成初，東市百姓喪父，騎驢，驢忽〔三〕曰：『我姓白，名元通。負君家力已足，勿復騎我。南市賣麩家欠我五千四百，我又負君錢數亦如之，今可賣我。』因賣之。兩宿而死。《酉陽》。

土人言：金驢一鳴天下太平。上。蹇驢服駕兮無用自多。

失驢耳，在驢背。軍中有告失驢耳者，司馬楚之曰：『此必賊遣奸人入營覘伺割以爲

〔一〕今按：底本原作『治』，當改作『泊』。
〔二〕今按：底本原作『驢吃牧丹賦』『墨客輝犀』，當改。
〔三〕今按：底本原衍『忽』字。

信耳。』灞橋詩思在驢背上。

騎驢，墜驢。君不見雪中騎驢。孟浩然。陳摶隱武當山，乘白驢，聞藝祖登極大笑墜驢，遂入華山。

紙驢，木驢。張果乘白驢，休則疊之如紙，以水噴之，復成驢。侯景繞臺城作木驢，攻城。城上投石碎之。

柴驢，乘驢。貞元十三年，有農夫以驢負柴，宦者取之。王荆公居鍾山，惟乘驢。杜甫詩：『騎驢三十載。』歐陽脩詩：『取笑類黔驢。』

騾

騾，驢父馬母也。駃騠，驢馬父母也。《說文》。

『驢爲牝，馬爲牡，則生羸。馬爲牝，驢爲牡，則生騭。』《古今注》。

《駈駉玉篇》：驢父牛母，生于廣者蹄輕，産于蜀者蹄重。蜀中縣有馬與牛合而生者，皆牛爲牡，馬爲牝。故今川廣皆産騾，生于廣者蹄輕，以大武之産于蜀者蹄重，遺體之也。

趙簡子之白騾，脩畢國之駮騾。簡子有兩白騾，陽城胥渠曰：『「臣胥有疾。」醫教之曰：「得白騾肝則病止，不得則死。」簡子曰：「殺人以活畜，不亦不仁乎！殺畜以活人，不亦仁乎！」』於是召庖人殺白騾，取肝以與胥渠處。無幾，趙兵興而攻翟，廣門之左七百人，右七百人，皆先登而獲甲首，人主其胡可以不好事？《呂覽》。元封四年，脩畢國獻駮騾，高一丈，毛色赤斑，皆山色，旋成日月之象。常以金瑤物器盛芻以飼，置於黄門廄。東方朔曰：『此六畜之下者，無爲深愛。昔夏侯淫于原獸，以亡其國，况戎翟獻其鄙獸，費財毁德，非所以示天下也。楚莊好馬，叔敖知其失政。願陛下省物，全國家之機事。騾，鄙獸，宜置之於負乘。不用，則棄之於野。』上乃放之。後野人見有赤蛇，自天屬地及雲徐馳。有雲氣來繞地，復變爲赤龍，騎之入雲。有人來告。上曰：『滑稽兒，使我失龍矣！』朔曰：『龍何難值，恐陛下費金瑤終化爲驢騾耳。』帝納其言，而深忌之。《洞冥記》。

龜兹之非驢非騾，高昌之非驢非騾。龜兹王絳賓朝漢，樂漢衣服制度，歸國治宫室如漢仪。外國胡人皆曰：『驢非驢，馬非馬，若龜兹王所謂臝也。』《漢書》。高昌性難服，乃作歌曰：『驢非驢，馬非馬。』言高昌似騾也。上。

白騾將軍，鵓鴿青明。皇將封泰山，益州進白騾。遂親乘之。告成禮畢，無疾而殪。謚之曰：『白騾將軍。』命有司具棺櫝，累石爲墓。《傳信記》。靖康元年，金人犯浚州，徽宗御駮驢名鵓鴿青，望睢陽而奔。《揮塵録》。

騾子軍，騾子都。吴少誠地既少馬，而廣畜騾。乘之教戰，謂之騾子軍。甲仗畫爲雷公星文，以爲壓勝。《舊唐》。吴元濟部下，乘騾即戰，號騾子都，最爲勁悍。上。

李詹滋味之求，錢昂遷責之致。進士李詹，廣求滋味，縶驢庭中，圍之以火，飲以灰水，蕩其腸胃，取酒調以辛味，復飲之，騾未絶，而爲火逼烁，外已熟矣。其徒狄慎思小諫，所傳也，無何俱卒。《玉泉子》。錢昂治郡有聲，嘗帥秦州。童貫初得幸，恃寵驕倨，昂未嘗加禮。一日赴天寧，待貫之來，久之方至，昂曰：『來何暮？』貫曰：『偶以所乘騾小而難騎，動必跳躍，以此遲遲。』昂曰：『太尉之騾，雄耶？雌耶？』貫曰：『雄者也。』昂曰：『不若閹之。』貫雖一時愧怒，而莫敢報。其後貫大用事，卒致遷責。《揮麈録》。

馬力在前髆，驢力在髀，羸力在脰。騎乘者隨其力，而進退之。羸股有鎖骨，故不能生。大骨若臼而口小，小骨若杵而頭大，小口禦大頭，故不可出此羸。所以不滋息焉。《爾雅翼》。

牛

牛，耕畜。

《周禮·地官》：牛人掌養國之公牛，以待國之政令。凡祭祀，共其享牛、求牛。求祀之牛。凡賓客之事，共其牢禮、積膳之牛。饗食、賓射，共其膳羞之牛。軍事，共其犒〔一〕牛。喪事，共其奠牛。

物，萬物也。天地之數，牛爲大物，起於牽牛。《說文》。

東至牽牛。牽牛者，言陽氣牽引萬物出之也。牛者，冒也。言地雖凍，能冒而生也。牛者，耕植種萬物也。《史·律書》。

《揚子》或問：『仲尼之術，用之猶牛鼠也。』〔二〕使牛捕鼠，周而不泰，大而不小。

西國土俗以牛能耕地出萬物，故以牛糞爲浄梵王帝釋及牛立廟祠之法。《祠傳》。

趙良曰：『五羖大夫，荆之鄙人也。穆公舉之。牛口之下，加之百姓之上。』

《孟子》曰：『年已七十矣，曾不知以食牛，干秦繆公之爲污也。可謂智乎？』餘見事實。

《莊子》：『爵禄不入於心，故食牛而肥。』

〔一〕今按：『犒』，《十三經注疏》作『槁』。

〔二〕今按：『或問：仲尼之術，用之猶牛鼠也。使牛捕鼠，周而不泰，大而不小』，諸子集成《揚子法言·君子卷》作『或曰：「仲尼之術，周而不泰，大而不小，用之猶牛鼠也」』。

《易·説卦》：『坤爲牛，爲子母牛。』《繫辭》：『服牛引重，以利天下，蓋取諸《隨》。』《無妄》：『六三，或繫之牛，行人之得，邑人之災。』《象》曰：『行人得牛，邑人灾也。』《大畜》：『六四，童牛之牿，元吉。』微而畜之則易制。《離》：『利貞，亨。畜牝牛，吉。』牛之性順，而又牝焉。順之至也。《睽》：『六三，其牛掣。』牛掣阻於前也。《遁》：『六二，執之用黄牛之革。』《象》曰：『執用黄牛，固志也。』二五，正應。《革》：『初九，鞏用黄牛之革。』以順自固而無妄動。《象》曰：『鞏用黄牛，不可以有爲也。』《既濟》：『九五，東鄰殺牛。』東鄰陽也，殺牛盛祭也。《象》曰：『東鄰殺牛不如西鄰之時也。』五之才德，不如二之時也。

《旅》：上九，喪其順德，喪牛于易，凶。〔一〕《象》曰：『喪牛于易，終莫之聞也。』

《書》：放牛于桃林之野，示天下弗服。《武成》。用牲于郊，牛二。乃社于新邑，牛一。《召誥》。王在新邑，烝祭歲。文王騂牛一，武王騂牛一。《洛誥》。今惟淫舍牿牛馬，無敢傷牿，馬牛其風。勿敢越逐，無敢寇攘，逾垣墻，竊馬牛。《費誓》。

羊牛下來，牛羊下括。《君子于役》。

〔一〕今按：『《旅》：上九，喪其順德，喪牛於易』：《十三經注疏》本無『喪其順德』四字。

誰謂爾無牛，九十其犉。爾牛來思，其耳習習。或降于阿，或飲于池，或寢或訛。三十維物，爾牲則具。《無羊》。

挈挈牛羊，或剥或亨，或肆或將。《楚茨》。

從以騂牡，享于祖考。以啓其毛，取其血膋。《信南山》。

我將我享，維羊維牛。《我車我牛。》《黍苗》。自羊徂牛。《絲衣》。殺時犉牡，有救其角。《良耜》。

『夏而福衡，白牡騂剛。』施於牛角，所以止觸。白牛，周公之牲也。騂牛，魯公之牲。《閟宫》。

《論》：子謂仲弓曰：『犁牛之子，騂且角，雖欲勿用，山川其舍諸。』

《孟》：有牽牛而過堂下者，王曰：『牛何之？』對曰：『將以釁鍾。』王曰：『舍之，吾不忍其觳觫，若無罪而就死地，以羊易之。』齊國雖褊小，吾何愛一牛？』曰：『以小易大，彼惡知之。王若恐其無罪而就死地，則牛羊何擇焉？』曰：『是乃仁術也，見牛未見羊也。』孔子嘗爲乘田矣，曰：『牛羊茁壯，長而已矣。』

《内則》：『牛，夜鳴則庮。』音由。牛之夜鳴者，其肉庮臭。

《曲禮》：『國君下齊牛。牛曰一元大武。』《孟》：『牛之性猶人之性與？』

《荀九家易》：離爲牝牛。

《左傳・昭四》：穆子，及庚宗，遇婦人，私爲食而宿焉。魯地。夢天壓己，顧而見人，號之曰『牛』。既立，立爲卿。庚宗之婦人對曰：『余子長矣！』召而見之，號之曰『牛』。《左傳・昭五》〔一〕：初，穆子之生也，莊叔筮之，遇《明夷》之《謙》，卜楚丘曰：『以讒人入，其名曰「牛」。純《離》爲牛，故曰「其名曰牛」。』

張衡賦曰：『穆届天以悦牛兮，竪亂叔而幽主。』

《定公八年》：晋師將盟衛侯于鄟澤，衛人請執牛耳，將歃，涉佗晋大夫。捘衛侯之手及捥。血至捥。

《僖公廿九年》：介葛盧來聞牛鳴，曰：『是生三犧，皆用之矣，其音云。』問之而信。傳言：人聽或通鳥獸之情。《卅二年》：晋文公卒，將殯于曲沃。出絳，柩有聲如牛。卜偃使大夫拜曰：『君命大事，將有西師過軼我，擊之，必大捷焉。』卜偃聞秦密謀，故因柩聲以正衆心。

《襄公三年》〔二〕：『正月，郊牛之口傷，改卜牛。牛死，不郊。』成公：正月，鼷鼠食郊牛

〔一〕今按：『左傳昭五』原脱，據中華書局本補。
〔二〕今按：『襄公三年』，《十三經注疏》作『宣公三年』。

角，改卜牛。鼷鼠又食其角，乃免牛。昭公：叔向曰：『牛雖瘠，僨於豚上，其畏不死。』晋不畏魯。

《成公十七年》：欒書執厲公，韓厥曰：『古人有言曰：「殺老牛莫之敢尸，」而况君乎！」』

《宣公十一年》：楚申叔時曰：『夏徵舒弒其君，討而戮之，君之義也。抑人亦有言曰：「牽牛以蹊人之田，而奪之牛。」牽牛以蹊者信有罪矣，而奪之牛，罰已重矣，諸侯之從也。』曰：『討有罪也。』今縣陳，貪其富也。

《僖公卅三年》：秦師及滑，鄭商人弦高將市於周，遇之，以乘四。韋熟革。先牛十二，犒師。曰：『寡君聞吾子將步師，出於敝邑，敢犒從者。』且使遽傳車告于鄭。孟明曰：『鄭有備矣，不可冀也。』

《周禮》：罪隸掌百官府。凡封國若家，牛助，爲牽徬。牛助，國以牛助轉徙也。在前曰牽，在旁曰徬。

物，萬物也。天地之數，牛爲大物，起於牽牛。《説文》。

東至牽牛，陽氣牽引。牽牛者，言萬物出之也。牛者，冒也。言地雖凍，能冒而生也。史。

童牛不服，是謂大仁。文王召太子發，曰：『童牛不服，童馬不馳，是謂大仁。』觳觫不忍，是乃仁術。《述異記》。

天子飲於文山，有獻良馬駟，牥牛二，此牛能行沙中，如橐駝。《穆天子傳》。東夷六角牛之送，文山二牥牛之獻：成王時，東夷送六角牛。《孟》。

觴雷首之阿，黑牛白角。上。伐武都之梓，青牛走入。見梓。

見百里之肥牛，使禽息而視牛。賈人買百里奚，以五羖之皮。秦穆公觀鹽，見百里奚牛肥，曰：『任重道遠以險，而牛何以肥也？』對曰：『飲食以時，使之不以暴。有險先後之以身，是以肥也。』穆公知其君子也，以爲上卿。《説苑》。

百里奚賢，穆公欲干。繆公好牛，因賃官以養牛。蹄上乘肉三寸，公使禽息視牛。息入，言之，公不信，怒。息復言之，公又怒。公出，息跪而請之曰：『夫養牛者，願君勿忽也。』公乃問百里奚，曰：『臣之長非養牛者也，乃養民也。』公視牛察之，則賢人也。遂與同車而出。謝禽息。息曰：『所以不死者，君未知客也。今已知之矣。』乃觸門而死。張温《自理表》。

骸之服牛，均之耕牛。《世本》：『眩作服牛。』眩〔一〕，黄帝臣也。又曰：『少昊時人，始駕

〔一〕今按：『眩』，《初學記》作『胲』。《御覽》引宋注曰『胲，黄帝臣也，能駕牛』。

牛。』稷之孫曰叔均，始作牛耕。《山海經》。注：始用牛犁也。

載物二十斛，日行數百里。扶桑國牛角甚長，以角載物，至勝二十斛。《南史》。日南多駛牛，日行數百里。《異物志》。

以牛之拜，孤犢之鳴。子路拯溺者，其人拜之以牛，子路受之。孔子曰：『魯人必拯溺者矣。』《吕·察微》。

公明儀爲牛彈清角之聲，伏食如故。非牛不聞，不合其耳矣。轉爲孤犢之鳴，掉尾奮耳，蹀躞而鳴。《牟子》。

猗頓〔一〕之畜，庖丁之解。聞陶朱公富，往問術焉。告之曰：『子欲速富，當畜五牸。』於是大畜牛羊于猗氏之南，十年之間，貲擬王公。《孔叢子》。屠牛坦朝解九牛，而刀可以剃髮，則刃遊於其間也。《管子》。

得千石之牛，獻六尺之牛。越王建德伐吴得牛，其大千石，以童男女三千人牽之。既而入船，俱墜于潭。《南越志》。元封三年，大奉獻花蹄牛，高六尺，尾環繞角，生四耳，角端有肉。《洞冥記》。

〔一〕今按：底本原作『倚頓』，據中華書局《史記》改。

文成飯牛，田父牽牛。文成將軍李少翁爲帛書以飯牛，殺，視得書。書言甚怪。天子識其手書，誅文成。長沙有金牛豈，漢時一田父牽赤牛渡江，及半江，牛糞於船，田父曰：『以此相贈。』漁人怒其污船，以橈撥糞棄水，欲盡方覺是金。但見人牛入嶺，隨而掘之，莫能及也。《湘中記》。

趙過創三犁之巧，而關右用足；任延教九直之佃，而黎庶殷飽。《抱朴子》。武帝詔曰：『方今之務，在于力農。』以趙過爲搜粟都尉，耦犁二牛三人，民或苦少牛，平都令光教過以人挽犁。《食貨志》。

赤牛之糞，方覺是金。見上。白牛之糞，亦皆爲銀。建武廿一年，有人騎白牛蹊人田。田父詰之，乃曰：『吾北海使，將看天子登封。』遂乘牛上山，田父至山，見牛遺糞皆爲銀。明年世祖封禪。《酉陽雜俎》。

牛黄走角而入膽，牛黄療癇而除邪。吴普《本草》：牛黄味苦，無毒，夜有光，走角中。牛死入膽中。神農《本草》：療驚癇，除邪，逐鬼。

漢之青牛，魏之青牛。漢桓帝出遊河上，有一青牛從河出走。此青牛者，萬年之木精也。《玄中記》。魏文帝迎美人薛靈芸，駕青色駢蹄之牛，日行三百里，足如馬蹄。《拾遺記》。

墻成八字，山得一枚。大司農鄭玄牛角抵墻，成八字。佩觿。杜預曰：『魏西北山有野牛野羊。牛之大者，二千斤。羊之大者，千數百斤。』試令求之，各得一枚。

一千里之牛，八百里之駮。荀晞爲兖州鎮，去京五百里，有貢異食。有人進一牛云：『此一日行千里，旦發日中到京，一更便達。』《志怪》。王愷君夫有牛名八百里駮，王武子語君夫：『我射不如卿，今指賭卿牛。以千萬對之。』便相然可，令武子先射。武子一起便破的。《世説》。

臣按：《相牛經》云：『陰虹屬頸，千里。』注：陰虹者，雙筋白尾骨屬頸。甯戚所飯者也。愷之牛，其亦有陰虹也。石崇之牛，若飛禽。王愷之牛，不能及。密貨崇馭人，問牛所以駛。馭人云：『急時聽偏轅，則駛。』愷從之，遂争長。石崇殺告者。《世説》。

問真長，聞景升。明帝問周伯仁：『真長何如人？』答曰：『故是千金犗特，不如捲角特，有盤辟之好。』上。桓公曰：『諸君頗聞劉景升不？有大牛重千斤，負重致遠，曾不若一羸特』。上。

江陵之牛，蜀中之牛。桓冲鎮江陵，正會當烹牛。都督咒之曰：『汝若向我跪者，當啓活也。』牛應聲而拜，都督曰：『遍拜衆人。』牛涕隕如雨，遂遍拜。值冲醉，不得啓，遂殺牛。冲聞大怒，都督加鞭罰。元嘉中，益州刺史吉翰，蜀中一青牛常自乘，目前養視。翰遘疾多日，牛不肯食。及亡，牛流涕滂沱。喪未還都，不肯行喪。既下船，便隨去。《幽明録》。

魏桓帝之乘，齊明帝之賜。馬不能勝，常乘安車，駕大牛。角容一石。《魏書》。齊明帝賜蕭穎胄以所常乘白揄車。當世快牛。陳世子青，王三郎烏，吕文顯折角，江瞿曇白鼻。《南齊書》。

奉朝請之手殺牛，望蘇令〔一〕之宰拜牛。叫呼而終，爬搔而死。《顔氏家訓》。

養一特，進一頭。麗帝師養一特牛，一赤犢前後生五犢，翻轉至萬，時號『金犢子』。《朝野僉載》。

唐鳳閣侍郎李元素進瑞一作柏。牛一頭，額上有萬字，賜馬一匹。李嶠代爲謝表云：『萬爲盈數，化成于大武之元，栢者粹文，焕炳於純離之畜。』《英華》。

飽乳犢子，斑特處士。唐豫章令賀若瑾眼波急，項轅粗，張鷟號爲『飽乳犢子』。《僉載》。甯茵南山下，月夜有叩關，稱桃林斑特處士相訪，繼而南山斑寅將軍來謁，茵爲置酒。明視門外牛蹄虎迹而已。《傳奇》。

希烈食獨肝而死。《酉陽雜俎》。有人食犥頭而生。《傳載》。

〔一〕今按：『蘇令』，諸子集成本《顔氏家訓・歸心》作『蔡縣令』。

有士人平生好食㷔頭。一日忽夢其物故，拘至地府酆都獄。有牛首、阿房，其人以手撫阿房，云：『只這頭子。』阿房大堪，㷔笑而放迴。《傳載》。

劉氏牧丹，郭椒丁櫟：唐末京師春遊，以觀牧丹爲勝賞。劉訓邀客繫水牛數百，指曰：『此劉氏黑牡丹也。』馬稱騂騮、驥騄。牛譽郭椒、丁櫟。桓譚《新論》。

摯雉兔則鸞鳳不及鷹鸇，引耕犁則龍麟不逮雙特。《抱朴子》。

犛牛其大，如垂天之雲，此能爲大矣。而不能執鼠。犛牛出西域，尾長而勁，中國以爲纓。人或射之，乃自斷其尾。

墁州黄牛，合浦㯻駝。墁州不産驢馬，人多騎黄牛，飾以鞍韉加之銜勒。《嶺表録異》。合浦牛如㯻駝，項有特骨，大如覆斗，足健疾。《異物志》。

麒牛，周留牛。似鹿又似羊，肉美皮温。《廣志》。毛青，大腹，鋭頭，青尾。《鬱林異物志》。

岷山㸬牛，臨洮竹牛，重數千斤。《爾雅》所謂魏牛。《山海經》。肉重千萬斤，一敵六七㯻駝。《玉堂閑話》。

謂之角乘，號爲特亮。梧州出獨峰牛，土人騎如馬，謂之角乘。《海録》。賓州特亮縣，白牛夜出，光彩照人，號爲特亮。《郡國志》。

索國之牛，奈國之牛。索國有泥師都，二妻生四子。一子化爲鴻，遂委三子，謂曰：

『爾可從古旃。』古旃，牛也。三子隨牛糞悉成肉駱。《酉陽》。

天竺波綱奈國，有稍割牛，黑色，角細長，可四尺許。十日一割，人服其血，皆老壽，國人皆壽五百歲。牛壽一等于人。《歷國传》。

以牛骨占事，呼牛爲『不花』。東夷之人，以牛骨占事。牛非含智之物，骨若有此之效？楊方。虜呼牛爲『不花』，謂以華言，實不好也。不花，牛也。

月支之牛，九真之牛。大月支及西胡有牛，名『日及』。牛以今日割肉三四斤，明日其肉已復，瘡亦愈。《玄中記》。

越巂國有牛，稍割取肉，經日必復生。《博物志》。九真有糖牛，形如牛而大，頭白身黑，角長二丈，堪爲酒器。《寰宇記》。

天鳳殺牛，總章獻牛。王莽天鳳元年七月，雹殺牛羊。唐總章十八年，有獻三足牛者，宰相賀殿中。侍御史王求禮颺言曰：『凡物反常皆爲妖，此鼎足，非其人政教不行之象也。』太后爲之愀然。書法記異也。

叩牛角，挂牛角。甯戚，衛人。修德不用，退而商賈，宿齊東門外。桓公夜出，甯戚飯牛，叩角而商歌，曰：『南山𥔲兮，白石爛，生不逢堯與舜禪，短布單衣才至骭，一作適。從昏飯一作飼。一作飯。牛到一作薄。夜半。長夜漫漫何時旦。牛兮牛兮，努力食，大豆細草在汝側。吾當與汝相齊國。』公聞之，載後車爲客卿。

李密少有才略，志氣雄遠，嘗乘黄牛，以《漢書》掛牛角，讀之。

火牛，帶牛。田單束兵刃其角，灌脂束葦於尾，燒其端。庾信賦曰『未見燒牛之兵』是也。龔遂，渤海太守。民有持刀劒者，使賣劒買牛，賣刀買犢。曰：『何爲帶牛佩犢！』

漢牛喘，吴牛喘。丙吉逢牛喘，使問曰：『方春，未可熱，恐牛暑，故喘。此時氣失節。』《風俗通》：吴牛苦於日，故望月而喘。南土暑，此牛見月疑日，故喘。

駒犢之從，舐犢之愛。《揚子》：或問：『太古德懷不禮懷，嬰兒慕，駒犢從，焉以禮？』注：道家尚德，薄禮。故曰：『嬰，犢乎！嬰，犢母懷不父懷。難無禮。母懷，愛也；父懷，敬也。獨母而不父，未若父母之懿也。』東漢楊彪子修，爲操所殺，操見彪，曰：『公何瘦之甚？』對曰：『愧無日磾先見之明，猶懷老牛舐犢之愛。』操爲改容。

餤牛之乳，觸乳之犢。後魏王琚常餤牛乳，色如處子，年九十餘。仇覽爲陽遂亭長，羊元母告元不孝。覽責之，悔曰：『諺曰：「孤犢觸乳，驕子罵母。」』子母相泣，元爲佳士。史。

羊祜遺犢，時苗留犢。見監司。

盗牛，曳牛。王烈彦方器業過人。有盗牛者，主得之。盗請罪曰：『刑戮是甘，乞不使。王彦方知也。』魏許褚勇力絶人，一手逆曳牛尾，行百餘步。

畫牛，騎牛。陶弘景隱茅山，梁武帝詔徵。弘景畫兩牛以示雅懷。一牛散放山水之間，一牛着金籠頭。劉凝之事。見廬山。

犇犢，千斤犍。桓範哭曰：『曹子丹，爽父。佳人，生汝兄弟犇犢耳！』見臣作福。封奕〔一〕曰：『此家抎抎千斤犍也。』

《説文》：抎，從高而下也。言千斤之犍，人間不可多得，若從天而下也。于粉反。

鬻牛善豫賈，鬻牛不豫賈。魯市之鬻牛馬者，善豫賈。孔子將爲魯司寇，魯之鬻馬牛不豫賈。布正以待之也。《新序》。

水涌犧牛，家生白犢。建興十三年，張掖魏柳谷口水溢涌犧牛。《淮南子》：宋人好善者，三世不解。家無故而黑牛生白犢，以問先生。先生曰：『此吉祥也。』居一年，其父無故而盲，牛又生白犢。又問先生，先生曰：『此吉祥也。』居一年，其子無故而盲，其後楚攻宋，圍其城。當此之時，易子而食，丁壯者死。老病童兒上城牢守，楚王大怒，諸守者皆屠之。

〔一〕今按：『奕』，《通鑑辨誤》作『悛封抽』。

此獨以父子盲之故，得無乘城。軍罷，解圍，則父子俱視。夫禍福之轉而相生，其變難見也。〔一〕

王元長《序》：紈牛露犬之玩。卜盧國獻。《周書》。杜詩：『吴牛力容易，並驅動莫當。』土牛，木牛。坡詩：『不如木人騎土牛。』諸葛亮木牛運粮草。石牛，石牛。秦惠王欲伐蜀，刻五石牛，置金其後。蜀人以爲牛便金，使五丁力士拖牛成道，秦隨伐蜀。《蜀紀》。石虎當衰，石牛夜鳴三十里，虎使人打失牛耳及尾。《洛陽記》。盗之殺牛，死而成牛。郭舒有雅行，盗殺舒牛，事覺，來謝。舒曰：『君飢所以食牛，餘肉可共啖之。』貞元中，海鹽縣戴文家富，性貪。文死，鄰家一牛生黑犢，脇下白毛成字曰『戴文』，文子恥之。

雙星會女牛，細得問牽牛。卧喘怪吴牛，桃林已放牛。英雄氣食牛，長歌夜半牛，渤海

〔一〕 今按：『先生曰：此吉祥也』『牛又生白犢。又問先生，先生曰：「此吉祥也。」』『其子無故而盲』『易子而食』『上城牢守』『諸守者』，諸子集成本《淮南子・人間訓》分别作『先生曰：「此吉祥，以饗鬼神。」』『居一年，其父無故而盲，牛又復生白犢，又復使其子以問先生。其子曰：「前聽先生言而失明，今又復先生，奈何？」其父曰：「聖人之言，先忤而後合。其事未究，固試往復問之。」其子又復問先生，先生曰：「此吉祥也，復以饗鬼神。」』『其子又無故而盲』『易子而食，析骸而炊』『皆上城牢守』『諸城守者』。

生民畫帶牛，弘景無心畫兩牛。

犀兕

《説文》：『兕如野牛，青皮堅厚，可以爲鎧。』

《山經》：嶓冢之山，獸名『犀兕』。禱過之山，其下多犀兕。注：『兕，似水牛，青色，一角，重三千斤。』

《交州記》：『兕有一角，長三尺餘，形如馬鞭柄。』

陳藏器云：兕是犀之雌者，而形不同。《本草》。

如野牛而青角，善抵觸，故制罰爵，以爲酒成。

《詩》：『我姑酌彼兕觥。』《卷耳》。稱彼兕觥。《七月》。『匪兕匪虎，率彼曠野。』《何草不黄》。『兕觥其觩。』《桑扈》。殪此大兕〔一〕。《吉日》。

虎兕出於柙，是誰之過與？《論》。

〔一〕今按：底本原作『救』『火兕』，據《十三經注疏》本改作『觩』『大兕』。

兕惟壯獸，似牛，青黑，力無不傾。自焚以革皮，克〔一〕充武備，角助文德。《山經圖贊》。

白兕，蒼兕。《曲禮》：白兕爲上瑞。杜詩：『雲霧埋山蒼兕泣。』

尚父之誓，叔向之言。武王東伐，師尚父左杖黄鉞，牛杷白旄，以誓曰：『蒼兕！蒼兕！總爾衆庶，與爾舟楫，後至者斬。』《齊世家》。

師尚父號其衆曰：『蒼兕，蒼兕！』夫蒼兕，水中之獸也。善覆人船，因神以化。今汝急渡，不急渡，蒼兕害汝。河中有此異物，時出浮揚，一身九頭，人惡畏之。《論衡》。

平公射雁不死，使豎襄搏之，失。公怒將殺，叔向曰：『必殺。昔吾先君唐叔，射兕於徒林，殪。以爲大甲，以封於晉。今君嗣吾先君唐叔，射雁不死，搏之不得，是揚吾君之耻者也。君其必速殺之，勿令遠聞。』君忸怩顔，乃趣赦之。〔二〕《晉語》。

雲夢之獵，雲夢之遊。荆莊哀王獵於雲夢，射隨兕，中之。申公子培劫王而奪之，王以爲不敬，命立誅之。左右諫，乃止。未三月，子培死。荆戰於兩棠，大勝晉。歸而賞有功者，子培之弟曰：『臣之兄讀古記，曰：「殺隨兕者，不出三月。」是以臣之兄驚懼而争之。

〔一〕今按：『克』，《全晉文》作『皮』。
〔二〕今按：『雁』『君其必速殺之』，《國語・晉語》分别作『鴳』『叔向曰：君必殺之』。

王令人視之，於古記果有，乃厚賞。《吕覽》。楚王遊於雲夢，狂兕牂車依輪而至，王引弓而射，一發而殪。王抽旃旄而仰兕首，仰天而嘆，曰：『樂矣，今日之遊也。寡人萬歲千秋之後，誰與樂此矣。』《趙策》。

招魂云：『與王趨夢兮，課后先。君王親發兮，憚青兕。』夫兕虎有域，動静有時。避其域，省其時，則免其兕虎之害矣。或曰：『養由基見寢石，以爲兕也。射之，矢飲羽。』《論衡》。

《格物志》：角中有脉氣，氣直貫上下者，謂之通天犀。照之鷄則鷄爲之恐退，如水牛猪頭，三蹄一孔，三毛行江海，角一在鼻，一在額角，有粟文。周公驅犀所以消害，王莽驅犀所以助兵。

太公之得，楚王之獻。太公使南宫适，至義渠，得駭鷄犀，以獻紂。《韓詩》。楚王獻駭鷄犀，爲上瑞。《國策》。

武帝時之貢，平帝時之獻。吠勒國貢文犀四頭，因名明犀，亦曰影犀，織以爲簟，如錦絢之文。《洞冥記》。

平帝元始二年，黄支國獻犀牛。王莽厚遺其王貢獻。應劭曰：『黄支在日南之南，去京師三萬里。』《平帝記》。

漢章帝年之獻，唐德宗年之獻。元和元年，日南獻白雉、白犀。《漢記》。貞元十二年，南海獻馴犀，詔納苑中。《英華》。

寶曆年之進，大中初之貢。敬宗寶曆元年，南昌國進夜明犀，夜則明照一百步。上令解爲腰帶，每遊獵，夜則不施蠟炬。《杜陽編》。大中初，女蠻貢雙龍犀，有二龍，鱗鬣、爪牙悉備。《杜陽編》。

渠州之見，占城之貢。宣宗時，山南觀察使奏：渠州犀牛見。差官押赴闕庭。仍於月華門外，宣示百僚，慮傷物性，押还本道，放於渠州之野。《東觀奏記》。占城國，顯德中，貢方物有雲龍形通犀帶，菩薩石。《宋史》。

犀導，犀匣。東海蔣潛至不其縣，見死人頭上着通天犀導，後以此導上晋武陵王。後落褚太宰。褚以餉豫章王，王死。後江夫人斷以爲釵，每夜見一兒繞床啼叫，云：『何爲見屠割？』月餘遂薨。《續齊諧記》。貴妃虹霓，以玳瑁水犀爲匣。《外傳》。

辟寒犀，辟暑犀。開元中，交趾進犀角，置於殿中，暖氣襲人。此乃辟寒犀也。《開元遺事》。

文宗，李訓延學士于内庭訓講《周易》，時方盛夏，上命取水玉腰帶及辟暑犀以賜之。元康末之爲斧，文宗時之進槌。元康末，婦以犀角爲斧鉞，戈戟。《北户注》。文宗時，宫人沈阿翹進玉犀槌，即響犀也。凡物有聲，響應其中。

温嶠燃犀而照，宋岑獲犀而賣。温嶠過牛渚，世云下多怪物，燃犀照之。夜夢人曰：『幽明道别，何意相照也？』宋岑獲通犀，賣與廬陵王義真。

蠲忿犀，卧魚犀。懿宗同昌公主帶蠲忿犀，圓如彈丸，入土不爛。帶之蠲忿怒。《杜陽編》。楊收女適裴坦子，嫁資豐厚。一日夫人至新婦院臺上視菓楪，乃卧魚犀。遽拂袖出。《北夢瑣言》。

開水犀，辟塵犀。武肅王時，有獻雲鶴水犀帶者。王登碧波亭，命許彦方繫帶試水。水開七尺許。石駙馬保吉知陳州，每毁舊屋則坐於下，風塵自分去。蓋其所服辟塵犀也。壁塵犀爲婦簪，梳塵不着髮。《嶺表録異》。

通天犀。《抱朴子》：有白理如綫者，以米置鷄中，鷄輒驚却。故南人名爲駭鷄。得其角一尺以上，刻爲魚，而銜以入水，水常爲開方三尺，可得氣息水中。以其角爲叉導者，煮毒藥爲湯，以此叉導攪之，皆生白沫，無毒則無沫也。所以殺毒者爲物食百草之毒及衆木棘，歲一解角，藏於山中。以木角代之，後年輒復解。

通犀置大霧露下，終不霑濡，又堪辨毒酒、藥酒生沫，或中毒箭刺於瘡中立愈。蓋犀百毒，棘刺故也。《北户録注》。

離水犀，出入有光，水爲之開。《南越志》。牙爲白暗，犀爲黑暗。一名雙角，三毛一孔。《西陽》。王粲《遊海賦》：『群犀代角，巨象解齒。』

《林邑國記》：犀行過叢林，不通，便開口露齒，前向直指。棘林自開，犀有特种者，角有光，耀白日，視之如角，夜暗之中，理皆粹然。光由中出，望如火炬。置之草野，鳥獸皆驚。《異物志》。

犀角之美，稱鷄昧白。《廣志》。墮和國多犀，世謂墮和網犀。《唐書》。

墮網犀一株有重七八斤者，是牯犀額角，其花多作撒豆斑。《嶺表録異》。

犀出九德縣，其毛如豕，蹄有三角，頭有三角，鼻上角短，額上頭上角長。劉欣明《交州記》。

山犀二角，以額上者勝。《本草》。

犀體兼五種，肉舌有棘，常食草木棘刺，不食棘葉也。《異物志》。

杜牧詩：『金盤犀鎮帷。』東坡詞：『夜氣摇動鎮帷犀。』杜詩：犀牛蜀郡憐。秦時蜀太守，刻石立作三犀牛。再平水土犀奔亡〔一〕。白：我愛水中犀。不是凡花數。

東坡詩：『赤手攬象犀。』

〔一〕今按：『亡』，《全唐詩》杜甫《石犀行》作『茫』。

羔羊

小曰羔，大曰羊。羊曰柔毛。《曲禮》。羊一名『髯鬚主簿』。《古今注》。

羊而不角曰羖，一名胡髯郎，又名青烏，蛟羊似羊，無角，啖之毒。

羊，牂也。象頭角足尾之形。孔子曰：『牛羊之字，以形舉也。』羊在六畜，主給膳也。

羊大則美，故從大。羸〔一〕，瘦也。羊以瘦爲病。羔，羊子也。咩，羊鳴也。羴羊，臭也。《説文》。

《説文》：達，小羊也。

薛綜曰：『羊子初生達，小名羔，未成羊曰拜，大曰羊。』大羊爲羬六尺。《尸子》。

小羊曰覺。《廣韵》。

凡贄，卿用羔。羔有角不用，如好仁者。執之不鳴，殺之不謗，類死義者。飲其母必跪，類知禮者，羊之爲言猶祥，故以爲贄。《春秋繁露》。

〔一〕今按：『羸』當作『羸』。

譙周《法訓》曰：『羊有跪乳之禮，鷄有識時之候，雁有庠序之儀，喻取法焉。』鄭氏《昏禮謁文》讚曰：『群而不黨，禮以爲贄，跪而有敬，吉事之宜。』

《詩》：既有肥羜，以速諸父。《伐木》。

《易·説卦》：『兑爲羊。』《大壯》：『九三，羝羊觸藩，羸其角。』猶人尚剛，必至摧困。『六五，喪羊于易，無悔。』和易待陽。《象》曰：『喪羊于易，位不當也。』『上六，羝羊觸藩，不能退，不能遂。』以陰當極，進退不可。《夬》：『九四，牽羊悔亡。』若能自强，群行無悔。《歸妹》：『上六，士刲羊無血。不能承祭。』

《書》：乃社于新邑，羊一。《召誥》。

《記·内則》：羊泠毛而毳羶，其肉羶氣不可食。

《周禮》：羊人掌羊牲。凡祭祀，飾羔，祭祀割羊牲，登其首。凡祈珥共其羊牲，賓客共其法羊。凡沈辜侯禳釁積，漬軍器。共其羊牲。若牧人無羊〔一〕，則受布于司馬，使其賈人買牲而共之。《周禮》：春官卿執羔，取其群，而不失其類。

《詩》：日之夕矣，羊牛下來。日之夕矣，牛羊下括。《君子于役》。誰謂爾無羊，三百維

〔一〕今按：『羊』，《十三經注疏》本作『牲』。

群。爾羊來思，其角濈濈。《無羊》。羔羊之皮，羔羊之革，羔羊之縫，曰殺羔羊，稱彼兕觥。《七月》。牂羊墳首，鮮可以飽。《苕之華》。濟濟蹌蹌，絜爾牛羊。《楚茨》。以我齊明，與我犧羊。《甫田》。由醉之言，俾出童羖。《賓之初筵》。維羊維牛，《我將》。自羊徂牛。《緑衣〔一〕》。

《論》：子貢欲去告朔之餼羊，子曰：『爾愛其羊，我愛其禮。』葉公曰：『吾黨有直躬者，其父攘羊，而子證之。』子曰：『吾黨之直者異於是，父爲子隱，子爲父隱。』

《孟》：『以羊易之，有諸？』梁王曰：『有之。』孟子曰：『牛羊何擇焉，無傷也。是乃仁術也，牛羊茁壯長而已矣。牛羊又從而牧之。』萬章曰：『百里奚五羊之皮，食牛以要，秦穆公信乎？』孟子曰：『否，不然好事者爲之也。』趙良曰：『五羖大夫，荆之鄙人也。』

揚雄《解嘲》：五羖入而秦喜。百里奚之妻歌曰：『百里奚，五羊皮。始别時，烹伏雌。炊扊扅，扊扅户扃。今日富貴忘我爲。』

鄭伯牽羊，獻子執羔。《左・宣公二年〔二〕》：楚子圍鄭，三月克之。至于逵路，鄭伯牽羊以逆，曰：『孤實不天。』《定公八年》：公會晋師于瓦。范獻子執羔，魯於是始尚羔。

〔一〕今按：『緑衣』，《十三經注疏》本作『絲衣』。

〔二〕今按：『宣公二年』，《十三經注疏》作『宣公十二年』。

華元殺羊，史蘇刲羊。《宣公二年》：鄭伐宋，宋華元殺羊食士，其御羊斟不與。及戰，曰：『疇昔之羊子爲政，今日之事，我爲政。』與入鄭師，故敗。君子謂『羊斟非人也，以其私憾，敗國殄民。』《僖公十五年》：初，晋獻公筮，嫁伯姬於秦，遇《歸妹》之《睽》。史蘇占之曰：『不吉。其繇曰：「士刲羊，亦無血也。」』

康子獲羊，蘇武牧羊。《國語》：季康子〔一〕穿井得土缶，獲羊，問孔子，曰：『穿井得狗，何也？』孔子曰：『羊也，非狗也。吾聞之土牲曰羵羊。』王勃《序》曰：『土缶驗羵羊之井。』蘇武在匈奴，匈奴徙武北海上，使牧羝曰：『羝乳，乃得歸。』李：牧羊邊地苦。杜：蘇武看羊陷賊庭。

飲羊沈猶，瘦羊博士。魯有沈猶氏者，旦飲羊，飽之，以欺市人。孔子將爲魯司寇，沈猶氏不敢朝飲其羊，故曰：『其身正，不令而行。』《新序》。葉小藴注：及爲司寇鬻羔豚，不飾羔。《東觀漢記》：甄宇，北海人。建武中拜博士，每臘，詔賜博士羊，人一頭。羊有大小肥瘦，時博士欲殺羊分肉，宇曰：『不可。』又欲投鈎，宇復耻之，自取最瘦者，後召問：『瘦羊博士所在？』因以爲號。

〔一〕今按：『季康子』，《藝文類聚》《史記·孔子世家》《國語·魯語下》作『季桓子』。

見草而説，見豺而戰。慘。《揚子》：敢問質曰：羊質而虎皮。見草而説，見豺而戰。忘其皮之虎也。

老羝人立曰遽如許，群羊人立曰遽如許。曹操欲殺左慈，化入羊群，忽一老羝人立曰：『遽如許。』群羊數百人立曰：『遽如許。』《仙傳》。

黄帝之夢萬群，初平之叱萬頭。《正義》：黄帝夢人執千鈞之弩，驅羊萬群。皇初平年十五，家使牧羊。道士見其良，將至金華岩室中，四十餘年不復念家。其兄初起，見市中道士問之，道士曰：『金華山中有牧羊兒，姓皇字初平。』兄隨道士與初平相見，語畢，問羊何在？山東。兄往視，但見白〔一〕，不見羊，平乃叱之曰：『羊起。』於是白石皆起，成羊數萬頭。《神仙傳》。

東夷六角，外國三角。成王時，東夷進六角羊。厉王元年，外國貢三角羊。《述異記》。

刲羊而約，與羊而謀。齊攻魯，魯使柳下惠于齊。齊侯曰：『魯君將惧乎？』曰：『齊魯初封出周南門，刲羊而約：自後子孫敢有相攻者，令其罪若此刲羊矣！臣之君固以刲羊不惧矣！』齊侯解兵三百里。《説文》。

〔一〕今按：『見白』，《藝文類聚》作『見白石』。

魯侯欲以孔子爲司徒，將召三桓而議之。左丘明曰：『周人有愛裘而好珍羞。欲爲千金之裘，而與狐謀其皮；欲具小牢之珍，而與羊謀其羞。狐相率逃於重丘之下，羊相呼藏于深林之中。今君欲以孔丘爲司徒，召三桓而謀之，亦與狐謀裘，與羊謀羞哉。』《杲子》。

雷水之中，黑羊白血。《穆天傳》：孔牙云云。齊社之下祭羊爲神，齊王國卑與中里〔一〕㰅訟，三年不斷。使二人共一羊盟齊之社。二子相從以羊血灑社，讀王國卑之詞已盡，中里㰅之詞未半，祭羊起而觸中里㰅，國人以爲神。《墨子》。莊公之臣。

向母埋羊，曾子植羊。昔有攘羊者，以頭遺叔向，向母埋之。三年，攘羊事發，追捕向家，捨羊角肉盡，舌在，國人異之。以羊舌爲氏。晉文種菜，曾子植羊，非性暗蠢，不辨方隅，以其運大，不習小務也。《劉子》：謂銼羊皮用土揩之也。

楚王反國，説亦屠羊。楚人願百鄰者與羊：屠羊説，楚人，隱於屠肆。昭王失國，説往從王。王反國欲賞説。説曰：『大王失國，説失屠羊。大王反國，説亦屠羊。爵禄已復，何賞之有？』王使司馬子綦延以三珪之位，遂不受。《高士傳》。魏文侯見宋陵子，三仕不願。文侯曰：『何貧乎！』曰：『王見楚富者牧羊九十九，而願百鄰人貧，有一羊者。富拜之

〔一〕今按：『中里』，《論衡校釋》作『東里』。

曰：『吾羊九十九，今君之一盈成我百，則牧數足矣！』鄰者與之。從此觀焉，富者非富，貧者非貧也。《符子》。

俱亡其羊，《莊子》。使牽一羊。《列子》。臧與穀二人相與牧羊，俱亡其羊。問臧奚事？則挾策讀書，問穀奚事？則博塞以遊。楊朱見梁惠王曰：『君見夫言治天下，如運諸掌。牧羊者乎？百羊爲群，使五尺童子荷箠而隨之，欲東而東，欲西而西。使堯牽一羊，荷箠而隨之，則不能前也。』

無異致羊致虎，無異使羊將狼。張儀謂楚王曰：『夫爲從者，無異驅群羊而致生虎也。今王不與虎而與羊，臣竊以爲大王之計過也。』《春秋後語》。黥布反，上病，欲使太子將往擊之，四皓曰：『無異使羊將狼。』史。

羊比齊魯大邦，魚比邾莒小國。王肅初入國，不食羊肉酪漿。數年殿會，食羊肉酪漿。高祖曰：『羊肉何如魚羹？』對曰：『羊者是陸産之最，魚者乃水族之長。以味言之，甚是優劣，羊比齊魯大邦，魚比邾莒小國。』《伽藍記》。

張華牧羊，卜式牧羊。張華少孤，自牧羊。鄉人劉放奇其才，以女妻焉。《晋書》。卜式牧百羊，十年羊致千餘頭，上曰：『羊在上林，欲令子牧之。』乃拜爲郎，式布衣巾蹻而牧羊。歲餘，羊肥息。上過其羊所，善之。式曰：『非獨羊也，治民亦猶是矣。』上奇其言，拜緱氏令。《漢書》。

温舒牧羊，王育牧羊。温舒牧羊，取澤中蒲，截以爲牒，編寫書。《漢書》。王育伯春少孤貧，爲人傭，牧羊。每過小學，歔欷流涕，拆蒲學書，忘而失羊。將鬻己以償之。同郡郭子章代育償羊，使與子同學，博通經史。子章以兄子妻之。

初出一羊，鬼化爲羊。吴房堂溪有白羊淵，淵水舊出山羊。漢元封二年，有白羊出此淵，初出一羊，婦人大驚拍手，羊自此絶。《郡國志》。南陽宗正伯，夜行逢一鬼。問伯爲誰，曰：『我亦鬼也。』爲侣向宛行，倦相擔，曰：『鬼何畏？』曰：『不喜唾。』詣宛市鬼化爲羊，伯恐其變，遂唾之。因賣得錢千五百。買者繫之，明旦見繩在，語曰：『宗正伯〔一〕賣鬼，得錢千五百。』《搜神》。

晋武帝之嘗乘羊車，宋文帝之好乘羊車。平吴後，多内寵，莫知所適。嘗乘羊車，恣其所之。宫人聚葉插户，以鹽汁灑地。《晋后妃傳》。好乘羊車經諸房。潘淑妃密令左右以鹽水灑地，帝每至户羊輒舐地不去，帝曰：『羊爲汝徘徊，况于人乎？』《南史》。

雖無制非所桑，幸爲養買德郎。劉毅奉羊琇乘羊車，請免官。帝曰：『羊雖無制，非所

〔一〕今按：『宗正伯』，中華書局《搜神記》作『宋定伯』。

乘者可如其奏。』太元《起居注》。桓彝亡後，子冲兄弟並少，家貧，母患。須羊以解，無由得之。温乃以冲爲質，羊主甚富，不欲爲質，幸爲養買德郎。德郎，冲小字也。及冲爲江州，出謝羊主于堂邊。看冲識之，曰：『我買德也。』

夢一青衣，夢見負魚。隋大業中，趙文若暫憩一驛。夢一青衣女，乞命甚急。寤問之，乃驛長將殺青羖羊，即贖放之。《冥祥記》。石虎晝寢，夢見群羊負魚從東北來，浮圖澄曰：『不祥也，鮮卑其有中原乎。』慕容氏果都之。《高僧傳》。

道人羊鳴，一客羊鳴。顧霈送客於昇平亭，一沙門在坐，羊繩斷入道人膝中，穿頭入袈裟下。道人不救，將去而殺。主人先割以啖道人，道人食炙，作羊鳴，還寺便死。《搜神記》。王克爲永嘉郡守，有人餉羊。集賓欲讌，羊繩解，來投一客。先跪兩拜，便入衣中。客無救，請宰羊爲炙，先行至客一臠入口，遂作羊鳴而死。《顔氏家訓》。

俞亮見羊，許超夢羊。吴興俞亮，永明八年，補護軍府吏，見其床下有羊，高二尺，毛色若丹，光耀滿室。《續異記》。京兆許超夢盗羊入獄，楊無愼曰：『當得陽城令。』其後有功，封陽城侯。《伽藍記》。

鬥羊之諷，鬥羊之曲。王君奂破吐蕃於青海西。張説策其且敗，因上嶲州鬥羊於帝，以申諷諭，曰：『使羊能言，必將曰「鬥而不解，立有死者。」所賴至仁元茂，量力取歡焉。』帝識其意，賜綵千匹。西舍利曲，名十二五，曰：『鬥羊勝，驃云來。』乃昔人見二羊鬥，强者則見，弱者入山。謂之『來』，乃來，乃者，勝勢也。

有羊告汝，夷羊滿野。開元末，有人好食羊頭，晨出有羊頭人身曰：『以汝好食羊頭，故來告汝，輟食則已，不爾吾將殺汝。』其人懼，不食。《紀聞》。《淮南子·本經訓》：夷羊在牧。許慎《注》：夷羊，上神。商之將亡，見於商郊牧羊之地。李白詩曰：『殷后亂天紀，夷羊滿中野。』夷羊滿中野，謂國將亡而妖孽乃出也。

京西牧羊乃杜悰之授，晋山牧羊即德裕之災。邠公杜悰福壽少倫，一食之費，皆至萬錢。京西李客見人牧羊，不知幾千萬口，轉首恍然並無所睹，乃神靈所授也。《中朝故事》。

李德裕爲太子少保，僧曰：『公災當行萬里。』公究其事，對曰：『相公當食萬羊，今食九千五百。』公嘆曰：『嘗夢行晋山，見山上盡日牧羊。』牧者曰：『此侍御平生所食羊。』旬餘，節度使朱壄遣使且饋四百羊，僧曰：『萬羊當滿，公其不还乎？』旬日貶潮州，連貶崖州，竟没焦裔。《宣室志》。

王處存之輕兵，薛昭緯之豐食。以輕兵三千蒙羊皮，李全忠軍望爲群羊，争趨之。《李茂勳傳》。經巢賊亂，流離絶粮，遇舊識銀工，飲食甚豐。以詩謝之曰：『一棵氊根數十皺，盤中猶幸有紅鱗。早知文字多辛苦，悔不當初學冶銀。』《南楚新聞》。

真寧縣之羊，朝邑縣之羊。羊胸前有手抱胸如人，手有六指甲如羊，皆言前身爲人，過惡致此。尹良臣曰：『人與羊交耳。』《北商紀異》。有苦泉，羊飲肥而肉美。今於泉側置羊牧，號細肋羊。諺曰：『苦泉羊，洛水漿。』《寰宇記》。

黄元吉之夢羊，李審言之爲羊。黄載元吉精究經史，不復進取。諸生醵會，市羊修饌。載夢一羊，前跪請命。晨出見羊跪伏如夢。載以己緡償而畜羊。又畜犬出，則羊犬聯隨。《南唐書》。萬壽年中，百姓李審言：忽得病如狂，須與羊同食。西走百里作一大羊。家人將歸，以終天年。《瀟湘録》。雪山一村，養羊大如驢。《酉陽》。

拂林國羔羊生土中，然其臍連地，割絶則死。人着甲走馬擊鼓，其羔驚鳴臍絶。《舊唐》。龍魚河圖一角，食之殺人。白澤圖一角，殺之震死。月氏有羊尾，重十斤，割以供食，尋生如故。《異物志》。

唐居出羊，尾重十斤。《酉陽》。

忽魯美羊，尾重廿斤。大食胡羊，其尾如扇，割脂廿斤，再縫仍生。莊浪號食羊，人歲取脂。羊有二種不可食：毛長而黑壯者曰骨䍽。白而有角者曰古羊。羊之大者五十斤，奚中産羊百餘斤。《膳夫録》。

龍羊出吐蕃，其角繚上。宋祈。千歲樹精，爲青羊。《玄中記》。罽賓國青羊，如翠色。

《西陽》。

忽魯綿羊尾一尺餘，重二十斤。狗尾羊，尾二尺餘，鬥羊二尺八寸。好事者賭博爲戲。《勝覽》。阿丹國綿羊，白毛無角。上。

十仞之城，樓季不能踰者，峭也。千仞之山，跛牂易牧者，夷也。《韓子》。

李斯對曰：『城高五丈，而樓季不輕犯也。山高百仞，而跛牂牧其上也。夫樓季也，而難五丈之量〔一〕，豈跛牂也，而易百仞之高哉？峭塹之勢異也。』《史》。

蜀復山郡有五角羊。《後書》。

卞彬云：『羊性淫而狠，指斥貴勢。羊淫狠，謂呂文顯。』江東謂羖羊角爲『皂策』。《南史》。

鑄鐵不消，以羊頭灰致之，乃消融也。《物類相感志》。羊不見雨，狗不見雪。《陰陽自然變化論》。

楚莊辛曰：『亡羊而固牢，未爲遲。』《新序》。《周禮》：羊人掌羊。

〔一〕今按：『量』，中華書局《史記·李斯傳》作『限』。

狗 犬

《春秋考異》〔一〕：狗三月而生。陽主於三，故狗各高三尺。犬，狗之有懸號者也。孔子曰：『視犬之字，如畫狗也。』狗，叩也。叩，氣吠以守也。《説文》。厖，犬多毛也。獨，短喙犬也。猶，犬吠不止也。獒，犬知人心可使也。狾，健犬也。狄，赤犬也。狡，小狗也。玃狸，南越名犬也。上。獹，韓良犬也。猉鵲，宋良犬也。狾〔二〕，逐虎犬也。呂忱《字林》。守犬爲獖。隴西以犬爲猶、獿、獰，皆多毛犬也。獟，猘也。炤，屈犬也。何承天。〔三〕狗有懸蹄、短尾之號，殷虞、晋獒並犬名也。《廣雅》。

《易·説卦》：艮爲狗。

《書》：西旅底貢厥獒，太保乃作《旅獒》，用訓于王。『玩人喪德，玩物喪志。犬馬非其

〔一〕今按：『春秋考異』，《初學記》作『春秋考異郵』。

〔二〕今按：『狾』，《初學記》作『犬開（五見切）』。

〔三〕今按：『獟，猘也。炤，屈犬也』，《初學記》引何承天《纂文》作『獟、猘、炤，屈尾犬也』。

土性不畜。不矜細行，終纍大德。』蔡沉曰：『犬高四尺曰獒。』

《詩》：無使厖也吠。《野有死麕》。盧令令，其人美且仁。盧重環，其人美且鬈。盧重鋂，其人美且偲。『輶車鸞鑣，載獫歇驕。《駟驖》。』獫、歇驕，皆田犬名。長喙曰獫，短喙曰歇驕。

『躍毚兔〔一〕，遇犬獲之。』《巧言》。

《内則》：狗去腎，狗赤股而躁臊，股裏無毛。而舉動急臊者，其肉臊惡不可食。

《周禮》：犬人掌犬牲。凡祭祀，共犬牲用牷物，伏瘞亦如之。牷，纯也。伏，謂伏犬。凡幾珥沉辜，用尨可也。幾讀爲刉，珥當爲衈。刉衈者，釁禮之事。沉祭山川林澤，以罷辜。凡相犬牽犬者屬焉。掌其政治。

《記·小儀》：『其以一犬賜人。若獻人，亦曰一犬。犬則執緤。守犬、田犬則授擯者，既受，乃問犬名。』

犬有三種：守禦宅舍曰守犬，田獵所用曰田犬，充庖厨所烹曰食犬。

《論》：『至於犬馬，皆能有養。』

狗彘食人食，而不知撿。狗彘之畜，無失其時。犬之性，猶人之性。《左傳》。

〔一〕今按：『躍毚兔』，《十三經注疏》作『躍躍毚兔』。

嗾夫獒，行出犬。《宣公二年》：晋靈公不君，宣子驟諫。公嗾夫獒焉，其右提彌明搏而殺之。盾曰：『棄人用犬，雖猛何爲？』《公羊傳》曰：『公欲殺趙盾，盾躇階而走。公呼獒而屬之，獒亦躇階而從之。』《隱公十一年》：鄭伯使行出犬鷄，以詛射潁考叔者。君子謂鄭莊公：『於是乎失政刑矣！邪而詛之，將何益矣？』

華臣殺吴國人逐之，趙孟入鄭子皮賦之。《襄公十七年》：宋華臣使賊殺其宰華吴，國人逐瘈〔一〕狂狗，瘈入於華臣氏，國人從之。華臣奔陳。《昭公元年》：趙孟入于鄭，鄭伯享之。子皮賦《野有死麕》之卒章，卒章曰『無使尨也吠』，喻無以非禮相加陵。趙孟曰：『吾兄弟比而安，尨也，可使無吠。』

吠狗不與，國狗之瘈。《昭公廿二年》〔二〕：晋人執我行人叔孫婼，吏人之與叔孫居於箕者，請其吠狗不與，及將歸殺而與之食之，示不愛。《哀公十二年》：子木曰：『國狗之瘈，無不噬也。譬吴無道。』

《記》：仲尼之畜狗死，使子貢埋之。曰：『吾聞之也，敝蓋不棄，爲埋狗也。丘也貧，

〔一〕今按：『瘈』，《十三經注疏》作『瘈狗入』。

〔二〕今按：『昭公廿二年』，《十三經注疏》作『昭公二十三年』。

無蓋於其封也，亦與之席，毋使其首陷焉。』

卞彬云：『狗性險而出，指斥貴勢。』狗性險，謂文度。杜牧詩：『吠聲嗾國猘。』

一犬吠形，百犬吠聲。

劉兒豚犬，吾兒豚犬。曹公曰：『生子當如孫仲謀。劉景升兒子豚犬。』梁祖曰：『生子當如李亞子。吾兒豚犬。』

畫虎不成，反類狗也；俄聞犬嗥，趙師擇也。

馬援戒兄子曰：『效季良不得，陷爲天下輕薄子。所謂畫虎不成，反類狗也。』韓侂胄作南園，有村莊，韓曰：『只欠鷄鳴犬吠耳。』忽聞鷄犬聲，乃府尹所爲也。《宋鑑》曰：『俄聞犬嗥，叢薄視之，乃趙師擇也。』

高祖詔捕蒯通，上曰：『若何教淮陰侯反？』對曰：『跖之狗吠堯，堯非不仁，狗固吠非其主。』史。

鄒陽曰：『桀之犬可使吠堯。』李白詩：『犬尚吠堯。』

蜀犬吠日，越犬吠雪。柳文：『屈子賦曰：「邑犬群吠，吠所怪也。」僕往聞庸蜀之南，恒雨小日，日出則犬吠。僕來南，二年冬，幸大雪，數州之犬，皆蒼黄吠噬。今天下不吠者幾人？』

代主犬，戀主犬。魏元忠嘗呼蒼頭，未應，犬輒代呼之。元忠曰：『此孝順狗也。』《廣異記》。潘岳賦：『猶犬馬之戀主。』杜甫詩：『犬馬誠爲戀。』劉珙曰：『今以陛下威靈邊陲，幸無犬吠之警。』東坡曰：『豈可以無盜而畜不吠之犬？』

瓠犬，蒼犬。高辛宫中，有物如犬。以瓠離盛之，以盤覆之，有頃化爲犬。五色，因名瓠犬。《搜神記》。有犬戎之寇，募得吴將軍者，妻以小女。瓠犬銜人頭，詣闕下，乃吴將軍首也。帝大喜，以女妻之，瓠犬負女入南山石室，三年生六男六女，言語侏离。帝賜以名山大澤，其後滋蔓。長沙武陵蠻也。《南蠻傳》。駱賓王露布曰：『俗通盤瓠聲，不輟于吠堯。』是也。徐國宫人妊娠産卵，棄之。獨孤老母有犬名鵠蒼，銜卵以歸，生兒。生時正偃，故爲名。徐君收養，長而仁智，襲君徐國。鵠蒼臨死，生角而九尾。偃王葬之，名狗壠。《博物志》。

少康之犬，伊尹之狗。『何少康逐犬，而顛隕厥首？』言少康因田獵放犬逐獸，遂襲殺澆而斷其頭。《楚辭》。湯四方獻，令伊尹請正南以矩狗爲獻。孔氏曰：『矩狗，狗之善者也。』

成王之犬食虎，穆王之狗執虎。周成王時，渠搜國獻鼩一作鼫。犬，鼩犬者，露犬也。

能飛食虎豹。天子之狗走百里，執虎豹也。《穆天子傳》。天子東征，以行流沙。天子之豪牛、豪馬、龍狗。上。注：龍，龍茸，謂猛狗。

荆王之狗，秦伯之犬。荆文王得茹黄之狗〔一〕，宛路之矰，以田雲夢，三月不返。得丹之姬，期年不朝，葆甲束細箭五十，跪而加之王背，出而自沉於淵。王乃殺狗、折矰、放姬。《吕覽》。《説苑》作如黄之狗，箘簬之矰，舟之姬。秦伯有噬犬，弟鍼請之不與，以百兩金易之，又不與。因逐鍼而奪其爵。《昭公元年》事。

兄有噬犬弟何欲？易之以百兩，卒無禄。《楚辭》。

子陽好罪，而舍人殺之；文種過門，而范蠡吠之。《淮南子》：鄭子陽剛毅而好罪，舍人〔二〕因猘狗之驚，以殺子陽。文種過范蠡之門，蠡于狗門作狗吠。文種曰：『狗當吠人，蠡乃以我爲人。』回車至門，入内而拜，荐爲越相。《劉子·知人篇》曰：『范蠡于犬竇，文種聞而拜之。』

〔一〕今按：底本原作『茹菫之狗』，據諸子集成本《吕氏春秋·貴直論》改。

〔二〕今按：『鄭子陽剛毅而好罪』『舍人』，諸子集成本《淮南子·泛論訓》分别作『鄭子陽剛毅而好罰』『舍人有折弓者，畏罪而恐誅』。

義〔一〕犬冢，黄耳冢。孫權時，李信純家養一犬，字曰黑龍。一日飲酒大醉，卧於草中。太守鄭瑕出獵縱火，犬入水濕水走來卧處，以身濕之，獲免主人大難。運水困乏，致斃於側，信純醒來，見犬已斃，因爾慟哭。聞於太守，太守憫之，命具棺槨衣衾，葬之。今紀南有義犬冢。《搜神記》。

陸機在吴，客獻快犬，名曰『黄耳』。羈旅京師，戲語犬曰：『我家無書信，汝能賫書馳还取消息不？』犬摇尾作聲應之。機試爲書，盛以竹筒，繫之犬頸。犬出驛路，入草噬肉取飽。經水輒依渡者，掉尾向之。其人憐愛，因呼上船，速去如飛。逕至機家，開個取書，看畢。犬向人作聲如有所求，家作答書，納竹筒中。復繫犬頸。犬既得答仍馳还洛。計人行程五旬，而犬往还裁半月。後犬死，殯之。遣送还家，葬機村，築土爲墳。人呼爲黄耳冢。《述異記》。

華隆的尾，張然烏龍。晋大興二年，吴人華隆養一快犬，號曰『的尾』。隆後至江过伐荻。犬暫出渚處，隆爲大蛇圍繞周身。犬逅咋蛇，蛇死，隆僵無所知。犬彷徨涕泣，走还船，復返草中。同伴怪以往，見隆憫絶，將歸家。犬爲不食，隆復蘇，進飯。隆愈愛惜，同於

〔一〕今按：底本原衍一『義』字。

親戚。《幽明》。會稽張然，有婦無子。一奴守舍，與婦通。然養一狗，名烏龍。婦奴謀殺然。盛作飯食，奴張弓拔刀，須然食畢。然以肉及飯擲狗，祝曰：『食汝經年，汝能救我不？』犬應聲傷奴，奴失刀倒地，狗咋奴頭，然取刀斬奴。以婦付官殺之。《搜神記》。

韋善俊一犬，號烏龍，後化龍乘之，飛去。

韓渥〔一〕詩：洞房深閉不曾開，横卧烏龍作妒媒。

仲文之犬，袁郎之狗。安帝義熙年，譙縣崔仲文與會稽石和，俱爲劉撫軍吏。仲文養一犬，獵麞鹿，和以丁奴易之。仲文不與，和及仲文入山獵。至草中殺仲文，欲取其犬，犬嗞和，守其主尸。爬地覆之，後諸軍出獵，見犬守尸，因啓撫軍。石和至府，犬牽衣號伏。撫軍拷問，果得其實，遂殺石和。《五行記》。宋袁粲父子，爲齊所害。有小兒數歲，乳母將投粲門生狄寧慶。寧慶遂抱以首，乳母呼天曰：『公昔于汝有恩，故冒難歸汝，奈何欲殺郎君以求小利。若天神有知，我見汝滅門。』此兒死後，忽見一狗走入其家，遇寧慶于庭，噬殺之。其妻子並死于狗，此狗即袁郎所常騎。《南史》。《广古今記》。

楊生之狗，張彪之犬。楊生養狗，行止與俱。後生飲酒醉行草中，眠不能動。夜火起，

〔一〕 今按：『韓渥』當作『韓偓』，見《全唐詩》。

狗往水中，以身洒生，火尋過去。他日闇行墮空井中，狗呻吟徹曉。人過怪之，就視見生，生曰：『君可出我。』人曰：『以此狗與，便當相出。』生曰：『此狗曾活我於已死，不得相與，餘即無惜。』人曰：『若爾，便不相出。』狗因下頭目井，生知其意，乃語人，以狗相與。人乃出之，繫狗而去，後夜走歸。《續搜神記》。太和中，張彪敗後，與妻楊氏去，常養一犬名黄蒼在彪前後，未曾捨離。还入若耶山中。陳文帝遣章昭達，領千兵購之。彪眠未覺，黄蒼驚吠，便嚙一人，中喉即死。及彪被害，黄蒼號叫。昭達殯彪喪墳冢既畢，黄蒼俯伏冢間，號叫不能離。《南史》。

唐休景之二犬，劉巨麟之一犬。神龍時，唐休景爲相。門僧謂休景曰：『公有大禍。』乃問所爲，僧曰：『張君赴部之時，當令求二犬，高數尺。』張到郡，即得二犬，高四尺，獻之。休景大悦。育後旬日，二刺客爲犬所嚙而斃。《宣室志》。劉巨麟，開元末，爲廣州都督。恒養一犬，雄勁多才。巨麟嘗夜迎使，犬忽遮護。巨麟叱，曰：『部從如雲，寧有非意之事。』上馬之際，犬亦隨之。忽咋一從者喉，中，頃之死。搜死者懷中，得利匕首。巨麟常鞭此僕，故修私怨。犬逆知之，是以免難。《摭異記》。

花鴨，白犬。僖宗朝，宰相王鐸所愛犬，曰花鴨。有刺官匿于梁上，爲犬所覺而免。太學生黄岳，乾寧中，王審知節度武威軍，累辟不爲動。及審知據閩，必欲起之，岳投淵而死。

其父母、妻子、二弟、一白犬俱赴水死焉。僞使者宗、舒、趙、田四人亦死，邦人哀之，俱肖象祀之，號稱忠烈王云。補《寧州志》。

桃花犬，渠來犬。淳化中，合州貢綱江犬，甚小，而性惠。太宗不預，犬不食。及上仙，犬號呼涕泗。章聖諭以奉陵，即掘尾飲食如故。後因以斃，詔以弊蓋，葬於熙陵之側。李至作《桃花犬歌》：末句云：『白麟赤鳳且勿喜，願君出此懲浮俗。』《古今詩話》。虞經臣，元祐時，爲給事中。值都城開渠，忽有異犬自渠中出，直入其家，名曰『渠來』，至或亂遽簾幃窗牖之類，則經臣必有遷改。錫賚之慶，每遇慶事，贈肉一斤。經臣敗前一夕，渠來一死。《泊宅編》。

李貴白犬，中舍靈犬。康定中，侍禁李貴爲西过寨主，妻爲吴賊虜去。家中一白犬，祝之曰：『我聞犬之白，乃前世爲人也。爾能送我歸乎？』犬俯仰如聽命，即裹粮從之。有警則引伏草間，渴則濡身而返。凡六七日出賊境，其夫無恙，封崇信縣君。《雜志》。

慶曆中，渭州巡撿張殿直事同。迴後夫妻朝暮所食，必分三器，一以飼犬。《括異志》。楊光遠之牧青州也，有孫中舍居圍城中，内外隔絶，食且盡。有所畜犬似有憂。中舍因囑曰：『爾能爲我至莊取米耶？』犬摇尾若應狀。至夜，置一布囊並簡繫犬背上，犬由水竇出。至莊鳴吠，居者視簡，令負米還。未曉入城，如此數月，以至城開。孫氏闔門賴以不餒，後數年斃，葬於別墅之南，刻石表墓曰：『靈犬誌。』《澠水燕談》。

銜兔置元前，朝夕往埋所。張元性仁孝，幼時村陌有狗子爲人所棄者，元見即收而養之。叔父怒曰：『何用此爲？』對曰：『有生之類，莫不重其性命。若天之生殺，自然之理。今爲人所棄而死，非其道也。』未幾，有狗母銜一死兔，置元前而去。《後周書》。咸溪童鏞家畜二犬，一白一花，共出一母。白者雙目俱盲，花者銜飯吐飼，夜則卧于其旁，白者既死，主憐之，埋於山麓間。花者朝夕往埋所，繞數匝，若拜泣狀。《建寧志》。

灾

吕后七年之犬，文帝五年之狗。七年三月，物如蒼犬，卜之云：如意爲祟。《史》。五年，齊雍城門外有狗，生角。京房《易傳》曰：『執政失，下將害之，厥妖狗生角。君子苟免，小人陷之，厥妖狗生角。』《漢·五行志》。

天狗下梁，而吴楚攻梁；狗生角於齊，而三國圍齊。或擊之而爲狗，或掊擊而皆狗。漢成帝河平元年，長安男子石良、劉音有如人狀，在其室中，擊之，爲狗。走出。去後，有數人披甲持弓弩至，良等掊擊，或死或傷，皆狗也。其於《洪範》皆犬禍也。《漢·五行志》。

占仲子之青狗，楊仲文之黑狗。占仲子婢死，有女四歲，數來撫循。道士云：『其家青狗爲之，殺之，便止。』楊仲文言：知家媼死，醉後而坐祭林上。其後，壞垣，得老狗，打死。乃黑頭古家狗。桓譚《新論》。

韋叔堅之人立，宗楚客之人立。桂陽太守汝南韋叔堅〔一〕，少時爲從事，其家狗忽人立而行。叔堅云：『犬馬喻君子，狗見人行，效之，何傷？』爲縣令還，解冠榻上，狗戴特走。復云：『誤觸冠，冠纓掛着耳。』狗尋于竈前畜火，曰：『兒輩皆在田中，狗助畜火，幸可不煩鄰里，亦何所惡也。』後數日，狗自暴死，卒無纖介之異。叔堅至太尉，終於位。《風俗通》。家畜一犬，一日忽戴楚客冠，人立。怒曰：『畜類敢作妖，僭越犯分，即殺之。』犬作人言，曰：『公亦作妖，僭越犯分，亦即見殺。』未幾，韋氏敗，楚客被斬。《朝野僉載》。

熹平四年之弄狗，光和四年之弄狗。靈帝熹平四年，於西園弄狗，着進賢冠、帶綬，以爲笑樂。有一狗突出，走入司徒府門，或見之者，莫不驚怪。光和四年，又於西園弄狗以配人。《表山松書〔二〕》。

公孫之犬，朱氏之火。公孫淵未亡，家數有怪犬，冠幘絳衣，上屋。《魏志》。宋元嘉中，

〔一〕今按：『韋叔堅』，《意林》《太平御覽》《事類賦》及《搜神記》皆作『李叔堅』，《太平廣記》作『漢汝南李叔堅』。
〔二〕今按：『表山松書』當作『袁山松書』。

嘉興縣朱付之兄弟對坐，家有一犬，摇頭而笑曰：『言我不能歌，聽我歌梅花。今年故復可，奈汝明年何！』其家驚惧，斬犬，榜首，至來歲梅花時，兄弟相鬥，並被囚繫，經歲得免，至夏，舉家時疾，兄弟皆死。《述異記》。

楊布之狗吠，徐勉之犬吠。楊朱之弟曰布，衣素衣而出。天雨解素衣，緇衣而反，其狗迎而吠，布怒將撲狗，朱曰：『子無撲矣！使汝狗白而往，黑而來，豈能無怪哉？』《列子》。徐勉爲侍中時，師侵魏侯驛，填委動經數旬，一還家群犬驚吠。勉曰：『憂國，忘家乃至於此。』《梁傳》。

名

貧者之狗，長者之犬。齊有貧者，命其狗爲富，命其子爲樂。方將祭，狗入於室，叱之曰：『富出。』祝曰：『不祥。』家有祸，長子死。哭之曰：『樂乎！』而不自悲也。《尸子》。康衢長者，字僮曰善搏，字犬曰善噬。賓客不過其門。長者怪，問，以實對。於是改之，客復往。《尹文子》。

青骹，白望。楊萬年有獵狗名青骹，直百金。《西京雜記》。茂陵李亭皆制佳名，有脩毫、釐睫、白望，青曹之號。上。

白靈，白鵲。陶弘景云：『裴真君犬名白靈，鷄名白精，學道之士可以辟邪，青鶡、白鵲、飛龍、虎子。』周處《風土記》。虎文，南斗若犬也。畜之致萬石。白耳，大王犬也。畜之令富貴。

吹雲，青花。杜光庭犬，可行萬里。裴至德有卑脚犬，曰青花。

喻

三狗，五狗。丁謐、何晏、鄧颺。于時謗書謂：『臺中有三狗，二狗崔柴不可當，一狗憑默作疽囊。』三狗謂何、鄧、丁也。默者，爽小字也。言三狗皆欲嚙，而謐尤甚。《魏略》。唐王同皎等謀殺武三思等，爲冉祖雍、姚紹之、宋之懸、李悛、周利貞所白。皆坐，時人號爲三思五狗。

爲是宋鵲，爲是韓盧。北齊徐之才與朝士出遊，遥望群犬競走，諸人令目之。之才厲聲曰：『爲是宋鵲，爲是韓盧，爲逐李斯東走，爲負帝女南徂。』《本傳》。

愛

高緯之狗，叔寶之狗。齊高緯以波斯狗爲赤虎儀同、逍遥郡君，飼以粱肉，食縣邑。《三國典略》。高思反與諸貴書：駮尨得儀同之號，逍遥受郡君之名，犬馬班位，榮冠軒冕。《北史》。

後主時爲開府儀同，雌者有夫人、郡君之號。《隋書・五行志》。

守晋陽而愛狗，在定州而飼狗。南陽王綽十餘時，守晋陽。受波斯狗，破胡諫之，欻然斫殺。在定州婦人抱兒飼狗，婦人號哭，縱狗使食，狗不食，塗以兒血乃食。《北齊》。

總

齊欲伐魏，淳于髡曰：『韓子盧者，天下之壯犬也。東郭㕙者，海内之狡兔也。犬兔俱罷，各死其處。田父見而獲之，今齊魏相持，頓兵弊衆。臣恐强秦大楚承其後，而有田父之勞也。』《戰國策》。

騏驥長鳴，伯樂昭其能；盧狗悲號，韓國知其才。《曹子建表》。

客謂孟嘗君，臣聞周氏之嚳，韓氏之盧，天下疾狗也。見兔而指屬，則無失兔矣。望見而放狗，則不得兔矣。狗非不能，屬之者罪也。《説苑》。

景公之狗，徐子之狗。景公之走狗死，命外供棺内給祭。晏子諫，公曰：『亦細物也，特以與左右爲笑耳！』晏子曰：『孤老凍餒，而死狗有祭。鰥寡不恤，而死狗有棺。』公曰：『善。』趣庖治狗，以會朝屬。貂勃惡田單於朝，單召而問之。貂勃曰：『然。跖之狗可使吠堯，非貴蹠而賤堯，狗自吠非其主者。且公孫子賢，而徐子不肖，然而公孫子與徐子鬥，徐子之狗獲公孫子之腓而噬之哉。單乃任貂勃於王。』《春秋後語》。

何定上御犬，吴主賜列侯； 方山冠白犬，昌邑問龔遂。 何定使諸將各上御犬，一犬直縑數十匹，紲直錢一萬。 以捕兔供厨。 吴王以爲忠，賜爵列侯。 陸抗上疏，不從。 昌邑王嘗見白犬頸以下似人，冠方山冠，以問龔遂。 遂曰：『此天戒，言在側者盡冠狗也。』

渠搜獻鼩犬，德宗縱獵犬。《周書》：渠搜朔方之地，鼩犬露犬也。 能飛，食虎。 王元長《序》：紈牛露犬之玩。 德宗大曆十四年，縱獵犬。

魏得其狗，東郭有狗。 諸葛瑾仕吴，亮仕蜀，誕仕魏，時以爲蜀得其龍，吴得其虎，魏得其狗。《三國志》。 管仲寢疾，言于桓公曰：『東郭有狗嘊嘊，旦暮欲噬我，猳而不使也。』謂易牙等之不可使也。《管子》。

《楚辭·九辨》〔一〕：猛犬狺狺而迎吠兮。

豺跪狗，鵰生犬。 狗，豺之舅。 豺遇狗，輒跪如拜狀。《酉陽》。 遼鵰巢中生獵犬，每獵而獲十倍常犬。《使遼録》。 鵰則上飛，狗則陸行。 所逐同至，名曰：鷹背狗。《東園客談》。

異

桑君之犬，慶曆之狗。 漢末，桑君養犬不吠。 孫堅文臺微時，經此犬。 忽吠之，桑謂文

〔一〕 今按：『《楚辭·九辨》』當作『《楚辭·九辯》』。

臺曰：『君其異相乎！』及貴，欲報。惟好張罾捕魚，爲作九里罾以贈之。《郡國志》。慶曆中，衛士有變，震驚宫掖。宋禧上言：蜀有綢江狗，赤而尾小者，願養此狗以警倉卒。時謂之宋羅江。《東軒筆録》。

酒家之狗，牧地之犬。宋有酤酒者，爲酒甚美。然而酒不售而酸，問閭〔一〕長者楊青，青曰：『汝狗猛耶。』曰：『狗猛。』『或令往酤，而狗迎齕之，酒所以酸而不售。』國亦有猛狗，有道之士懷其術，欲以明萬乘之主。大臣爲猛狗，迎而齕之。《韓詩外傳》。宣和五年，京師城北官民牧羊地，忽有野犬入羊群中嗚呼，諸犬皆往聚會。次日，諸犬畢集，凡擾擾兩日。犬多羊少，嚙殺其羊。識者知爲不祥，後果有北虜犬羊之禍。《宣靖妖録》。

元康地中之犬，大興地中之犬。元康中，長安瑶懷家忽聞地中有犬聲，得犬子雌雄各一。長老云：『此名犀犬，得之者富。』《搜神記》。大興四年，廬江河地家，忽聞地中有犬子聲，掘之得一母犬，青蠽色，走入草中。有二大子，雌死，雄活，善噬野獸。《晋·五行志》。地中有犬，名曰地狼。《尸子》。掘地得犬，名曰賈。《夏鼎志》。

齊之良狗，志在麋鹿。北之女人，與筋十隻，齊有相狗者，鄰人買鼠狗，數年不噉鼠。

〔一〕今按：原脱『閭』字。

以告相者，曰：『志在麞麋豕鹿，不在鼠。欲其鼠也。則梏其後足，遂取鼠。』

北狗國，語爲犬嘷。其妻皆人，能漢語。生男爲狗，生女爲人。穴居，食。妻女食熟。中國人至其國，其妻怜之，使逃歸。與其筯十餘隻，教其十里遺一筯。狗夫追之，見其家物，必禦歸〔一〕，則不能追。《五代史》。

衆獸

《周禮》：獸醫掌獸療病〔二〕，療獸瘍。凡療獸病，灌而行之以節之，以動其氣，觀其所發而養之。凡療獸瘍，灌而劀之，以發其惡，然後藥之，養之，食之。使療之，死則計其數，以進退之。

《論衡》：鯀求爲諸侯，堯不許。鯀爲衆獸，比其角可以爲城，舉其尾可以爲旌。

庾信賦：『城危獸角。』齊庾黔婁爲孱陵令，猛獸皆度往臨沮界。仁化所感也。史。

〔一〕今按：『必禦歸』，中華書局《新五代史》作『必銜歸』。

〔二〕今按：『掌獸療病』，《十三經注疏》本作『掌療獸病』。

招賢之獸，獨步之獸。招賢獸出摩伽陀國，性善不干人，若國人見賢良，相訪則出現。獨步獸出良州，形如師子，頭尾虎豹文，身黄，一角。行有意氣，故名狮步。食草木，辟群魅。

名曰雙雙，名曰朏朏。南海之外，有三青獸相并，名曰：雙雙。注：『體合爲一也。』。《山海經》。《公羊傳》：雙雙而俱至。霍山有獸其狀如狸，而白尾，有鬛，名曰朏朏，養之可以已憂。上。

渾敦，窮奇。天其使然，名曰渾敦，一名無耳，一名無心，空居無常，向天而笑。《神異經》。

西北有獸，其狀似虎，有翼能飛，便剿食人。知人言語，聞人鬥，輒食直者。聞人忠信，輒食其鼻。聞人惡逆，輒殺獸，饋之。名曰渾敦〔一〕。封山有獸，狀如生，而蝟毛，名曰窮奇，音如狗嘷，食人。《西山經》。窮奇之獸，厥形甚醜，馳逐妖邪，莫不奔走。是以一名，號曰神狗。《郭璞銘》。文王出獵所獲。

檮杌，饕餮。西方有獸狀如虎而大，毛長三尺，人面虎足，猪口牙，尾長一丈八尺，攪亂

〔一〕今按：『渾敦』，中華書局本《史記·五帝本紀》之《正義》引《神異經》作『窮奇』。

荒中，名檮杌。一名傲根，一名難訓。《神異經》。鈎吾之山，有獸狀如羊身，人面，其目在腋下，虎齒，人爪，音如嬰兒，名曰狍鴞，食人。〔一〕《山經》。周鼎著饕餮，有首無身，食人，未咽，害及其身。《吕覽·先识》。

符拔，扶拔。章帝章和元年，安息國獻師子符拔。符拔形似麟而無角。《西域傳》。是年，月支國獻扶拔。

烏弋有桃拔，西域有巨獸。孟康曰：『桃拔，一名符拔，一角者或爲天禄，兩角者或爲辟邪。』《西域傳》。西域未嘗通中國，一夕巨獸浮水至，骨中有髓竅，可容並馬。於是西極之地始通中國。往來者，每以膏油塗骨令潤，惧其枯朽摧折則無復可通中國耳。《癸辛雜志》。

《正義》曰：『能，才能也。能者，獸形，色似熊，足似鹿，爲物堅中而强力，故人之有賢才者，皆謂之能也。』

《周禮》：貂隸掌役服不氏而養獸而教擾之。服不氏掌養猛獸而教擾之。凡祭祀，共猛獸。賓客之事，則抗皮。間師：凡庶民不畜者，祭無牲。

〔一〕今按：『鈎吾之山』『有獸狀如羊身』『食人』，《山海經·北山經》分别作『又北三百五十里，曰鈎吾之山』『有獸焉，其狀羊身而人面』『是食人。』郭璞注云：『爲物貪婪，食人未盡，還害其身，像在夏鼎，《左傳》所謂饕餮也。』

南方有獸名曰貘，能食鐵。

白樂天作文悲之曰：『邈哉奇獸！生于南國。其名曰貘，非鐵不食。昔在上古，人心忠質，徵伐教令，自天子出。干戈省用，銅鐵羨溢。貘當是時，飽食終日，三代以降，王法不一，鑠鐵爲兵，鑄銅爲佛，佛像日益，兵戈日滋，何山不剗，何谷不隳。哀哉彼貘，無乃餒而。嗚呼！非貘之悲，惟時之悲。』

角

獸角也。《周禮·獸人》：『角，入于玉府。』《周禮·弓人》：角也者，以爲疾也。角欲青白而豐末。角長二尺有五寸，三色不失理，謂之牛戴牛。角直一牛。董仲舒曰：『夫天亦有所分與，與之齒者去其角。』

《易·晋》：『上九，晋其角。』角剛而居上之物。上九以剛居卦之極，故取角爲象。《姤》：『上九，姤其角。』至剛而在最上者，角也。九以剛居上，故以角爲象。《象》曰：『姤其角，上窮吝也。』

《書》：『百姓凛凛，若崩厥角。』《泰誓》。

《詩》：『麟之角。』誰謂雀無角。《行露》。『角枕粲兮。其角濈濈。騂騂角弓，翩其反矣。彼童而角，實虹小子。』不修德而服人，有救其角。

犁牛之子騂且角。《論》。總角丱兮，總角之宴。

《左》：『晋人角之。』《記》：『仲夏鹿角解。』

蝸角。虛名，言其小也。鵬摶羊角而上者九萬里。羊角，風名，旋風，望之插天如角。風曲上行若角。《晋史》。

燕丹馬角之生，崇伯獸角之比。燕丹質於秦。秦曰：『待馬角生，乃歸。』太子仰天哭，感馬角生，王大驚，遣歸。《論衡》：鯀求爲諸侯，堯不許。鯀爲，衆獸，比其角可以爲城。庾信賦：『城爲〔一〕獸角。』

『有國於蝸之左角者，曰蠻氏；國於蝸之右角者，曰觸氏。爭地而戰，伏尸數萬。』〔二〕《莊子》

擊紱麟角徵在，掛書牛角李密，酷吏虎角，甯戚叩角，李正方平之麟角，仲弓冉雍之騂

〔一〕今按：『爲』，《歷代賦選》作『危』。

〔二〕今按：『有國於蝸之左角者，曰蠻氏；國於蝸之右角者，曰觸氏。』，諸子集成本《莊子集解》作『有國於蝸之左角者，曰觸氏；有國於蝸之右角者，曰蠻氏。』。

角。孔明曰：『陳孝起爲吾説，正方腹中有鱗角，不可近。吾以爲鱗角者，不當犯之爾。』《易》：『羝羊觸藩，羸其角。』韓：角者吾知其爲牛。杜詩：鱗角鳳嘴世莫識，煎膠續絃奇自見。《十洲記》：仙家煮鳳嘴麟角作膠。向氏燒一龍，而角不化。高鬱取其角，而被其誅。《北夢瑣言》。《周禮〔一〕》：角人以時徵齒角。凡骨物於山澤之農，以當邦國之政令，以度量受之以其財用。

骨

骨，肉之覈也。

《周禮》：『角人掌以時徵骨物於山澤之農，以當邦賦之政令。以度量受之，以其財用。』

〔一〕今按：底本原作『周人』。

郭文去猛獸之骨，涓人買死馬之骨。去猛獸口中骨，置一鹿於室前。涓人買死馬骨五百金而返。象之揥也，佩其象揥。象骨摘髮。象弭，魚服。象骨飾弓弰。

齒 牙齒也。

《周禮》：若得其獸則獻其齒，須備。《周禮》：角人掌以時徵齒角，於山澤之農，以當邦國之政令。以度量受之，以共財用。

《書·禹貢》：『揚州，厥貢齒革。』可成車甲。

《詩》：來獻其琛，元龜象齒。《左》：象有齒，以焚其身，賄也。《曲禮》：齒路馬有誅。見馬。

牙

牙齒。

《易·大畜》：『六五，豶豕之牙，吉。』天下之邪惡止畜。《詩》：『誰謂鼠無牙，何以穿我墉？』《行露》。

龍牙，虎牙。孫權作黄龍犬牙，在軍中。《揚子》：『茅焦雖辯，劘虎牙矣。』

犬牙，麐牙。坡詩：『三山如犬牙。』樂天詩：『鹿米麐牙稻。』

駁牙，象牙。漢建章宫後閣，有物伏如麋。東方朔曰：『此駁牙也，遠方當有歸義者。』後昆邪王來降。象牙長一丈餘，脱其牙則深藏象木，可得代之。《南越志》。

肉

《周禮》：掌乾肉〔一〕。凡田獸之脯腊膴胖之事，凡祭祀，共豆脯，薦脯、膴、胖。凡腊物，賓客、喪紀，共其脯腊，凡乾肉之事。

肉雖多，不使勝食氣。割肉不正不食。孔子。

七十者食肉，然而不王者，未之有也。孟勸梁王。老者食肉，然而不王者，未之有也。勸齊王。

繆公之於子思也，亟饋鼎肉。子思不悦，庖人繼肉，不以君命將之。子思以爲鼎肉。

〔一〕今按：『掌乾肉』，《十三經注疏》本作『臘人掌乾肉』。

使己僕僕爾，亟拜也。上。

《禮記·内則》：肉曰脱之，剩除筋膜。

皮革

《周禮》：獸人，皮入於玉府。

《周禮》：鞄人之事，望而視之，欲其荼白也。進而握之，欲其柔而滑也。卷而摶之，欲其無迆也。革不韘。視其著，欲其淺也。察其綫，欲其藏也。泉讀爲緉，謂縫革之縷。革欲其荼白而疾浣之，則堅。欲其柔闊而腥脂之，則需。引而信之，欲其直也。信之而直，則取材正也。信之而枉，則是一方緩一方急也。若苟一方緩一方急，則及其用之也，必自其急者先裂。若苟自急者先裂，則是以博爲帴也。以廣爲狹。卷而摶之而不迆，則厚薄序也。視其著而帴，則革信也。察其綫而藏，則雖敝不韘。

《易·遁》：『六二，執之用黄牛之革。』正应交固。《象》曰：『執用黄牛，固志也。』《革》：『初九，鞏用黄牛之革。』中順無妄。《象》曰：『鞏用黄牛，不可以有爲也。』

《書》：冀州，島夷皮服。揚州，厥貢齒革。荆州，厥貢齒革。梁州，厥貢織皮。雍州，織皮，崑崙，析支，渠搜。

《詩》：羔羊之皮，羔羊之革。

《孟》：事之以皮幣，不得免焉。太王。

百里奚以五羊之皮，食牛。百里奚見五羊皮，羊。

《左・宣公二年》：宋華元爲植，城者謳曰：『于思于思，棄甲復來。』謂之曰：『牛則有皮，犀兕尚多，棄甲則那？』役人曰：『縱其有皮，丹漆若何？』

『無終子嘉納虎豹之皮。』《左》。千羊之皮不如一狐之腋。趙簡子。

毛

《周禮・獸人》：『毛〔一〕入於玉府。』

《書》：鳥獸毛毨。鳥獸氄毛。揚州，厥貢羽毛。荆州，厥貢羽毛。

《詩》：德輶如毛，民鮮克舉之。《中庸》：德輶如毛。

〔一〕今按：『毛』，《十三經注疏》本作『皮毛筋角』。

《詩》云：『毛輶有倫。上天之載，無聲無臭。』至矣。

玄豹不食，澤其毛也；路人反裘，愛其毛也。陶荅子名譽不興，家産三倍。其妻諫曰：『能薄而官大，是謂嬰害。無功而家昌，是謂積殃。妾聞南山玄豹，霧雨七日不下食者，何也？欲以澤其衣毛，而成其文章。藏以避害。今君與此輩，不無後害乎！』《列女傳》。魏文侯出遊，見路人反裘而負芻，曰：『臣愛其毛。』文侯曰：『若不知其裘盡，而毛無所恃耶！』明年，東陽上計錢布十倍，文侯曰：『譬無異夫路人反裘而負芻也，將愛其毛，不知其裏盡毛無所恃也。』《新序》。

《左・僖公十四年》：虢射曰：『皮之不存，毛將安傅？』皮喻許城，毛喻羅。

筋膠

筋，肉之筋力也。

《周禮・獸人》：筋入于玉府。又，筋也者，以爲深也。膠也者，以爲和也。

《周禮》：『凡相筋，欲小簡而長，大結而澤。小簡而長，大結而澤，則其爲獸必剽，以爲弓，則豈異於其獸？』

《周禮》：『凡相膠，欲朱色而昔。昔也者，深瑕而澤，紾而摶廉。廉瑕，嚴利也。鹿膠青白，馬膠赤白，牛膠火赤，鼠膠黑。』色如餌。『犀膠黄。凡昵之類不能方。』昵，黏也。『引筋欲盡而無傷其力。鬻膠欲熟，而水火相得。魚膠餌。扼持舌存口已膠，斷絃應續有鸞膠。齊爲弓，以燕牛之角，荆麋之筋爲之。』

鳳嘴，蟹殼。『麟角鳳嘴世莫識，煎膠續絃奇自見。』善化國黄蟹以殼爲膠勝鳳嘴。

杜詩：宴衎雇〔一〕投膠。

陸放翁詩：癡欲煎膠如粘日月。情如漆與膠，瑟柱豈宜膠？

獵者

《曲禮》：國君春田不圍澤，大夫不掩群，士不取麛卵。

《王制》：天子諸侯無事，則歲三田：一爲乾豆，二爲賓客，三爲充君之庖。無事而不田，曰不敬，田不以禮，曰暴天物，天子不合圍。諸侯不掩群。豺祭獸然後田獵。鳩化爲

〔一〕今按：『雇』，《全唐詩》杜甫《陪諸公上白帝城頭宴越公堂之作》作『顧』。

鷹，然後設罻羅。昆蟲未蟄，不以火田，不麛不卵，不殺胎，不殀夭，不覆巢。

《周禮》：『冥氏掌設弧張。罿罦之屬。爲阱擭以攻猛獸，以靈鼓驅之。若得其獸，則獻其皮革齒，須備。』備，搔也。『穴氏掌共蟄獸，各以其物火之，以時獻其珍異皮革。』『獸人掌罟田獸，辨其名物，冬獻狼，夏獻麋，春秋獻獸物。凡祭祀喪紀賓客，共其死獸生獸。』『獸人，凡獸入于腊人。皮毛筋角入於玉府。』當乾之。

『大宗伯之職：大田之禮，以簡衆也。小宗伯之職：若大田則帥有司，而饁獸于郊。遂頒禽。』以禽饋四方之神於郊。

肆師之職：『凡四時之大田〔一〕獵，祭表貉則爲位。』貉師，祭也。於所立表之処，爲祭造軍法者。

《孟子》：『今王田獵於此，百姓聞王車馬之音，見羽旄之美，舉疾首蹙頞而相顧曰：「吾王之好田獵夫，何使我至於此極也？」今王田獵於此，百姓聞王車馬之音，見羽旄之美，舉欣欣然有喜色而相告曰：「吾王庶幾無疾病與，何以能田獵也？」』

魯桓公之狩，齊景公之田。《春秋·桓公四年》：『正月，公狩于郎。』胡氏曰：『何以書？譏遠也。戎事國之大事，狩所以講大事也，用民以訓軍旅所以示之武而威天下；取物

〔一〕 今按：『田』，《十三經注疏》本作『佃』。

以祭宗廟所以示之孝而順天下。故中春教振旅遂以搜；中夏教茇舍遂以苗；中秋教治兵遂以獮；中冬教大閱遂以狩。然不時則傷農，不地則害物。田狩之地。如鄭有原圃，秦有具圃，皆常所也。違其常所，犯害民物而百姓苦之，則將聞車馬之音、見羽旄之美，舉疾首蹙頞而相告，可不謹乎？以非其地而必書，是《春秋》謹於微之意也。每謹於微，然後王德令矣。』

《韓詩外傳》：齊景公出田，十有七日而不返。晏子乘而往曰：『國人皆以君爲惡民好禽。臣聞之，魚鼈厭深淵而就乾淺，故得於鳥網。禽獸厭深山而下都澤，故得於田獵。今君出田十有七日而不反，不亦過乎！』

太康十旬之不返，楚子吉日之有賦。《書》：太康田于有洛之表，十旬不返。《左·昭公三年》：鄭伯如楚，子産相。楚子享之，賦《吉日》。子産乃具田備，以田江南之夢。

僖伯之諫，魏絳之懲。《隱公五年》：臧僖伯諫曰：『春搜，夏苗，秋獮，冬狩，皆於農隙以講事也。』魏絳曰：『昔周辛甲之爲太史也，命百官官箴王闕。於《虞人之箴》曰：「芒芒禹迹，畫爲九州。經界九道，民有寢廟，獸有茂草，各有攸處，德用不擾。在帝夷羿，昌於原獸，忘其國恤，而思其麀牡。武不可重，數。用不恢於夏家。獸臣司原，敢告僕夫。」《虞箴》

如是，可不徵乎！』於是晋侯好田，故魏絳及之，公説，田以時。〔一〕

孟孫之獵，文侯之獵。孟孫獵得麑，使秦西巴持之。其母呼之，巴不忍，而與其母。孟孫逐之。居三月，召爲其子傅。《韓子》。魏文侯與吴人期獵。飲酒樂，天雨。文侯曰：『吾與吴人〔二〕期，乃往自罷之。』魏於是强。《戰國策》。

唐太宗之獵，漢明帝之獵。貞觀五年，上逐兔於後苑。將軍執失思力力諫。又將逐鹿，思力脱巾解帶，固諫，上爲之止。書法，書此何？美從諫也！漢明帝欲校獵河内，東平王蒼諫，即還。書法，美從諫也！

唐太宗之獵洛陽苑，唐憲宗之獵蓬萊苑：群豕突出，上引弓四發，殪四豕。唐儉摋馬搏之。憲宗田苑中，至蓬萊池，曰：『李絳嘗以此諫我，今可返也。』帝嘗獵苑中，曰：『韓休知否？』

唐太宗之獵，唐齊王之獵。貞觀十六年，獵于驪山。登山見圍有斷處，曰：『不刑，則墮軍法；刑之，則登高臨下以求人之過也。』託以道險，引轡入谷，以避之。書法，美行厚

〔一〕今按：『昌』『徵』，《十三經注疏》分别作『冒』『懲』。『於是晋侯好田，故魏絳及之，公説田以時』見《襄公四年》。

〔二〕今按：『吴人』，《戰國策》作『虞人』。

也。唐齊王元吉曰：『我寧三日不食，不可一日不獵。』當衢射人，觀其避箭，載網罟三十餘車。

文公漁者之辭名，文公老古之指足。出田逐獸，碭入大澤中。有漁者曰：『鴻鵠保河海之中，厭而旋之小澤，則必有彈丸之憂。黿鼉保深淵，厭而出之淺渚，則必有網罟約射之憂。今君逐獸，何行之遠也？』文公曰：『善哉！』謂從者記漁者名，遂辭不受。《新序》。

逐麋而失之，問農夫老古曰：『吾麋何在？』老古以足指，曰：『如是往。』公曰：『寡人問，子以足指，何也？』老古振衣而起曰：『一不意人君如此也，虎豹之居也，厭閑而近人，故得。魚鼈之居也，厭深而之淺，故得。諸侯，厭衆而亡。』文公恐，歸遇欒武子。欒武子曰：『獵得獸乎？而有悦色。』文公曰：『得善言，故有悦色。』載老古與俱歸。上。

齊侯田于沛澤，魯公搜于比蒲。《昭公廿年》：齊侯田于沛，招吴人以弓，不進。公使執之，辭曰：『昔我先君之田也，旃以招大夫，弓以招士，皮冠以招吴人。臣不見皮冠，故不敢進。』乃舍之。仲尼曰：『守道不如守官，君子韙之。』君招當往，道之常也。非物不進，官之制也。《定十三年》：夏，大搜于比蒲。夏搜非時。

《孟》：從獸無厭，謂之荒。

昔齊景公田，招虞人以旌，不至。魯人獵較，孔子亦獵較。

《易·屯》：六三，即鹿無虞，唯入于林中。《象》曰：『即鹿無吴〔一〕，以從禽也。』《明夷》：九三，明夷于南狩，得其大首。《象》曰：『南狩之志，乃大得也。』《解》：『九二，田獲三狐。』卦之三陰，時之小人。

《巽》：六四，田獲三品。田獲三品，有功也。

《書·伊訓》：恒于遊田，時謂淫風。文王不敢盤于遊田，嗣王則其無淫于遊、于田。《無逸》。

《詩》：『彼茁者葭，一發五豝，吁嗟乎騶吴。彼茁者蓬，一發五豵。吁嗟乎騶吴。』文王仁如騶吴〔二〕，搜田以時，則王道成也。

叔于田，襢裼暴虎，獻于公所。子之還兮，遭我乎猺之間兮。並驅從兩肩兮，揖我謂我儇兮。子之茂兮，遭我乎猺之道兮。並驅從兩牡兮，揖我謂我好兮。子之昌兮，遭我乎猺之陽兮。並驅從兩狼兮，揖我謂我臧兮。

盧令令，其人美且仁。盧重環，其人美且鬈。盧重鋂，其人美且偲。不狩不獵，胡瞻爾庭有縣貆兮？不狩不獵，胡瞻爾庭有縣特兮？『公之媚子，從公于狩。』《駟驖》。

〔一〕今按：『吴』，《十三經注疏》本作『虞』。

〔二〕今按：『豝』『騶吴』，《十三經注疏》本分别作『豝』『騶虞』。

『一之日于貉，取彼狐貍。二之日其〔一〕，言私其豵，獻豜于公。』《七月》。

我車既攻，我馬既同。田車既好，四牡孔阜。東有甫草，駕言行狩。之子于苗，選徒囂囂。建旐設旄，搏獸于敖。蕭蕭馬鳴，悠悠旆旌。徒御不驚，大庖不盈。《車攻》。

吉日維戊，既伯既禱。田車既好，四牡孔阜。升彼大阜，從其群醜。吉日庚午，既差我馬。獸之所同，麀鹿麌麌。瞻彼中原，其祁孔有。儦儦俟俟，或群或友。既張我弓，既挾我矢。發彼小豝，殪此大兕。

張衡賦：『不窮樂，以訓儉。不殫物，以昭仁。慕天乙之弛罟，因教祝以懷人。儀姬伯之渭陽，失熊羆以獲人。薄獸于敫，既瓚瓚焉。岐陽之搜，又何足數。』

《冬狩行》：夜發孟士三千人，清晨合圍步驟同。

禮，天子不合圍。譏之也。

草中狐兔盡何益，天子不在咸陽宮。

吐蕃入寇，代宗幸陝，朝廷雖無幽王禍，得不哀痛塵再蒙。當奔救危亂。嗚呼！得不哀痛塵再蒙。

〔一〕今按：『狐貉』『二之日其』，《十三經注疏》本分别作『狐狸』『二之日其同』。

袖中諫獵書，叩馬久上陳。汝陽。《哭王掄》：『諫獵阻清宵。』

李商隱詩：『內苑只知銜鳳嘴。』譏武帝好獵。

附夷狄

索虜，索頭：以索辮髮，拓拔氏。曳落河，胡言：壯士也。驃信，夷語君也。朝定，猶華言朋友也。

《書》：五百里綏服：二百里奮武衛。五百里要服：三百里夷。五百里荒服：三百里蠻。林氏曰：『漢魏使外夷入居中國障害之地，至西晋有劉石之禍。晋以盧龍賂契丹，至重貴有耶律之難。』綏服嚴華夷之辨，萬世不易之法也。

《書》：『苗民逆命。』呂氏曰：『苗民，障民。障蔽之深，譬如春氣既至，而陰崖寒谷猶未發榮。』《書》：『有扈氏威侮五行，怠棄三正。』

《詩》：薄伐玁狁，至于太原。昷〔一〕元方叔，征伐玁狁。赫赫南仲，玁狁于襄。帝謂文

〔一〕今按：『昷』，《十三經注疏》本作『顯』。

王，以伐崇墉。淮夷來求，憬彼淮夷。撻彼殷武，奮伐荆楚。

《書》：明王慎德，四夷咸賓。而難壬人，蠻夷率服。

蔡邕曰：『邊陲之患，手足之疥搔。中國之困，胸背之瘭疽。』瘭疽，病也。漢之賜南越曰：『得王之地，不足以爲大。得王之財，不足以爲富。』賈誼曰：『天子者，天下之首也。蠻夷者，天下之足也。』武帝擊閩粤，淮南王安諫曰：『粤，方外之國，剪髮文身之民，不可以冠帶之國法度理也。』呼韓款塞，望之議位在諸侯王上，荀悦曰：『《春秋》之義，王者無外，欲一于天下也。戎狄道里遼遠，人迹介絶，故正朝不及，禮教不加，非尊之也。《詩》曰：「自彼氐羌，莫敢不來王。」故要、荒之君必奉王貢。若不供職，則有辭讓號令加焉，非敵國之謂也。望之之議，僭度失序，以亂天常，非禮也。』王莽欲立威匈奴，更名匈奴單于曰：『降奴服于』，改曰『恭奴善于』。更璽曰：『新匈奴單于章。』器曰：『匈奴爲害所從來久矣，未聞上世必有征之者也。後世三家周秦漢，征之，然皆未有得上策者也。周得中策，漢得下策，秦無策焉。周宣王時，玁狁内侵，命將征之，譬猶蟁蝱，驅之而已，是謂中策。漢武帝選將練兵，深入遠戍，兵連禍結三十餘年，是謂下策。秦始皇不忍小耻而輕民力，築長城之固，疆境既完，中國内竭，是謂無策。』

魯恭：戎狄者，四方之異氣也。疏曰：『與鳥獸無别。是以聖王之制，羈縻不絶而已。』北匈奴求朝，竇憲遣使迎之，遣兵破之。書法，求朝□節也，迎之復擊之，直書其事，貶義自見矣。段熲曰：『先零作寇，充國徙令居内，始服終叛。煎當亂过。馬援遷之三輔，至今爲梗。』『今欲令降徒與之雜居，是猶種枳棘於良田，養虺蛇於室内也。』司馬公曰：『蠻夷戎狄，氣類雖殊，其就利避害，樂生惡死，亦與人同耳。御之得其道則附順服從，失其道則離叛侵擾，固其宜也。是以先王之政，叛則討之，服則懷之。處之四裔，不使亂禮義之邦而已。若不分臧否，不辨去來，悉芟殺之，豈作民父母之意哉。且夫羌之所以叛者，爲郡縣所侵冤故也。叛而不即誅者，將帥非其人故也。苟使良將驅而出之塞外，擇良吏而牧之，則疆埸之臣也，豈得專以多殺爲快耶？夫御之不得其道，雖華夏之民，亦將蜂起而爲寇，又可盡誅耶？然則段紀明穎之爲將，雖克捷有功，君子所不與也。』

漢議者曰：『匈奴爲害日久，可因其壞亂，舉兵滅之。』蕭望之曰：『春秋晉士丐率師侵齊，聞齊侯卒，引師而還，君子大其不伐喪。單于慕化請求和親，未終奉約，不幸爲賊臣所殺。今而伐之，是乘亂而幸灾也。不以義動兵，恐勞而無功，宜遣使吊問，輔其微弱，救其灾患。』上從其議。胡氏曰：『哀帝之世，漢既衰矣，而匈奴烏孫猶不廢禮，西域佩印綬者五十餘國。雖曰中國榮觀譬猶大木，遠條枝葉猶茂，而蠹生心腹根幹將顛矣。』是故聖主專務治内，以固其本不動，遠略而忽近，圖其慮深矣。晉以匈奴劉淵爲左部帥，豹之子也。爲任子在洛陽，王濟渾子曰：『淵有文武長才，任以東南事，吴不足平也。』孔恂楊珧曰：『非我族類，其心必異。不可重任也。』及凉州復没，晋主問將於李熹，對曰：『誠能發匈奴五部之衆，假淵一將軍之號，使將之，而西樹機能之首，可指日而梟也。』恂曰：『淵果梟樹機能之首，則凉主之患方更深耳！』晋主乃止。齊王攸曰：『陛下不降劉淵，臣恐并州人不得乂安。』王渾曰：『奈何以無形之疑殺人侍子乎？』會豹卒，以淵爲左部帥。

書法，亂華之禍始此矣。《綱目》謹志之，故爲左部帥書，爲匈奴北部都尉書。爲匈奴五部大都督書。發明先王别異封域，置夷狄於要荒之外，其有慕義來王者，亦以國門外處之。所以謹華夷之辨，嚴内外之防也。自曹操分匈奴爲五部處之，内地種類漸繁。晋氏繼之，盍知所革，既不能然。在朝之臣，方且交譽劉淵之才，乃欲畀之重任。是所謂資寇兵、藉盜粮，縱圈檻之虎豹，而使之噬嗌於通衢者也。考之外注，如王濟李熹之薦，甚非處夷狄之道，至於齊王攸之言，可謂先見之甚明，然亦未爲有得。正使一淵雖死，一淵復生。無亦還其部伍，遣之出塞，嚴爲限隔之防，可也。書晋以匈奴劉淵爲左部帥，所以見吾五胡之亂自此始矣。噫！魏城陽太守鄧艾言羌胡與民同處，宜以漸止〔一〕之。使居民表以崇廉耻之

〔一〕今按：『止』，中華書局作『出』。

教，塞奸宄之路。司馬師從之。自漢魏以來，羌胡鮮卑降者，多處之塞内諸郡。其後數因忿恨殺害將吏，漸爲民患。侍御史郭欽疏曰：『宜及平吴之威，謀臣猛將之略，漸徙内郡雜胡於民地〔一〕，峻四夷出入之防，明先王荒服之制。此萬世長策也。』不聽。

晋惠元康九年，太子洗馬江統作《徙戎論》：『四夷之中，戎狄爲甚。削則畏服，强則侵叛。是以有道之君待之有備，禦之有常。雖稽顙執贄，而过城不弛固守；强暴爲寇，而兵甲不加遠征，期令境内獲安，疆埸不侵而已。及至周室失統，戎狄乘間，諸侯專征，得入中國。及秦皇兵威旁達，攘胡走越。漢建武中，馬援領隴西太守，討叛羌，徙餘衆於關中。數歲之後，族類蕃息。自此之後，餘烬不盡。魏武徙武都氐於秦川，以禦蜀。非我族類，其心必異。而候隙乘便，輒爲横逆。今宜及兵威方盛，徙諸羌，着先零、罕并、析支之地，徙諸氐着陰平、武都之界。戎晋不雜，並得其所。并州之胡，本匈奴桀惡之黨也。建安中，散居六郡，右賢王誘質呼厨泉。南單于王名。今爲五部，户至數萬，若有不虞，則并州之域可爲寒心。正始中，毌丘儉討勾驪，徙餘衆滎陽，今以千計。數世之後，必至殷熾。今百姓失職，猶或亡叛，犬馬肥充，則有噬嚙。况於夷狄，能不爲變！』朝廷不能用。

〔一〕今按：『民地』，《資治通鑒》作『邊地』。

丘濬曰：『昔人有言，晋之亡，大率中原半爲夷居。』劉淵，匈奴也，而居晋陽。姚氏，羌也，而居扶風。石勒，羯也，而居上黨。扶氏，氐也，而居臨渭。慕容，鮮卑也，而居昌黎。是以劉淵一唱，而并雍之胡，乘時四起。自長淮之北，無復晋土，而爲戰争之場者幾二百年。晋惠太安二，幽州都督王浚以天下方亂，欲結援夷狄，以一女妻務勿塵，一女妻宇文素怒延，又表以遼西郡封務勿塵。浚，沉之子也。獨孤部没弈於各率衆降秦王堅，處之塞内。陽平公融諫曰：『戎狄人面獸心，不知仁義。稽顙内附，實貪地利，非懷德也。不敢犯过，實憚兵威，非感恩也。與民雜居，必爲过患，不如徙之塞外。』堅從之。

晋惠永興元，劉淵自稱漢王。發明，嗚呼！此夷狄稱王稱帝之始。夫《春秋》謹華夷之辨，吴、楚、徐、越上世皆有顯功，通乎周室，本皆華夏之諸侯也。聖人以其不循分守，僭號稱王，遂一切以夷狄待之。其見于經，或稱以子，或不舉其國而稱其州，未嘗以其稱王而遂王之也。中國之變於夷者，聖人之書法猶謹之如此。矧本夷狄，稱王稱帝，而僭吾中國之大號？所謂德兼三皇，功過五帝者哉。劉淵本匈奴也，入我中華，僭我大號，今日以漢王書之，他日以皇帝書之，《春秋》書法，豈若是哉？愚嘗因華夷盛衰之故，而嘆世道升降之幾。自古夷狄爲中國害，莫甚於犬戎之弑幽王也。然旋即遠遁，未有據中國之地，臣中國之人，僭中國之號。而至於數十年之久者，有之，始自劉淵焉。原其所以致此者，豈夷狄之罪哉？中國之人有以感召之也。昔平王之東遷也，辛有適伊川，《左傳》。見其披髮而祭于野者，曰：『不及百年，此其戎乎！』後至魯僖之時，秦晉果遷陸渾之戎于此。

嗚呼！既爲沮澤潦水自歸，既爲夷俗戎狄自至，氣數之相感，風聲之相召，有由然矣。當漢明帝無故以夢寐恍惚之思，遣遐荒絶漠之使，迎胡鬼致胡書，構帝王之宫，以居之。屈帝王之尊以事之。其所以尊崇敬奉之者，不止披髮野祭而已也。以夷召夷，遂有五胡亂華之禍。濫觴於北朝之分治，滔天於蒙古之混一，而中國之土地人民，盡爲胡有矣。嗚呼！不有大聖人復生，則中國帝王所自立之天下，幾何而不盡淪於夷哉？苻堅苻堅。以諸氐種類繁滋，分十五萬户，使諸宗親領之。以其子丕鎮鄴，堅送至灞上，丕所領氐三千户，别其父兄，皆痛哭。趙整侍宴援琴而歌曰：『阿得脂，阿得脂，博劳舅父是仇經〔一〕，尾長翼短不能飛。遠徙種人留鮮卑，一旦緩急當語誰？』堅笑而不納。

秦王興以南凉傉檀内外多難，使韋宗往覘之。宗嘆曰：『奇才英器，不必華夏。明智敏識，不必讀書。吾乃今知九州之外，《五經》之表，復自有人也。』秦擊西戎，陽平公融諫曰：『西域荒域，得其民不可使，得其地不可食，漢武征之，得不補失。臣竊惜之。』不聽。

〔一〕今按：『仇經』，《資治通鑒》作『仇綏』。

魏張淵徐辯曰：『蠕蠕荒外無用之國，得其地不可耕而食，得其民不可民而使。』氐酋蒲洪〔一〕，池中蒲生，因爲氏。又隴右大雨，謡曰：『雨若不止，洪水必起。』因名曰『洪』。晋穆帝永和間，以讖文有草符應王，又以孫堅背有草，付字改姓苻。胡氏曰：『衛宣公淫亂，遂爲狄所滅。晋室三綱絶，遂召五胡之亂。唐世家法不正，又好結戎狄，非獨當其世數，困於猾夏，流及五代，又七八傳其甚，則至此而天下之亂極矣。堯舜修德而建士師，三王自治而立司寇。謹華夷之辨，禁侵亂之階。所以深扶人理，慮末流之若此，使斯人與禽獸雜處而罹其凶害也。』

《揚子》：『朱厓之絶，捐之之力也。否則介鱗易我衣裳。』

大業七年，大將軍段文振表曰：『陛下寵待突厥，處之塞内，資以兵食。戎狄之性，無親而貪，異日必爲國患。宜以時誘遣，令出塞外，然後明設烽候，務令嚴重，緣邊鎮防，此萬世之長策也。』開皇之末，國家殷盛，朝野皆以高麗爲意。劉炫獨以爲不可，作《務夷論》以刺之。

唐太宗曰：『中國根幹也，四夷枝葉也。割根幹以奉枝葉，本安得滋榮？』

〔一〕　今按：『蒲洪』，中華書局《晋書・苻洪載記》作『苻洪』。

骨利入朝，結骨入朝。貞觀廿一，骨幹入朝，於鐵勒諸部最遠，晝長夜短，日没後天色正曛。煮羊胛適熟，日已復出矣。結骨俟利發入朝，結骨人皆長大，赤髮緑睛。詔爲堅昆都督。是時元正朝賀數百千人。上曰：『漢武帝窮兵三十餘年，所獲無幾，豈如今日綏之以德，使窮髮之地盡爲編户乎？』

《莊子》：『窮髮之北。』成玄英：草木不生。故曰：『窮髮。』所謂不毛之地。

西突厥天可汗。西突厥葉護賀魯來降，以爲瑶池都督。四年，四夷君長詣闕，請帝爲天可汗，許之。范氏曰：『太宗，太宗以萬乘之主，兼爲夷狄之君，不耻其名，而受其佞，事不師古，不足爲後世法也。發明，名不正則言不順，烏有帝王之尊，而可從夷狄之稱者哉？夫北狄在漢爲單于，在唐爲可汗，彼固酋虜之稱也。倘以中國之主而稱之，則是舉四海之内皆狄耳，辱莫大焉。』

益州反獠頡利可汗。武德九年，益州秦獠反，請發兵討之。上曰：『獠依阻山林，時出鼠竊，乃其常俗。牧守苟能撫以恩信，自然帥伏，安可輕動干戈，漁獵其民，比之禽獸？豈爲民父母之意耶！』不許。貞觀四年，行軍副總管張寶相擒突厥頡利可汗以獻。

其降唐者，十萬口。詔議區處之宜，顔師古請置之河北，分立酋長。李伯藥以爲：宜因其離散，各署君長，使不臣屬，則國分勢敵不能抗中國矣。温彦博請准漢建武故事，置於塞下，順其土俗，以實空虛之地，使爲中國扞蔽。魏徵以爲：人面獸心，弱則請服，降則叛亂，宜縱之，使還故土。上用彦博策。范天曰：『先王之制，戎狄荒服，夷不亂華，所以辨族類，别内外也。太宗苟欲冠帶四夷，以夸示天下，而不知亂華亦甚矣。是以唐室世有戎狄之亂，豈非太宗之所啓乎？』徐昭曰：『窮兵黷武，非上計也。納幣和親，非上策也。有志於天下，必謹内外之分。修德立威以柔服也。』

父皇帝，兒皇帝。五代晋天福三年，謂契丹主爲父皇帝，晋主稱兒皇帝。發明，晋於契丹則書上尊號，契丹於晋則書加尊號。中國於夷狄足上首下，至是極矣。

契丹帝羓。開運三，契丹大舉入寇，執晋主從貴以歸。捕延廣詰之曰：『十萬横磨劍安在？』景延廣大言曰：『翁□則來戰，孫有十萬横磨劍云。』契丹耶律德光死於殺胡林，國人剖其腹，實鹽數斗，載之北去。晋人謂之帝羓。夏曰獯鬻，殷曰鬼方，周曰玁狁，漢曰匈奴，魏、北漢曰突厥，世居金山，工於鐵作。金山狀如兜鍪，其俗呼兜鍪爲突厥，因爲國號。

《一統志》：漢匈奴盛後弱而烏桓興。漢末鮮卑滅烏桓。後魏時蠕蠕强，蠕蠕滅而突厥起。唐李靖滅之，其後靺鞨餘種居陰山號韃靼，五代及宋契丹盛，别部曰蒙古，曰泰赤馬，曰塔塔兒，曰克烈。蒙古兼并，代宋曰元。順帝遁沙漠。傳子愛猷識里達臘，傳脱古思帖木兒，爲也速疾兒所弑。永樂中封馬哈木爲順寧王，阿魯台爲和寧王。宣德中求元之後，脱脱不花立爲王。正德中朝貢。

日本其國，近日所出處，故名。開元貞元中，其使有願留中國受經肄業者，久乃請還。宋雍熙後，來朝。熙寧以後，來者皆僧也。元初命范文虎等征之，至龍王山，暴風破舟，敗績。本朝國王良懷遣使僧祖，朝貢。永樂以來，國王皆受朝廷册封。

衷戎師，獻戎捷。《左・隱九》：北戎侵鄭，公子突曰：『君爲三覆，伏兵。以待之。戎輕而不整，貪而無親，勝不相讓，敗不相救。』戎人之前，遇覆者奔，祝聃逐之，衷戎師前後擊之，盡殪。《莊卅一》：齊侯來獻戎捷，非禮也。諸侯不相遺俘。

狄人伐邢，杞子來朝。《憫元》：狄人伐邢。管敬仲曰：『戎狄豺狼，不可厭也。諸夏親暱，不可棄也。』齊人救邢。《僖廿七》：杞子來朝。《傳》：『用夷禮，故曰子。公卑杞，杞不共也。秋入杞，責無禮也。』富辰曰：『耳不聽五聲之和，爲聾。目不別五色之章，爲昧。心不則德義之經，爲頑。口不道忠信之言，爲嚚。狄皆則之，四奸具矣。』

叔孫敗狄，赤狄伐晋。《文十一》：叔孫得臣敗狄于鹹。魯地。《傳》：『長狄僑如，鄋瞞國之君，長二丈。富父終甥摏其喉，以戈殺之。摏，衝也。埋其首於子駒之命。』骨節非常，恐後世怪之，故詳其處。《宣六》：赤狄伐晋。中行桓子曰：『使疾其民，以盈其貫，將可殪也。《周書》曰「殪戎殷」，此類之謂也。』

狄有五罪，王師敗績。《宣十五》：潞子嬰兒之夫人，晉景公之姊也。潞賢人。豐舒爲政，而殺之，又傷潞子之目。伯宗曰：『狄有五罪：不祀，一也。耆酒，二也。棄仲章而奪黎氏地，三也。虐我伯姬，四也。傷其君目，五也。』晉侯滅潞。《成元》：王師敗績于茅戎。晉侯使瑕嘉平戎于王。單襄公如晉，拜成。

討赤狄，執戎子。《成三》：晉郤克、衛孫良夫伐廧咎如，討赤狄之餘焉。廧咎餘潰，上失民也。無終子嘉父納虎豹之皮，以請和。魏絳曰：『戎，禽獸也。』公曰：『莫如和戎乎？』對曰：『和戎有五利焉：戎狄荐居，貴和〔一〕易土，土可賈焉，一也。过鄙不聳，民狎其野。穡人成功，二也。戎狄事晉，四鄰振動，諸侯威懷，三也。以德綏戎，師徒不勤，甲兵不頓，四也。鑒于后羿，而用德度，遠至邇安，五也。』公悦，使魏絳盟諸戎。

杜詩：魏絳已和戎。

《襄十四》：范宣子數吴之不德也，將執戎子駒支。范宣子親數諸朝，曰：『詰朝之事，爾無與焉。』對曰：『惠公蠲其明德〔二〕，明謂我諸戎，是四岳之裔胄也，毋是翦棄。我諸戎

〔一〕今按：『貴和』，《十三經注疏》本作『貴貨』。
〔二〕今按：『明德』，《十三經注疏》本作『大德』。

飲食衣服，不與華同，贄幣不通，言語不達，何惡之能爲？』賦《青蠅》而退。

《襄廿九》：杞文公來盟。書曰『子』，賤之也。

《昭元》：趙孟曰：『王伯之令也，令德。猶不可壹。』於是乎虞有三苗，夏有觀、扈，商有姺、邳，二國。周有徐、奄。二國。

《昭八〔一〕》：晋率陰戎，伐潁。周邑。王使詹桓伯辭於晋，曰：『先王居檮杌于四裔，以禦魑魅，故允姓之姦居于瓜州。伯父惠公歸自秦，而誘以來，使逼我諸姬，入我郊甸，戎有中國，誰之咎也。』

《昭卅》：楚子西曰：『吴，周之胄裔也。而棄在海濱，不與姬通。今而始大，比于諸華，光又甚久，將自同於先王。不知天將以爲虐乎？使翦喪吴國而封大異姓乎？其抑亦將以祚吴乎？』〔二〕

《定四》：申包胥如秦乞師，曰：『吴爲封豕、長蛇，以荐食上國。寡君失守社稷，使下臣告急曰：「夷德無厭，若鄰於君，疆埸之患也。」』

〔一〕 今按：『昭八』，《十三經注疏》本作『昭公九年』。

〔二〕 今按：『久』『其抑亦將以祚吴乎』，《十三經注疏》分別本作『文』『其抑亦將卒以祚吴乎』。

《僖廿一》：成風曰：『蠻夷猾夏，禍也。』

《昭十六》：楚子平王聞蠻氏之亂，與蠻子之無質信。也，遂取蠻氏。既而復其子焉，禮也。

《淮南子》：丹穴、太蒙、反踵、空同、大夏、北户、奇肱、脩肱之民，習俗相反。〔一〕君臣、上下、夫婦、父子有以相使也。

《論》：『夷狄之有君，不如諸夏之亡也。』子欲居九夷。陋如之何？子曰：『君子居之，何陋之有？』

《孟》：吾聞用夏變夷者，未聞變於夷也。今也南蠻鴃舌之人，非先王之道，子是之學〔二〕，亦異於曾子矣。

杜詩：北門天驕子，飽肉氣勇决。高秋馬肥健，挾矢射漢月。自古以爲患，詩人厭薄伐。修德使其來，羈縻固不絶。胡爲傾國至，出入暗金闕。中原有驅除，隱忍用此物。不得已用此。花門。連雲屯左輔，百里見積雪。衣冠皆白。長戟烏休飛，哀歌曉幽咽。渡河不用船，

〔一〕今按：『奇肱、脩肱』，諸子集成本《淮南子・泛論訓》作『奇肱、脩股』。

〔二〕今按：『子是之學』，《十三經注疏》本作『子倍子之師而學之』。

千騎常撇烈。胡塵逾太行，雜種抵京室。花門既須留，原野轉蕭瑟。西戎實飽飛，夷音述咫尺。[一]

李：匈奴以殺戮爲耕作，古來惟見白骨黄沙田。雲龍風虎盡交回，太白入月敵可摧。祿山死日，太白入月。敵可摧，旄頭滅，履胡之腸陟[二]胡血。懸胡青天上，埋胡紫塞傍。胡無人，漢道昌。

杜：胡馬半乾坤。天地一丘墟。蚩尤終戮辱，胡羯漫猖狂。豺虎正縱横。豺虎方構患。

象譯

《王制》：『五方之民，言語不通，嗜欲不同。達其志，通其欲，東方曰寄，南方曰象，西方曰狄鞮，北方曰譯。』『寄，言能寓風俗之異於此。象，言能仿風俗之異於彼。鞮，欲別其服飾之異。譯，欲卞其

[一] 今按：『歌』，《全唐詩》杜甫《留花門》作『笳』。『述』，《全唐詩》杜甫《奉漢中王手札》作『迷』。

[二] 今按：『陟』，《全唐詩》李白《胡無人》作『涉』。

言語之異。《周官》通謂之象胥，世俗通謂之譯也。』劉氏曰：『寄者，寓也。以其言之難通，如寄託其意於事物而後能通之。象者，像也，亦以意仿像其形似而通之。《周官》象胥是也。狄，猶逖也；鞮，戎狄屨名，猶屨也。遠履其事，而知其意之所在而通之。《周官》鞮屨氏，亦以通其歌聲，而以舞者所履爲名。譯，釋也，猶言謄也。謂以彼此言語，相謄釋而通之也。越裳氏重九譯而朝是也。』

《周禮》：象胥掌蠻夷、閩貉、戎狄之國，使掌傳王之言，而諭説焉，以和親之。若以時入賓，則協其禮，與其辭言傳之。凡其公〔一〕入送逆之禮節，幣帛辭令而賓相。

〔一〕今按：『公』，《十三經注疏》本作『出』。

卷之十一

次二曰敬用五事

朱子曰：『五氣運行，而人禀之以成形。』於是有五事，故次二曰：敬用五事。用者，人所有事也。凡用，皆主人君而言。西山真氏曰：『五事，天之所賦而具於人者：貌之恭，言之從，視之明，聽之聰，思之睿，皆形色中，天性之本然也。必以敬用，則能保其本然之性；不以敬用之則，貌必慢，言必悖，視聽則昏且窒，思慮則粗且淺。而本然之性喪矣。』五者治心治身之要，以人事言莫切於此。故五行之次。

新安陳氏曰：『建用皇極，爲九疇之宗主；而敬用五事，乃建用皇極之本根。敬以用五事，則身修而極建而天人之道備矣。不敬以用五事，則身不修而極不建，而天人之道胥失之矣。』此九疇之樞在皇極，而皇極之要在五事，五事之要又在敬之一字也。

二五事一曰貌

蔡沈曰：『貌，澤水也。』程氏曰：『精之凝爲貌。』朱子曰：『容貌光澤，故貌屬水。』黄氏曰：『水，貌雨太陰。』

貌類陽虎，孔子。貌類婦人。張良。呂公奇漢祖之貌，滕公壯韓信之貌。日磾貌之甚叩。許遠貌之如心。

子羽之行，不勝其貌；鬷蔑之惡，一言而善。《家語》：子羽有君子之容，而行不勝其貌。孔子曰：『以容取人，則失之子羽。』《左傳》：魏子曰：『昔叔向適鄭，鬷蔑惡。貌醜。立於堂下，一言而善。叔向將飲酒，下執其手以上，曰：「昔賈大夫惡，娶妻而美，三年不言不笑。御以如皋，射雉獲之，其妻始笑而言。賈大夫曰：『才之不可以已，我不能射，汝遂不言不笑！』夫今子少不颺。貌，不揚顯。子若無言，吾幾失子矣。言之不可以已也如是。」遂如故知。』

田蚡貌侵。音寢，醜惡也。盧杞貌醜，色如藍。

貌思恭，貌遠暴。孔子曰：『君子有九思，貌思恭。』曾子曰：『動容貌，斯遠暴慢矣。』

《表記》子曰：『君子不失足於人，不失色於人。貌足畏也，色足憚也。』

《揚子》：『貌重則有成，貌輕則招辱。』

共工象恭，張昭色壯。帝曰：『吁！象恭』。朱子曰：『象恭，貌恭，而心不然也。』吴張昭每朝見，辭色壯厲。

《曲禮》：天子穆穆，諸侯皇皇。幽深和敬，壯盛顯明。大夫濟〔一〕，士蹌蹌，庶人僬僬。修飾齊一，翔舉舒揚，趨走促數。

韓：孟生江海士，古貌又古心。

小杜爲人題贈：有貌雖桃李。唐玄曰：『吾貌雖瘦，天下必肥。』

梁武生而有顯光，狀貌殊特。《南史》。

庾亦曼狀貌豐美，卒致餓死。褚蘿面甚尖危，竟保衣食。恭儉豈聲音，方講撝謙之策；容貌遠暴慢，盍正臨衆之仪。惟貌惟稽，體足以長。天行乾健，日表觀民。禹無間然，惟不矜而不伐。舜爲功也，知以簡而以寬。

《表記》：子曰：『情疏而貌親，穿窬之盜也與！』

〔一〕 今按：『大夫濟』，《十三經注疏》本作『大夫濟濟』。

容

《玉藻》：喪容累累，色容顛顛，羸憊，不舒。視容瞿瞿，言容繭繭。驚遽，綿綿。

《禮器》：『父黨無容。』不爲容也，以貴爲貴也。匡衡曰：『歛翼祗栗，事天之容也。温恭敬遜，承親之禮也。正躬嚴洛〔一〕，臨衆之儀也。嘉惠和悦，饗下之顔也。今正月初幸路寢，臨朝，置酒以饗萬方。傳曰「君子慎始」，願陛下留神動静之節，使臣下得望盛德休光，天下幸甚。』

儀度安雅，視候槁木。濠州刺史杜兼，誣奏李藩摇動軍情。上密詔杜佑殺之。佑出詔示之，藩神色不變。上召詣長安，望見儀度安雅，乃曰：『此豈爲惡者耶？』即除秘書郎。書法，德宗本心天理，於此有未晦者，故嘉書之。管輅曰：『何之視候，容若槁木？』

《玉藻》：君子之容舒遲。

《詩》：『彼都人士，其容不改。』君子所貴乎道者三：曾子。動容貌，斯遠暴慢矣。正顔

〔一〕今按：『歛翼祗栗』『嚴洛』，中華書局《漢書・匡衡傳》『嚴恪』。

色，斯近信矣。出辭氣，斯遠鄙倍矣。君子有三變。子夏。望之儼然，即之也温，聽其言也厲。子之燕居，申申如也，夭夭如也。申申，其容舒也。夭夭，其色愉也。子温而厲，威而不猛，恭而安。子於鄉黨，恂恂如也。君在，踧踖如也，與與如也。踧踖，恭敬不寧之貌。與與，威仪中適之貌。君召使擯，色勃如也，足躩如也。勃，變色貌。躩，盤辟貌。趨進，翼如也。入公門，鞠躬如也。逞顔色，怡怡如也。享禮，有容色。私覿，愉愉如也。

《孟》：『其生色也，睟然見於面，盎於背，施於四體。』金相玉質。《楚辭》。河目龜文。劉孝標詩。相鼠有齒，人而無止。人而無止，不死何俟。孔子龍形，唐宗鳳姿。

《易》：『聖人有以見天下之賾，而擬諸形容。』子曰：『冶容誨淫。』

《左傳》：『容止可觀。』

《孟子》曰：『形色，天性也，惟聖人然後可以踐形。』『有是形，盡其理。』新安陳氏曰：『如《洪範》五事，則貌、言、視、聽、思極於肅，乂哲謀聖，皆踐形之意也。』

《記・玉藻》：『足容重，手容恭，目容端，口容止，聲容静，頭容直，氣容肅，立容德。』真德秀曰：『皆敬之目也。』萇弘曰：『吾觀孔仲尼有聖人之表，河目而隆顙，黄帝之形貌也。脩肱而龜背。成湯之容體也。』山立，時行，陽休，玉色。

《表記》子曰：『君子服其服，則文以君子之容；有其容，則文以君子之辭；遂其辭，則實以君子之德。是故君子耻服其服而無其容，耻有其容而無其辭，耻有其辭而無其德，耻有其德而無其行。是故君子衰絰則有哀色，端冕則有敬色，甲胄則有不可辱之色。』

齊桓公獨以管仲謀伐莒，而國人知之。管仲曰：『今東郭牙安在？』桓公顧曰：『在此。』管仲曰：『子有言乎？』東郭牙曰：『臣聞君子有三色，是以知之。歡欣愛悦，鐘鼓之色也。愁悴哀憂，衰絰之色也。猛厲充實，兵革之色也。』管仲曰：『何以知其莒也？』對曰：『君東南面而指，口張而不掩舌，舉而不下，是以知其莒也。』

孔子出衛之東門，逆姑布子卿，曰：『二三子引車避，有人將來，必相我者也。志之。』姑布子卿亦曰：『二三子引車避，有聖人將來。』孔子下，步。姑布子卿迎而視之五十步，從而望之五十步。顧子貢曰：『是何爲者也？』子貢曰：『賜之師也，所謂魯孔丘也。』姑布子卿曰：『得堯之顙，舜之目，禹之頸，皋陶之喙。從前視之，盎盎乎有似王者；從後視之，高肩弱脊，此惟不及四聖者也。』子貢吁然，姑布子卿曰：『子何患焉？汙面而不惡，葭喙而不藉，遠而望之，羸乎若喪家之狗，子何患焉？子何患焉？』子貢以告孔子，孔子無所辭。獨辭喪家之狗耳，曰：『丘何敢乎？』子貢曰：『汙面而不惡，葭喙而不藉，賜以知之矣。不知喪家之狗，何足辭也？』子曰：『賜汝獨不見夫喪家之狗與，既歛而槨，布器而祭，顧望無人，意欲施之。上無明王，下無賢士方伯，王道喪，政教失，强陵弱，衆暴寡，百姓縱心，莫之綱紀。是人以固以丘爲無當之者也。丘何敢乎！』《韓詩外傳》。

杜：形容勞宇宙。形容真潦倒。形容老病催。形骸元土木。

閔子騫始見於夫子，有菜色，後有芻豢之色。子貢曰：『始有菜色，後有芻豢之色，何也？』子騫曰：『入夫子之門，内切磋以孝，心竊樂之。出見羽蓋裘旃相隨，心又樂之。二者相攻胸中，而不能任，是以有菜色。今被夫子之文寖深，内明於去就之義，出見羽蓋，視之如壇土矣。是以有芻豢之色。』《韓詩外傳》。

天姿

天性，自然大質不雕。秦宓揚文藻見瑰穎，天性自然也。《蜀志》。天質不雕，合於大樸。《晋・王湛傳》。

器範，自然標准無假。《三國興臣序》。虎生而文炳，鳳生而五色。秦宓《蜀志》。

氣質自然，天質自然。雕之不增文，磨之不加瑩，氣質自然。《魏・文士傳》。龍章鳳姿，天質自然。嵇康。

皆是天姿。韓魏公。不由講學。范文正公。

粹和之氣，盎於面背。明道德性充完，粹和之氣，盎於面背。

白玉不雕，良玉不琢。白玉不雕，美球不文，質有餘也。《淮南子》。

良玉不琢，無以異於達巷。仲舒。朱絃遺音而宫商自韵，大玉不琢而符采益發。吕公叔。

虎豹之文不得不炳於犬羊，鸞鳳之音不得不鏘於烏鵲，金玉之光不得不炳於瓦石。皇甫湜。

鴻不學飛，飛則冲天；驥不學行，行則千里。傅子。

步舒視遠，非泥滓問物。鶴雛襹褷，未有六翮，而步舒視遠，非泥滓問物。劉禹錫。

得諸衿府，非由染習。《史通》。特受異氣，禀之自然。嵇康。

清廟璠瑜之器，明堂棟樑之材。晋王佐之風流，唐人物之器局。青雲器之天姿，黑頭公之物望。泰山北斗之聲名，霽月光風之胸次。千羊皮，不如一狐之腋；百鳥群，忽見孤鳳之鳴。志度冲融，秘金鍾於清廟；襟懷洒落，印玉鑑於寒潭。黄鍾大吕之氣，鏗然有聲；干將莫邪之鋒，毫芒不挫。清姿秀骨，下獨鶴於人間；厚德良才，載六鰲於海上。英標照世，碩德司朝。冰壺玉衡懸清秋，天球河圖在東序。大圭不琢，抱天地混淪之文；黄鍾爲宫，得陰陽渾厚之氣。

《楚辭》：芳華自中出。杜詩：天然生知姿。

身體

身，伸也，可屈伸也。形，有形象之異也。軀，區也，是衆名之大總，若區域也。體，第也。骨肉、毛血、表裏、大小相次第也。《釋名》。人受天地變化而生。一月而膏，二月而血脉，三月而胚，四月而胎，五月而筋，六月而骨，七月而成形，八月而動，九月而躁。十月而生，形骸已成，五藏乃分：肝主目，腎主耳，脾主舌，肺主鼻，膽主口。天有四時五行，人有四支、五藏，九曜三百六十日，九竅三百六十節。天有風雨寒暑，人有取與喜怒。膽爲雲，肺爲氣，脾爲風，腎爲雨，肝爲雷，人與天地相類。而心爲之主。耳目者，日月也。血氣者，風雨也。日月失行，薄蝕無光；風雨非時，毁折生灾；五星失行，州國受殃。天地之道，尚愛神明。人之耳目，何能之燻而不息；精神何能馳騁而不乏。是故聖人受内而不失外。《文子》。

人頭圓像天，足方法地，五藏像五行，四肢法四時，九竅法九分，目法日月。肝仁，肺義，腎智，心禮，膽斷，脾信。膀胱決難，髮法星辰，節法日歲，腸法鈐。《孝經援神契》。

何謂五臟？：情藏於腎，神藏於心，魂藏於肝，魄藏於肺，志藏於脾。何謂六腑？：咽喉量入之府，胃口五穀之府，大腸轉輸之府，小腸受成之府，膽積精之府，膀胱液之府。《韓詩外傳》。

形者，生之舍也。精神者，所受於天也。形體者，所禀於地也。血氣者，人之華也。五藏者，人之精也。孔竅者，精神之户牖也。氣志者，五藏之使候也。是故五色亂目，使目不明。五聲譁耳，使耳不聰。五味亂口，使口爽傷。趣舍滑心，使行飛揚。是故嗜欲使人氣淫，好憎使人精勞。不疾去之，則志氣日耗。《淮南子》《文子》。

身，親也，躬也。體，身也，生也。《易》：『不遠之復，以修身也。』『威如之吉，反身之謂也。』《家人》：上九，治家之道，以正身爲本。故云：『威如之吉。』『厥宗噬膚，往有慶也。』《睽》：六五。厥宗其黨也。謂『九二』正應也。噬膚，噬嚙其肌膚，而深入之也。『王臣蹇蹇，匪躬之故』。『艮其背，不獲其身。』欲牽於前，而求其止，不可得也。故《艮》之道，當『艮其背，不獲其身』，不見其身也，謂忘我也。言出乎身，加乎民，近取諸身，身安而國家可保也。龍蛇之蟄，以存身也。利用安身，以崇德也。

《書》：天之曆數在爾躬。《大禹謨》。慎厥身修。邇可遠在兹。《皋陶謨》。罪當朕躬，不敢自赦。《湯誥》。嗚呼！先王撿身若不及。《太甲》：修厥身。《説命》：惟干戈省厥躬。遺大投艱於朕身。《大誥》。若德裕乃身。《康誥》。商受酣身，夏禹勞身。《酒誥》。爾乃邁迹自身蔡仲。其伊洫朕躬。文侯。

《詩》：相鼠有體，人而無禮。凡百君子，各敬爾身。既明且哲，以保其身。

《論》曾子曰：『吾日三省吾身。』子曰：『言之不出，恥躬之不逮也。』孔子入公門，鞠躬如也。攝齊升堂，鞠躬如也。膚受之愬，不行焉，可謂明也已矣。膚受之愬，不行焉，可謂遠也已矣。其身正，不令而行。其身不正，雖令不從。志士仁人，有殺身以成仁。躬自厚而薄責於人，則遠怨矣。子路曰：『欲潔其身，而亂大倫。』子曰：『不辱其身，伯夷、叔齊與。』謂柳下惠、少連，辱身矣。謂虞仲、夷逸，身中清。

《孟》：士庶人曰：『何以利吾身？』『北宫黝之養勇也，不膚撓。』子夏、子游、子張皆有聖人之一體，冉牛、閔子、顔淵則具體而微。人之有是四端也，猶其有四體也。其身正，而天下歸之。家之本在身。悦親有道，反身不誠，不悦於親矣。誠身有道，不明乎善，不誠其身矣。守，孰爲大？守身爲大。孰不爲守？守身，守之本也。鄉爲身死而不受，今爲宫室之美爲之。鄉爲身死而不受，今爲妻妾之奉爲之。鄉爲身死而不受，今爲所識窮乏者得我而爲之。拱把之桐梓，人苟欲生之，皆知所以養之者。至於身而不知所以養之者，豈愛身不若桐梓哉，弗思甚也。人之於身也，兼所愛。兼所愛，則兼所養也。無尺寸之膚不愛焉，則無尺寸之膚不養也。殀壽不貳，修身以俟之，所以立命也。反身而誠，樂莫大焉。修身見於世，窮則獨善其身。湯武身之也，修身體道以及其性。天下有道以道殉身，天下無道以身殉道。身出則道在必行，道屈則身在必退。身不行道，不行於妻子。君子之守，修其身而天下平。范范堪輿，俯仰無垠。人於其間，眇然有身。范浚。

《大學》：欲齊其家者，先修其身。欲修其身者，先正其心。心正而后身修，身修而后家齊。自天子以至於庶人，壹是皆以修身爲本。所藏乎身不恕，而能喻諸人者，未之有也。《中庸》：武王身不失天下之顯名，取人以身，修身以道。君子不可以不修身，思修身不可以不事親。好學近乎智，力行近乎仁，知耻近乎勇。知斯三者，則知所以修身。凡爲天下國家，有九經，曰：『修身也。修身則道立，齊明盛服，非禮不動，所以修身也。順乎親，有道。反諸身，不誠不順乎親矣。誠身有道，不明乎善，不誠乎身矣。君子之道，本諸身，徵諸庶民。本諸身，有其德也。徵諸庶民，驗其所信從也。修身慎行，恐辱先也。身也者，親之枝也。敢不敬與！不能敬其身，是傷其親。』孔子。

身也者，父母之遺體也。行父母之遺體，敢不敬乎？曾子。

一物其來有一身，一身還有一乾坤。能知萬物備於物，肯把三才別立根。天向一中分造化，人從心上起經綸。天人焉有兩般義，道不虚行只在人。邵子。

兼全鬼辱身，蒼茫土木身，臨危莫愛身。儒術豈謀身？文王十尺，湯九尺。《孟》。

堯八眉，舜四瞳子。禹其跳，湯扁，文王四乳。八者，如八字者也。其跳者，踦也。扁者，枯也，言皆不善也。《尚書大傳》。

徐偃王之狀，目可瞻焉。仲尼之狀，面如蒙倛。周公之狀，身如斷灾。皋陶之狀，色如削瓜。閎夭之狀，見面〔一〕見膚。傅説之狀，身如植鰭。伊尹之狀，面無須麋。禹跳湯偏，堯舜参牟子。《荀子》。

黄帝龍顔，顓頊戴午，帝嚳駢齒，堯眉八采，舜目重瞳，禹耳三漏，湯臂再肘，文王四乳，武王皇陽〔二〕，周公背僂，皋陶馬口，孔子反羽。蒼頡四月，爲黄帝史。重耳仳脇，爲諸侯霸。蘇秦骨鼻，爲六國相。張儀仳脇，亦相秦魏。項羽重瞳，云吴舜之後，與高祖分王天下。《論衡》。

老子身長八尺八寸，黄色美眉，長耳大目。廣額，疏齒，方口，厚脣。額有三五達理，日角月懸，鼻純骨雙柱，耳有三文〔三〕，足蹈二五，手把十文。《史》。孔子身長九尺六寸。《廣記》。孔子適鄭，獨立東郭門外。姑布子卿謂子貢曰：『其長九尺有六寸，河目隆顙，其頭似

〔一〕今按：『見面』，諸子集成本《荀子集解·非相》作『面無』。
〔二〕今按：『皇陽』，諸子集成本《論衡·骨相篇》作『望陽』。
〔三〕今按：『三文』，《太平廣記》作『三漏門』。

堯，其頸似皋陶，其肩似子産。然自腰以下不及禹者三寸，纍纍然如喪家之狗。』子貢以告，孔子欣然而嘆曰：『形狀來也，如喪家之狗，然乎哉！然乎哉！』《家語》。

子産日角，晏平仲日角，尾生犀角，柳下惠、史魚反角。

子思適齊，齊君之嬖臣美鬚眉立乎側。齊君指之而笑，且曰：『假貌可相易，寡人不惜此之鬚眉於先生也。』子思曰：『非所願也，昔堯身修十尺，眉乃八彩，實聖。舜身修八尺有奇，面頷無毛，亦聖。禹湯文武及周公，勤思勞體，或折臂望視，或禿骭背僂，亦聖。骭脛不以鬚眉、美鬣爲稱也，人之賢聖在德，豈在貌乎？』《孔叢子》。

長目豕視，電聲虎吼。安釐王欲以馬回爲相，問子順曰：『回爲人梗梗〔一〕，亮直之大夫也？』順曰：『聞諸孫卿云，其爲人也長目而豕視者，必體方而心圓。臣見馬回非不偉其體也，然甚疑其目。』王卒用之，三月果以諂得罪。上。鄧弼字伯翊，秦人也。身長八尺〔二〕，雙目有紫棱，開合睥睨如電聲，如虎吼。以力雄人，鄰牛方鬥，拳其脊，折仆地。石鼓十人不能舉，兩手持之行。泰定末，德王薦之。會丞相格其事，弼嘆曰：『天生一具銅筋鐵肋，

〔一〕今按：『梗梗』，中華書局《太平御覽》作『便便』。
〔二〕今按：『八尺』，吴縣嚴氏清嘉慶十五年刻本《宋文憲公全集·秦士録》作『七尺』。

不使立勳萬里外，乃槁死三尺蒿下，命也。』遂入王屋山爲道士。

八尺三寸，七尺八寸。諱雄長八尺三寸，相工曰：『目如重雲，鼻如龜龍，口如方器，耳如相望。法爲貴人，位過三公。』《蜀李書》。李郃長七尺八寸，多鬚，八眉，左耳有奇表，腦枕如鼎形，手握二公之字。《別傳》。

狀貌魁偉，神爽雄傑。華温琪從黄巢爲盜，巢敗走滑州，惧其狀貌魁偉不自容，投白馬河，流數十里，不死。又自經於桑林，輒枝折。乃之滕縣〔一〕，田父曰：『子狀堂堂，非常人也。』乃匿於家。《五代史》。斛律光，字明月。馬面，彪身，神爽雄傑。《北史》。

目光外射，鬚髯如畫。高祖生馮翊波若寺，皇妣抱帝，忽見頭上角出，遍身鱗起。大駭，墜帝於地，爲人龍顔，額上有五柱入頂，目光外射，有文在手曰：『王。』《隋記》。簡文帝方頤豐下，鬚髯如畫。

直髮委地，雙眉翠色，項毛左旋，連錢入背。手執玉如意，不相分辨，眄睞則光燭人，讀書十行俱下。《南史》。

身長八尺，身長七尺。孔子謂盜蹠曰：『身長八尺二寸，面目有光，唇如激丹，齒如齊

〔一〕今按：『滕縣』，中華書局《新五代史》作『祚縣』。

貝，音中黄鍾，而名曰「盗蹠」。』《莊子》。衛靈公有臣曰公孫吕，身長七尺，面長三尺，廣三寸，鼻目耳具，而名動天下。』《荀子》。

中黄道君曰：『天生萬物，人爲貴也。人身包含天地，無所不法。立天子，置三公、九卿、二十七大夫、八十一元士、九州、百二十郡、千二百縣也。膽爲天子大道君，脾爲皇后，心爲太尉，左腎爲司徒，右腎爲司空，封八神及臍爲九卿，珠樓神十二，胃神十二，三焦神三，爲二十七大夫，四肢神爲八十一元士，合之百二十，以法郡數也。又肺爲尚書府，肝爲蘭臺府。』《五符經》。

口爲天關，足爲地關，手爲人關，三官調則五臟安，五臟安則舉身無病。《真誥》。精者體之神，勞多則精散。明者身之寶，營多則明消。上。

心者君主之官，神明出焉。肺者相傅之官，治節出焉。肝者將軍之官，謀慮出焉。膽者中正之官，決斷出焉。膻中臣使之官，喜樂出焉。脾胃倉廪之官，五味出焉。在兩乳間爲海之氣。大腸傳道之官，變化出焉。小腸受盛之官，化物出焉。腎者作强之官，伎巧出焉。三焦決瀆之官，水道出焉。膀胱州都之官，津液藏焉。凡十一官不得相失，脾胃二藏共一官。《素問》《内經》。

五藏，身之强也。頷者，精神之府。背者，胸之府。頭傾視深，精神將奪矣。背曲肩隨，府將壞矣。腰者，腎之府。轉摇不能，腎將敗矣。膝者，筋力之府。屈伸不能，行筋將憊矣。上。

心神丹元字守靈。肺神皓華字虚成。肝神龍煙字含明。腎神玄冥字育嬰。脾神常在字魂庭[一]。膽神龍曜字威明。《黄庭經》。酸入肝，辛入肺，苦入膽[二]，鹹入腎，甘入脾，是爲五入。《内經》。

人之所以好富貴安榮，爲人所稱譽者，爲身也。惡貧賤危辱，爲人所謗毁，亦爲身也。然身何貴也？莫貴於氣，人得氣則生，失氣則死，其氣非金帛珠玉也，非繒帛五穀也。不可求於人也，不可糴買而得也。在吾身耳，不可不慎也。《韓詩外傳》。

頭首

頭，獨也。處體高而獨尊也。首，始也。《釋名》。

[一] 今按：『庭』，安徽科學技術出版社《黄庭經醫疏》作『停』。
[二] 今按：『膽』，《黄庭經醫疏》作『心』。

首，頭也。顱，碩，顒，頒。顴：大頭也。顆，小頭也。《説文》。頭者，神所居。上圓象天。氣之府也。歲必十二，故人頭長一尺二寸。《元命》。頭者，精明之主也。《素問》。神農牛首，伏羲人頭。《帝系》。長頭而寡髮，湯。《晏子》。王莽之頭，豎牛之首。夜武庫火，累代之寶皆焚焉：孔子履，王莽頭。《晋》。叔牛奔齊，投其首於寧風之棘上。《左·昭二》。〔一〕

丈夫之頭，智伯之頭。景公田於梧丘，夢見五丈夫，稱無罪。公問晏子，曰：靈公出田，五丈夫驚獸，斷其頭而葬，命曰『丈夫丘』。命人掘之，五頭俱在。公令厚葬之。趙襄子最怨智伯，漆其頭以爲飲器。《國策》。智伯身死，三國分其首以爲杯。《韓子》。智伯遂卒被分，漆其首以爲溲器。《韓》。

曼子之頭，於期之頭。周末，巴國有亂。巴國將軍曼子請師於楚，許以三城。楚王與師既平巴國，楚遣使請城。曼子曰：『使請城，持頭往，謝楚王。』城不可得，乃自刎。以頭與楚子，楚子嘆曰：『吾得臣若巴曼子，何以城爲？』乃以上卿禮葬曼子頭，巴國葬其身亦然。譙周《巴記》。荆軻謂樊於期曰：『願得將軍之首，秦王必喜而見臣。』於是自刎，頭墮背

〔一〕今按：『叔牛』『左·昭二』，《十三經注疏》本分别作『豎牛』『左·昭五』。

後，兩目不瞑。《燕丹子》。

三頭相咬，七日俱爛。眉間尺逃楚入山，客曰：『吾能爲子報讎，須子之頭，與子之劒。』尺乃與頭。客與王，王鑊煮其頭，七日七夜不爛。王即看之，客以劒斬王頭入鑊中。二頭相嚙，客恐尺不勝，自以劒擬頭入鑊中。三頭相咬，七日俱爛。分湯肉而葬。今在宜春縣，名曰三王冢。《吴越春秋》。

成都猛將之喪元，豫章太守之失頭。花敬定，長安人，從崔光遠討段子璋，封嘉祥縣公。又平寇，單騎鏖戰，已喪其元。猶騎馬荷戈至鎮，下馬沃盥。適浣紗女云：『無頭何以盥爲？』遂僵卧，居民葬之溪上，廟祀之。杜甫《歌》：『成都猛將有花卿，學語小兒知姓名。』蒼梧賈雍，漢武時豫章太守，有神術。出界討賊，爲賊所殺，失頭，上馬還營。胸中語曰：『戰不利，爲賊所傷，諸君視有頭爲佳，無頭佳乎？』吏泣曰：『有頭佳。』雍曰：『不然，無頭亦佳。』言畢遂死。《録異傳》。

白起小頭，孫敬繫頭。平原君曰：『武安君小頭而面鋭。』小頭而面鋭者，敢決斷也。嚴尤叙。『孫敬字文寶，好學，不休。及至眠睡，以繩繫頭，懸屋梁。爲世大儒。』《漢書》。

陳咸頭觸，漢光頭白。御史大夫陳萬年子咸，亢直異才。萬年常召咸於床下，教戒之。咸睡，頭觸屏風。萬年怒之。咸叩頭謝曰：『具曉所言，大要教咸諂也。』萬年因不復言。

上。『每一發兵，頭鬢爲白。』《東觀漢記》。

諸儒之語，世祖之怒。賈逵自兒常在太學，身長八尺二寸。諸儒語曰：『問事不休賈長頭。』《後漢書》。古弼爲尚書，世祖怒曰：『尖頭奴，敢裁量朕也！』弼頭尖，世祖名之曰『筆頭』。《魏書》。反首孔子。、注頭、堯頭。孔子。虎頭。班超。

徐積直頭，賈弼易頭。徐積字仲車，號節孝先生，從安定學。其學以至誠爲本，初見安定，頭有小偏。安定曰：『頭容直。』積因思，頭容直，心亦要直也。自此不敢有邪心。河東賈弼，夜夢一人曰：『愛君之貌，欲易君頭可乎？』明日朝起，人悉驚走。取鏡自看，方知怪異。後能半面笑，半面啼。兩手足及口中各從〔一〕一筆，俱書，辭意皆美。

范長頭，陶白頭。范岫長七尺八寸。范雲曰：『諸君進止威仪，當問范長頭。』以岫多識前代舊事也。《南史》。山谷詩：『陶公白頭卧，宇宙一北窗。』

設祭頭下，奏事頭下。袁紹辟牽超爲督軍。紹卒，事袁尚。後遼東送尚首，牽招悲感，設祭頭下。《魏志》。彭越臣欒布出使還，越誅布，奏事越頭下。

劉壽玉枕，祖廣恒縮。劉壽少時，遇相師曰：『腦有玉枕，必至公也。』後至太尉。《耆舊

〔一〕今按：『從』，四部叢刊三編本《太平御覽》作『捉』。

傳》。祖廣行恒縮頭。桓南郡曰：『天甚清朗，祖從甕漏中來。』《世説》。

三首國人九首。三首國人，一身三首。《山經》。共工之臣曰相柳氏，九首，以食于九山。《山經》。魂兮歸來，君無上天些。一夫九首，拔木九千些。《楚辭》。

斷頭將軍，結首將軍。嚴顔爲荊州牧〔一〕，張飛喝之，顔曰：『我州但有斷頭將軍，無降將軍。』文山《正氣歌》曰：『爲嚴將軍頭。』謂此將軍。高重捷戰於梁山，及泚將李日月，賊斬首，而去。上結蒲爲首，葬之。泚速蒲爲身，葬之。

漆謝祐之首，裂逆豎之頭。謝祐逼殺曹王明祐。後寢於平閣。夜，失其首。後得祐首，漆爲穢器，題云謝祐。文山《正氣歌》：『或爲擊賊笏，逆豎頭破裂。』

夢頭上之生角，見水中之無首。魏延字文長，夢頭上生角，占夢，趙直曰：『角之爲字，刀下字也。頭上用刀，其凶甚矣。』延後果誅。《蜀志》。則天朝越王貞舉兵於預州，討平之。初貞在蔡州，遊城西水門橋，鑒水不見首。《舊唐》。

吴臣照鏡而不見，甘卓照鏡而不見。蒼梧太守吴臣不恭王命。孫權遣步騭喻臣，臣照鏡不見其頭。騭斬之。《晉書》。甘卓照鏡不見其頭，陳訓曰：『甘公頭低，視仰，目有赤脉，

〔一〕今按：『嚴顔爲荊州牧』，《三國志·蜀書》作『巴郡太守嚴顔』。

當死於兵，勿爲將可也。』果爲王敦所害。上。

南方落頭民，其頭能飛。占城尸頭蠻，其頭亦飛。『太一流珠安崑崙』。《黄庭内經》。『子欲不死修崑崙』。《黄庭外經》。注：頭爲崑崙。『一兩〔一〕之神宗泥丸。腦神精根字泥丸。』《黄庭經》。

腦神名覺元子，字道都。《元經》。頭爲高臺。《黄庭外經》。頭爲三台君。《洞神經》。

泰始元年，頭責秦子羽曰：『吾託子爲頭，萬有餘日矣。大塊禀我以精，造我以形。我爲子置髮膚、置鼻耳、安眉鬚、插牙齒、眸子擒光，雙顴隆起。每至出入之間，遨遊市里，行者辟易，坐者竦踞。或稱君侯，或言將軍，捧手傾側，佇立崎嶇。如此者，故我形之足偉者也。吾欲告爾以養性，誨爾以優游，而以蟣虱同情不聽我謀，悲哉！俱寓人體，而獨爲子頭！且擬人其倫，喻子儕偶。』『子不如太原温顒、潁川荀宇、范陽張華、士卿劉許、南陽鄒湛、河南鄭詡。此數子者，或謇喫無宫商，或尪陋希言語，或淹伊多姿態，或讙譁少智諝，或口如食膠飴，或頭如巾齏杵，而猶文采可觀，意思詳序，攀龍附鳳，並登天府。』『夫舐痔得車，沉淵得珠。豈若夫子徒令唇舌腐爛，手足沾濡哉？』《世説》。

〔一〕　今按：『兩』，上海古籍出版社《黄庭經》作『面』。

《易》：『比之無首，無所終也。』始不以道，終復何保？『濡其首厲，何可久也。』『飲酒濡首，亦不知節也。』《説卦》：『乾爲首。』

《書》：『拜稽首。』拜手稽首，後矣。帝庸作歌曰：『股肱喜哉！元首起哉！』皋陶稽首。乃賡載歌曰：『元首明哉！股肱良哉！』又歌曰：『元首叢脞哉！股肱惰哉！』太甲拜手稽首，伊尹拜手稽首。

《詩》：『首如飛蓬，甘心首疾，小大稽首，實維在首。』舉疾首蹙額而相告。《梁下》。北面稽首再拜而不受《萬下》。以君命將之，再拜稽首而受。上。

杜：『沾衣皓首啼。天地空搔首。遠愧梁江摠。還家尚黑頭。回頭錯我人。』

白頭搔更短。一月不搔頭。我頭涔涔也。許后曰。

顙

顙，額也。《易・巽》〔一〕：『其於人也，爲廣顙。』

〔一〕今按：『易・巽』，《十三經注疏》本作『易・説卦』。

月角，日角：孔子月角。《祖庭廣記》。『龍犀日角，帝王之表。』劉孝標。黄帝龍顙，萇弘龍顙。孔子曰：『龍顙，黄帝、萇弘之形貌也。』其顙似堯，其顙不亢。孔子。仇璋曰：『吾視其顙頹如也。重而不元。』程元曰：『是王通者也。』《文中子》。蔡澤折額，西揖强秦之相。折額，無鼻莖隴也。《解嘲》。始皇日角。《河圖》。衛士望見，以手加額曰：『此司馬相公也。』管輅言：『吾額無生骨，不壽之相〔一〕。』疾首蹙額，其顙有泚。蚩尤作亂，其人銅鐵額。朱泚稱帝，象笏中其額。段實秀。

頂

頂，額頭上，又顛也。《説文》：『髑髏，頂也。』《廣雅》：『顙顱謂之髑髏。』《易・大過》：『上六，過涉滅頂，凶。』如過涉於水，至滅没其頂。《孟》：『墨子兼愛，摩顶放踵。利天下爲之。』摩摩，摩突其也。頂應珠衡。孔子。圩頂。孔子。王勃序：『珠衡玉斗，徵象緯於

〔一〕今按：『相』，中華書局《三國志・魏志・管輅傳》作『驗』。

天經。』聖人之至象也。李：『仙人撫我頂。』杜：『半頂搔頭白。』頂有拳髮，受刑之相也。

金鈎相文山頞頂，拳髮。漆頭藏武庫。宋臧賢〔一〕與義宣同謀，被殺。《南史》。

髑髏

名为共冢，即呼赤丁。盧循襲廣州，得髑髏三萬餘，作大坑葬之。今名为『共冢』。《廣州記》。洛陽牟潁葬一枯骸，夢人來謝云：『每夜祭我，應君指使。』及覺，禮之。夜又夢鬼曰：『即呼赤丁子。』潁每令盜人財物，無不應聲。見鄰婦美色，乃呼赤丁子。鄰婦夜至，携之而逃。《瀟湘録》。

安氏者藏髑髏，烏滸人得髑髏。長安有安氏者，家藏唐明皇髑髏，作紫金色，其家事之甚謹。因爾家富達，有數子得官。後其家析居争髑髏，遂斧爲數片，人分一片而去。張文潛曰：『明皇生死爲姓安人極惱。』合坐大笑。《明道雜志》。烏滸人得髑髏，破之以飲酒。《異物志》。

〔一〕今按：『臧賢』，中華書局本《南史·宋明帝紀》作『臧質』。

顔 面

面，顔前也。顔，眉目之間也。《説文》。

靈宅既清玉帝游，面爲靈宅，一名尺宅。以眉目鼻口之所居，故爲宅。《大洞經》。

面爲尺宅，或爲『赤澤』字。《黄庭經》。

太子陽氣見於眉宇之間，浸淫而上，幾滿大宅。大宅，面也。《七發》。

九華真妃云：『面者神之庭。心悲則面憔。』《真誥》。

蒼帝方面，赤帝圓面，白帝廣面，黑帝深面。《河圖》。

面如生，面覆絮。《左・僖卅三》：先軫入狄師，『死焉。狄人歸元，面如生。』吴王將死，曰：『死者有知，吾何面見子胥也。』遂蒙絮覆面自刎。《説苑》。

面長一尺，面長三尺。桑維翰身短面長，臨鏡自奇，曰：『七尺之身，不如一尺之面。』後至相衛。公孫吕面長三尺，廣三寸。

萬春不動，張巡不亂。張巡使郎將雷萬春於城上，賊弩射之，面中六矢而不動。疑其木人，使諜問之，大驚，遥謂巡曰：『向見雷將軍，方知足下號令矣。』巡且死，顔色不亂。

昌顔，洼面。孔子。《祖庭廣記》。顔如渥丹。《秦》《詩》。面如蒙倛。孔子。顔色之戚。《孟》。

顔厚有忸怩。《書》。正顔色，斯近信矣。《曾子》。『有靦面目，視人罔極。』《何人斯》。

恭己南面，可使南面。無爲而治者，其舜也與！夫何爲哉！恭己正南面而已矣。雍也可使南面。

『不學，墻面。』《書》。

其猶墻面。《論》：『人而不爲《周南》《召南》，其猶正墻面而立也與。』

其生色也，睟然見於面，田光曰：『夏扶血勇之人，怒而面赤。宋意脉勇之人，怒而面青。武陽骨勇之人，怒而面白。荆軻神勇之人，怒而色不變。』《燕丹子》。

希見其面，召視其面。朱博爲人廉儉。夜寢早起，妻希見其面。《漢書》。朱博爲左馮翊。長陵大姓尚方禁，曾盗人妻。斫，創着其頰。功曹受賂，除禁謂〔一〕守尉。博以他事召見，視其面，果有瘢。博問禁：『是何等創也？』禁自知得，乃叩頭白。博笑曰：『大丈夫固時有是。』因親，以爲面目。上。

覆面，照面。王勃爲文，引被覆面。殷仲文照鏡，不見其面。俄誅。

〔一〕今按：『謂』，中華書局《漢書·朱博傳》作『調』。

疵面，灸面。趙孟字長舒，善於清談，有國士之風。爲尚書令，其面有疵點，語曰：『詣事不決，問疵面。』《晋書》。昭君村至今生女，必灸其面。樂天：『至今村女面，燒灼成瘢痕。』

武王東面，尚父西面。《禮》：武王踐祚，三老東面，五更南面。史：明帝養老。謝石白面，劉牢紫面。謝石字石奴，小患面瘡，止於岩下。中宵，有物來舐其創，隨舐隨除。舐處悉白，呼爲謝白面。《異苑》。劉牢之面紫赤，鬚目驚人，而沉毅多計。《晋書》。徐庶突面，孔休瘢面。徐庶少好任俠。中平末，爲人報雠，白堊突面，被髮而走。《魏略》。孔休守新都相。莽進玉貝寶劍，欲以爲好。休不肯受。莽曰：『誠見面有瘢，美玉可以滅瘢。欲獻其玉琬耳〔一〕。』

面似驢，面如虎。諸葛瑾面長似驢。見驢。袁天綱與韋挺游，謂『面如虎，當以武處官。』薦爲左衛率。《唐書》。

面似高麗，面如刻畫。楊再思，張易之兄司禮少卿同休，請公卿宴其寺。戲曰：『公面似高麗。』上。崔倰字長儒，鄭伯猶嘆曰：『身長八尺，面如刻畫，聲爲洪鍾響，胸着千卷

〔一〕今按：『玉琬耳』，中華書局《漢書・王莽上》作『瑑』。

書。』《北史》。

白面書生，白面兒。江湛之難。沈慶之曰：『今欲伐國，而與白面書生謀之，事何由濟？』劉鄩召諸將謀曰：『主上深居禁中，與白面兒必敗人事。』《唐書》。

黑面阿秀，黃面兒。族叔秀之爲丹陽，劉瑀與親故書曰：『吾家黑面阿秀遂居劉安衆處。』《南史》。賈餗會曲江。故事，尹自門步入，揖御史。餗騎而入。御史楊儉、蘇猗〔一〕固爭，餗曰：『黃面兒敢爾！』《唐書》。

作謝宣明面，作破面鬼。劉瑀與顏峻書：『朱脩之三世叛兵，一日居荆州，青油幕下，作謝宣明面。』《南史》。齊東昏即位，多行殺戮。沈昭略、徐孝嗣同召入省，例賜藥酒。昭略罵孝嗣曰：『廢昏立明，古今令典。宰相無才，致有今日。』即甌投孝嗣面，曰：『作破面鬼。』《齊書》。

面方如田，面無者三。李安人五擲皆盧。帝大驚，目安人曰：『卿面方如田，封侯狀也。』《宋書》。李寬爲常侍〔二〕，姓盧，善相，曰：『據其面部所無者三：無子，無宅，無冢。』數

〔一〕今按：『蘇猗』，中華書局《新唐書·賈餗傳》作『蘇特』。
〔二〕今按：『常侍』，中華書局《玉泉子　金華子》作『常侍』。

子皆先卒，有宅未還鄉，死于池州。歸，舟破沉其骨。《金華》。

謝女灸面，劉裕鐵色。　真女謝仙女者，謝承孫也。吴歸命侯采仙女充後宮，仙女乃灸面服醇醯以取黄瘦，竟得免。《後賢記》。　劉裕於東府聚樗蒲。劉毅次擲得雉，大喜。裕因援五木即成盧焉。毅殊不快。然素異〔一〕，其面如鐵色焉。《晋書》。

聞經隨喜，面不狹長。　宗如周面狹長。蕭察以《法華經》云：『聞經隨喜，面不狹長。』嘗戲之曰：『何爲謗經？』如周踧踖，自陳不謗。出告蔡大寶。大寶笑曰：『君當不謗餘經，正當不信《法華》耳。』如周乃悟。

性復疏懶，面常不洗。　嵇康《書》：『頭面常一月十五日不洗。』人面獨能寒，何也？曰：『頭者，諸陽脉之會也。諸陰脉皆至頭、頂還不上，獨諸陽一脉上頭，故面能寒耳。』《素問》。

諸陽之會，皆在於面。　十二經脉，三百六十五絡，血氣上於面而走空竅。精陽氣上走於目而爲睛。別氣走於耳而爲聽。宗氣上出於鼻而爲臭。濁氣出於胃，走脣血而爲味。氣之津液上燻於面，而皮厚，肉堅，故元氣甚寒，不能勝之也。《靈樞經》。　人心猶面骨也。一

〔一〕今按：『援』『然素異』，中華書局《晋書・劉毅傳》分別作『挼』『然素黑』。

朝不修飾則塵垢穢之。人心不思善則邪惡入之。人盛飾其面而莫修其心，惑矣。蔡邕《女戒》。

夏禹人面。漢祖龍顔。梁武日角，龍顔，重岳，虎顴。

王濟與帝圍棋，伸脚在局下。問孫皓曰：『聞君生剥人面皮，何也？』皓曰：『見人臣無禮于君者，則剥之。』武子大慚，遽縮脚。《三十六國春秋》。

賈充問何以剥人面皮？孫皓曰：『憎其顔之厚也。』《語林》。

劉氏曰：『儼若思，則正顔色，斯近信矣。』

《左・襄六》〔一〕：子産曰：『人心之不同也，如其面焉。吾豈敢請子面如吾面乎？』

《襄十六》〔二〕：白公作亂，子西以袂掩面而死。

《文元》：叔服曰：『穀也豐下，文伯。必有後於魯。』

杜詩：『薄俗防人面，披顔争倩倩。』

〔一〕 今按：『左・襄六』，《十三經注疏》作『左・哀三十一』。

〔二〕 今按：『襄十六』，《十三經注疏》作『哀公十六年』。

頰 頷

頰，面旁也，輔頰也。《説文》。

頰，夾也，面旁稱也。輔車其骨强，所以輔持口也。或曰牙車，牙所載也。或曰頷，含也，口含物之車也。或曰頰車，亦所以載物也。《釋名》。

牙車，頷車，牙下骨之名也。夾之與輔，口旁用〔一〕之名也。蓋輔車，一處分爲二名，輔爲外表，車是内骨。《左・僖》疏。

兑爲輔頰。《荀九家》。《咸》：『上六，「咸其輔頰舌」，滕口説也。』

唐主存勖自呼曰李天下，優人敬新磨批其頰。晋侯假道於虞，宫之奇諫曰：『諺所謂輔車相依，唇亡齒寒者。其虞虢之謂也。』《僖五》。輔侯。孔子。

策鋭貫頰，摇牙樹頰。白公勝慮亂，罷朝，倒杖而策鋭貫頰，血流至于地而不知。鄭人聞之曰：『頰之忘，將何爲忘哉。』《韓・喻老》。劉曄曰：『樊子昭退能守静，進能不苟。』濟答

〔一〕今按：『用』，《十三經注疏》作『肌』。

曰：『摇牙〔一〕，樹頰，自非文休敵也。』蔣濟《論》。

以毛益頰，以板拄頰。顧長康畫裴叔則，頰上益三毛。人問其故，顧曰：『裴楷儁朗，有識具，正此是識具。』看畫者尋之，定覺益毛三，如有神明，殊勝未安時。《世説》。王子猷作桓車騎參軍。桓謂王曰：『卿在府久，比當相料理。』初不答，直高視，以手板拄頰云：『西山朝來，致有爽氣。』上。

燕頷虎頭。班超。飛而食肉。仲升。上馬啼紅頰。王昭君。白鬚映紅頰。杜介之。

鼻

《説文》曰：『引氣，鼻也。』

《荀九家》：『艮爲鼻。』『鼻者肺之人〔二〕。肺者金之精，制割立斷。』《白虎通》。

『莫耶子赤鼻。』《列仙傳》。鼻之於臭也，性也。有命焉，君子不謂性也。《孟》。隆准。漢

〔一〕今按：『摇牙』，中華書局《三國志·魏書》作『齨齒牙』。

〔二〕今按：『人』，中華書局《白虎通義》作『使』。

祖。孔子。

日准。

掩鼻，劓鼻。《孟》：『西子蒙不潔，則人皆掩鼻而過之。』魏王楚美人。夫人鄭袖愛甚於王，因謂美人曰：『王惡子之鼻，見王必掩。』美人從。王曰：『美人見我必掩鼻，何也？』鄭曰：『惡聞王之臭。』王劓鼻。

蠅集鼻上，鼻無梁柱。何晏問管輅：『青蠅數十，集鼻上？』輅曰：『鼻如天中之山。青蠅臭惡之物而集其上，位高者顛也。』史。管輅言：『吾鼻無梁柱，不壽之相〔一〕。』

相書曰：『鼻之所在爲天中，鼻有山象，故曰山。』鼻者，心之門。《養生注》。

鼻者肺之使。《白虎通》。天中之岳，一名天台。《黄庭經》。

鼻神玉壟字靈堅，亦曰玉廬。鼻神名冲靈玉，字道微。《四命》。

鼻中隔之際，名曰山源。山源者，一名鬼井，一名神池，一名邪根，一名魂臺。《真誥》。

伏羲山准。夏禹虎准。《援神契》。夏禹虎鼻。《列子》。老子鼻柱。《瀨鄉記》。始皇長准。《史》。

衛太子嶽鼻，徐郎中易鼻。太子省疾，至甘泉宫，江充曰：『陛下有詔，惡太子鼻嶽。』

〔一〕今按：『相』，《三國志・魏志・管輅傳》作『驗』。

尚以紙蔽鼻，故充語武帝曰：『太子不欲聞陛下膿臭，蔽鼻。』武帝怒，太子走。《三輔故事》。

徐郎中�少夢神人手携竹籃，其中皆人鼻。端視徐曰：『鼻曲而小，吾與若易之。』遂於籃中擇一鼻，先劓徐鼻，以所擇鼻安之。以手指周固四際。神笑曰：『好一正郎鼻也。』徐之鼻自然端正，歷官駕部郎中。《括異志》。

郅太尉之鼻，桓宣武之鼻。郅壽，相師曰：『鼻爲氣户，君鼻大貴之象也。』《耆舊傳》。顧長康拜桓宣武墓，作詩云：『山崩溟海渴〔一〕，魚鳥相何依！』人問之，顧曰：『鼻如廣莫風。』《世説》。

謝安鼻疾，僧淵鼻高。謝安本能爲洛下書生咏，有鼻疾，故其音濁，名流愛其咏而不及，或掩以效之。康僧淵目深而鼻高。王丞相每調之，僧淵曰：『鼻者目〔二〕之山，目者面之淵。山不高則不靈，淵不深則不清。』《世説》。

渠大齇，謂之齇。宋廢帝入武帝廟，指其畫象曰：『此渠不好色。』顧謂左右：『渠大齇鼻，如何不齇？』《談藪》。王慧龍，愉之孫也，幼聰慧。愉以爲諸孫之龍，故名。避劉裕之

〔一〕今按：『渴』，諸子集成本《世説新語·言語》作『竭』。
〔二〕今按：『目』，諸子集成本《世説新語·排調》作『面』。

難，奔魏。崔浩弟恬以女妻之。王氏世齇鼻，江東謂之齇。王慧龍鼻大，浩曰：『真貴種矣。』《魏書》。割鼻飴口，喪其息主。《太玄經》。鼻不知臭，爲齆。人不知是非，爲閉。《論衡》。

頤

《易・頤》《序卦》：『物畜然後可養，故受之以頤。』上止而下動，外實而中虛。人頤頷之象。

《釋名》：上下咀吻〔一〕。頤，養也。以養人也。《易・頤》：『貞吉。觀頤，自求口實。』《象》：『頤，「貞吉」，養正則吉也。「觀頤」，觀其所養也。「自求口實」，觀其自養也。天地養萬物，聖人養賢以及萬民。頤之時，大矣哉。』《象》曰：『山下有雷，頤。君子以慎言語，節飲食。』『初九，舍爾靈龜，觀我朵頤。』靈龜喻明智，朵頤朵動其頤。《象》曰：『觀我朵

〔一〕今按：『吻』當作『物』。

頤，亦不足貴也。』『六二，顛頤，拂經于丘頤，征凶。』反求於初丘，謂上九也。《象》曰：『六二〔一〕，征凶，行失類也。』『六三，拂頤貞，凶，十年勿用。』違頤正道，是以凶。《象》曰：『十年勿用，道大悖也。』『六四，顛頤，吉。』賴初之養，求下之養。《象》曰：『「顛頤」之吉，上施光也。』『六四，虎視眈眈，其欲逐逐。』《象》曰：『上九，由頤，厲吉，利涉大川。』天下由之，以養。《象》曰：『由頤厲吉，大有吉〔二〕也。』

蔡澤沾頤，西揖强秦之相。均頤。孔子。

解頤。匡衡。語曰：『無説詩，匡衡來。』『匡衡詩，解人詩。』〔三〕

蜀後主方頤。《五代史》。吴孫權方頤。《江表傳》。

有美一人，碩大且鬠。《韓詩》。薛注：鬠，重頤也。

〔一〕今按：『二』脱，當補。

〔二〕今按：『吉』，《十三經注疏》本作『慶』。

〔三〕今按：『無説詩，匡衡來。匡衡詩，解人詩』，中華書局《漢書·匡衡傳》作『無説詩，匡鼎來。匡説詩，解人頤』。

肩

肩，項下。又任也，克也。《道經》：『肩爲玉樓。』東坡詩曰：『凍合玉肩寒氣粟。』謂此。肩，髆也。《書》：『永肩一心。』《詩》：『佛時仔肩。』《孟》：『養其一指而失其肩背，而不知也。則爲狼疾人也。』脅肩諂笑，病于夏畦。曾子脅肩。竦體。范睢翕肩，激印萬乘之主。濟陽江子一直抵賊營，賊解其肩而死。肩有赤誌，如日月狀。齊太祖蕭道成。岑文本曰：『馬周鳶肩火色騰上，必速死〔一〕。恐不能久。』四十八卒。『其肩類子産。』孔子。左肩集結鳳。徐陵母臧氏，夢五色雲結〔二〕爲鳳，集左肩，已而

〔一〕今按：底本原脱『死』字，當補。
〔二〕今按：『結』，中華書局《陳書・徐陵傳》作『化』。

誕陵。

郭璞：『右拍洪厓肩。』班馬可摩肩。才名孰比肩。夷齊可比肩。四海絶隨肩。

項 領

項，頸後也。領，項也。其項類皋陶。孔子。强項令董宣。

項有浮光，項下有巴。梁武帝項有浮光，項上隆起。《南史》。李克用項下有巴，自謂『豈有花項天子耶？』《五代史》。

《詩》：『領如蝤蠐。』《碩人》。視其鳳頸。仇璋曰：『吾領如蝤蠐。』程元曰：『是王通者也。』《文中子》。

『不嗜殺人，引領而望。』《孟》。延頸望。大卒。史。戀闕稍〔一〕延頸。杜。

〔一〕今按：『稍』，《全唐詩》杜甫《故右僕射相國張公九齡》作『悄』。

脅

脅，胸。脅：膺，胸也。

聞其駢脅，見其駢脅。《左傳》：晋文公及曹。『曹共公聞其駢脅，欲觀其裸。浴，薄而觀之。』駢脅，合幹。腋下肋骨，合比如一。《淮南子》：曹君欲見其駢脅，使之袒而捕魚，禍生於袒而捕魚。齊、楚欲救曹，不能存也。

孔子駢脅，范睢折脅。祖庭《廣記》：孔子駢脅，參膺胸有文曰：『制作宣世符。』范睢折脅，激卬萬乘之主。

夫子北斗，茂叔光風。夫子胸當北斗。王勃序：『珠衡玉斗，徵象緯於天經。』聖人之至象也。周茂叔『胸中洒落，如光風霽月』。

李賀詩：『二十八宿綑心胸。』樊川詩：『時人欲識胸襟否，彭蠡秋連萬里江。』夢龍據胸而生文帝。薄氏。

雖傷其胸，猶示其勇。距躍三百，曲踊三百，胸猶勵也。

諸葛《表》：『衆論塞胸。』引刀剖胸，安金藏以明皇嗣之不反。才氣滿心胸。披陳錦綉胸。

回之爲人也，得一善則拳拳服膺而勿失之矣。古詩曰：『拳拳必服膺。』謂此。人間萬恨拂吾膺，想見當年氣拂膺。才氣欲填膺，冲天歷數膺。《唐·李石傳》：『氣拂吾膺。』坡詩：『江上同舟詩滿興，瀼西分馬涕垂膺。』〔一〕

背

《易·咸》：『九五，咸其脢，無悔。』脢，背肉也。背其私心，感非其所見而説者，則得人君。感天下之正，而無悔也。《象》曰：『咸其脢，志末也。』艮其背不獲其身。在背則雖至近不見，謂不交於物也。外物不接，内欲不萌，於止爲無咎也。

《孟》：『而失其肩背，而不知也。』搤天下之吭而拊其背。

《詩》：『黄耇台背。』《行葦》。『黄髮台背。』《閟宮》。『旅力方剛。』《北山》。

〔一〕今按：『江上同舟詩滿興，瀼西分馬涕垂膺』，《全宋詩》蘇軾《九月二十日微雪，懷子由弟二首》作『江上同舟詩滿篋，鄭西分馬涕垂膺』。

『旅力既愆。』《書》。龜背。成湯。林背。孔子。龜背。孔子。龜脊。孔子。

背無三甲，背有四字。管輅言：『吾背無三甲，不壽之相。』岳飛以背示，有舊詛〔一〕『盡忠報國』四大字，深入膚斑。

背若有負，貴徵也。馬周。背微僂。孔子。

龜背。仇章曰：『吾視其龜背。』程元曰：『是王通者也。』《文中子》。袁天綱云：『馬侍御周背如負物，富貴不可言。』尹子奇曰：『聞君背裂齒碎，何也。』見齒。

袒而示之背，曰此余所能也。《左》：楚王使由于城麇，復命，子西問高厚。小大不知。子西責之。對曰：『王遇賊於雲中，余受其戈。』袒而示之背，曰：『此余所能也。』

見人之五藏皆近背，謂罪人無得鞭背。唐太宗覽《明堂針灸圖》云云。真德秀曰：『太宗之刑，不忍箠背。』

《孟》：『仁義禮智根於心，其生色也，盎於背。』樊川《出宫人》詩曰：『平陽拊背穿馳道。』衛皇后入宫，平陽主拊背曰：『無相忘。』杜詩：『炙背近墻暄。炙背俯晴軒。』山谷詩：『炙背道堯舜。』

〔一〕今按：『詛』，中華書局《宋史・何鑄傳》作『涅』。

乳

乳，柔也。文王四乳，是謂大仁，天下所歸，百姓所親。

文王四乳，高祖三乳。《淮南子》：文王四乳。范鎮兒鎡卒，有遺腹兒在外，公徒步求之兩蜀。三年得之，曰：『吾兒四乳，是兒亦然。』唐高祖體有四〔一〕乳。

七尺乳，數寸乳。武帝時，張寬從祀甘泉。至渭橋，有女子浴於渭，乳長七尺。寬曰：『天星主祭者，齊戒不潔，則女人星見。』齊王敬則兩腋下生乳，長數寸，位大司馬。史。

飲妻妾乳，飲孫婦乳。張蒼免相，後無齒，妻妾以百數，年百歲食乳。穰城人年二百四十歲，惟飲曾孫婦乳。

二美人食乳，何尚之飲乳。侯君集家二美人，絶色。常食人乳，不飯。《隋唐嘉話》。宋何尚之，積年勞病，飲婦人乳乃差。史。

自乳生湩，共乳輟訟。《後》：李善本李元蒼頭，元家疫死。惟孤兒續生數旬，貲財千

〔一〕今按：『四』，中華書局《册府元龜》作『三』。《新唐書·高祖紀》《太平御覽》皆作『三』。

萬。奴婢欲殺續分財，善潛負續逃，親自哺養，乳爲生潼。續年十歲，善與修理家業，悉殺奴婢，後官至太守。續亦至河間相。史。元德秀自乳兄子，數日，潼流，能食。史。唐韓思彦巡察劒南，益州高貲兄弟相訟，思彦飲兄弟以乳，二人嚙臂〔一〕泣曰：『公將以兄弟共乳而生耶！』乃請輟訟。史。

腰

《説文》：『身，中也。』

腰不及三寸，腰大十圍。孔子自腰以下不及禹三寸。吾安能爲五斗米折腰，向鄉里小兒耶！陶潛。古詩曰『寧爲米折腰』，謂此。又：門前老樹枝條短，學得先生懶折腰。

腰有紫痣，聰明過人。沈約字休文。《梁書》。

坡詞：『多病休文瘦損，不堪金帶垂腰。』『寶帶侈圍腰。瘦盡沈郎腰。』杜詩：『銀章破在腰。』

〔一〕今按：『臂』，中華書局《新唐書・韓思彦傳》作『肩』。

樊川：『腰間五綬貴。』『一脛之大幾如腰。』賈誼。
陳留、章武，傷腰折股。貪人敗類，見股肱。穢我明主。後魏李崇。
杜：『不作河西尉，凄凉爲折腰。』『人憐漢公主。肢支勝寶衣。』

腹 臍

腹肚。腹臍。《易・説卦》：『坤爲腹。』『離，其於人也爲大腹。』
澤腹，孔腹。孔子。《廣記》：晉佛圖澄腹旁有孔，以絮塞之。夜讀書拔絮，孔中光照一室。
李林甫之腹有劍。
安禄山之腹有心。玄宗曰：『此胡腹中何所有?』禄山曰：『有赤心耳。』
《孟》：『養其小者爲小人，養其大者爲大人。』朱子曰：『賤而小者，口腹也。貴而大者，心志也。』
此中何所有，腹中有麟角。王導指周顗腹，曰：『此中何所有?』曰：『此中空洞無物。』孔明曰：『陳孝起爲吾説正方腹中有麟角，不可近。吾以爲麟角者，不當犯之耳。』李平字正方。

《明夷》入左腹，國人剖其腹。『六四，入于左腹。』四由隱僻之道深入其君，故曰：『入于左腹。』《象》曰：『入于左腹，獲心意也。』遼主卒殺胡林。國人剖其腹，實鹽數斗，載之北去。晋人謂之『帝羓羓』，音巴腊，屬獸全乾，曰『腊』。《五代史》。

怨氣滿腹，精神滿腹，磊落載其腹，不勤腹空虚。

今予其敷心腹腎腸。管輅言：『吾腹無三壬，不壽之相。』

《昭廿八》：閻没、女寬曰：『願以小人之腹，爲君子之心。』言小人之腹飽，猶知厭足，君子之心亦宜然。武王伐紂，紂鬥而死，棄之玉門之外。民之觀者皆追蹴之，蹈其腹。武王使人帷而守之，民擢帷而入，以石抵之者，猶未止。賈子。

張湯奏顔異『不入言而腹非』。胡寅曰：『腹非之法，不亦甚哉！人心難測甚於知天，腹之所藏何從而見。』『腹中無一物，高話羲皇年。』儲光羲。

杜：語及君臣際。經書滿腹中。腹中書萬卷。坦腹江亭暖。

李奇曰：『腹中有五倉，五倉存則不飢。』《漢書》。

人腹中盡有尸出，常以庚申日夜，上告天帝，記人罪過，絶人生籍。上尸名彭倨，好寶物。中尸名彭質，好五味。下尸名彭僑，好色欲。中山王《櫝經》。上尸一名青姑，一本青石。

中尸一名白姑，一本白石。下尸一名血尸，一本血姑。

庾信賦：『燃腹爲燈。』山臍。孔子。

噬臍，燃臍。《左》：『後君噬臍。』『燃臍』。杜。郿塢敗。劉幽求謂桓彦範曰：『武三思尚存，若不早圖，噬臍無及。』趙伯翁肥大，夏日醉卧。孫兒以李八九枚納臍中。後日李爛，汁出，泣曰：『我膓，將死。』明日核出，乃知兒所納李子也。《笑林》。

東坡詩：『冬涉水過臍。』又：『年來稍自笑，留氣下暖臍。』

手足

《易・説卦》：『艮爲手，震爲足。』手，須也，事業之所須也。掌，言可以排掌也。《釋名》。『掌圓法天以運動。』《元命包》。『指五者，法五行。』上。趾，足也。《爾雅》。足，底也，續也，言續脛也。趾，止也。言行一進一止也。脚，却也。以其坐時，却在後也。《釋名》。《記・玉藻》：『足容重，手容恭。』

杜詩：『翻手爲雲覆手雨。』『以齊王，猶〔一〕反手也。』《孟》。『醫書以手足痿痺爲不仁。』

《孟》：『君視臣如手足，臣視君如腹心。』

《書》：『若跣弗視地，厥足用傷。』弗視地喻我之行，無所見。手握天文，足履度字。地足。孔子。

手握褒，文在手。《孝經・援神契》：舜手中有褒字也。喻從勞苦起，舜褒飾，致天昨〔二〕。宋均注。武王與叔吳母會。夢天謂武王曰：『余命汝生子，名吳〔三〕，余與之唐。及生子，文在其手曰「虞」，故遂因名之曰「虞」。』史。

仲子文在手，成季文在手。宋武公生仲子，仲子生而有文在手曰『爲魯夫人』。故仲子歸於我，生桓公。《隱元》。成季之將生也，桓公使卜，楚丘卜之。曰『男』，其名曰『友』。及生有文在其手曰『友』，遂以命之。《憫二》。

老古以足而指，易牙斷手而啖。晋文公逐麋而失之，老古以足指曰：『如是往。』齊桓公北伐中山，還，倚柱嘆曰：『天下珍味悉易得，但未得食人肉耳。』易牙歸，斷其兒手以啖

〔一〕今按：『猶』，《十三經注疏》本作『由』。

〔二〕今按：『昨』，中華書局《搜神記》《太平御覽》作『祚』。

〔三〕今按：『吴』當作『虞』。

於君也。《論語隱義》。

仲尼虎掌，是謂威射。《鈎命決》。滅明岐〔一〕掌，是謂正直。《摘輔象》。仲弓鈎文在手，是謂知始。宰我手握户，是謂樂〔二〕道。子游手握文雅，是謂敏士。公冶長握輔，是謂習道。子貢手握正，是謂受相。公伯周手握直期，是謂疾惡。上。

有子惡卧而焠掌。《荀子》。

有子刺掌脩名立。齊景陵王《頌》。有若好卧，則刺其掌。桓範論。武帝巡守過河間，有紫青氣自地屬天。望氣者以爲當有奇女。天子之祥，見一女子。兩手皆拳，上自披手，手即伸，號拳夫人。生昭帝。《漢書》。公孫述自言手文有奇瑞。上賜書曰：『瑞應手掌成文，亦非吾所知。』《東觀漢記》。

手握三公之字，《李郃別傳》。生而有文在手：劉淵。《三十六國春秋》。

『天下兵起，我謂可唾掌而决。』公孫瓚《九州春秋》。

彭神符生而有文，在其手曰『神符』。《三十六國春秋》。

〔一〕今按：『岐』，《太平御覽》作『跂』。

〔二〕今按：『樂』，《太平御覽》作『守』。

劉伶與俗人忤，石勒與李陽爭。其人奮拳而往，伶徐曰：『鷄肋不足以安尊拳。』其人笑而止。《晋書》。勒與酣謔，笑曰：『孤往日厭卿老拳，卿亦飽孤毒手。』因賜甲第，拜都尉。

左手有文，右手偏直。陶侃左手有文，直達中指至上横節便絶。針挑令撤，血流弹壁，乃作公字。梁劉之遴字思真，博綜文史。右手偏直，不得屈伸，每書則以紙取筆。《三國典略》。

夢嘗抱日，夢無左手。梁武帝母張氏夢嘗抱日，已而有娠，遂産帝。有文在右手，曰『武』。《南史》。隋文帝未貴時，江中夜泊，夢無左手。一草庵。一老僧賀曰：『無左手者，獨拳也。當爲天子。』後帝建此庵爲吉祥寺。《獨異志》。

手持一刀，自割十指。魏莊帝之將圍爾朱榮也，夜夢手持一刀，自割落十指甲〔一〕。咸陽王徽解夢曰：『蝮蛇螫手，壯士解腕。乃是吉祥。』《北史》。

手長尺餘，此好手。隋煬時，劉元進手長尺餘，臂垂過膝。自以相表非常，陰有異志。《隋書》。翟天師名乾祐，手大尺餘。《酉陽》。侯君集遂贊承乾陰圖不軌，掌〔二〕舉手謂承乾曰：『此好手，當爲陛下用。』《唐書》。

〔一〕今按：『甲』，中華書局《北史·爾朱榮傳》作『節』。

〔二〕今按：『掌』，中華書局《舊唐書·侯君集傳》作『嘗』。

幼稱神童，少號仙童。隋盧大翼幼稱神童，後目盲。以手握書，而知其字。《北史》。元嘉少聰俊，左手畫圓，右手畫方，口誦經史，目數群羊，兼成四十字詩，一時而就。足書五言一絕：六事齊舉。號神仙童子。《僉載》

一手獨拍，雖疾無聲，故曰：左手畫圓，右手畫方，則不兩成。《韓子》。陸餘慶善論事，謬判事，時人嘲曰：『説事則喙長三尺，判事則手重五斤。』

指從十指入，寢必入手卧。崔渾御史能盡色養。母嘗有疾，請病授己。有頃，覺指從十指入。俄而遍身，母遂愈。丁父艱〔一〕，勺飲不入口，不勝哀而卒。《僉載》。王文公凝每寢必入手〔二〕而卧，慮夢中見先靈也。《北夢瑣言》。

以手拊其背，命工繡其手。莊宗嘗問亭〔三〕季興曰：『吾已滅梁，欲征吴蜀，何者爲先？』季興曰：『宜先蜀，臣請以本道兵先進。』莊宗大悦，以手拊其背。季興因命工繡其手迹於衣，歸以爲榮耀。《五代史》。烏滸人以人掌蹠爲珍重，以食長老。《異物志》。

大禹履己字，老君有八卦。大禹右足文『履己』字。《帝王世紀》。老君足下有『八卦』。《抱

〔一〕今按：『丁父艱』，中華書局《朝野僉載》作『丁母艱』。

〔二〕今按：『入手』，中華書局《北夢瑣言》作『叉手』。

〔三〕今按：『亭』，中華書局《新五代史·高季興傳》作『高』。

朴子》。

夔一足，信乎，夔一而足矣。魯哀公問孔子曰：『吾聞夔一足，信乎？』對曰：『夔，人也，獨通於聲。堯曰：「夔一而足矣」，使爲樂正。』《韓子》。

强鉏之刖，莊子之刖。鄭伯治與於雍糾之亂者，刖强鉏。君子謂强鉏不能衛其足。《莊公》。齊刖鮑牽：仲尼曰：『鮑莊子之智不如葵。葵猶能衛其足。』《成公》。侯景右足偏短，弓馬非其長，而畜〔一〕謀算。衛襄公嬖人婤姶生孟縶。孟縶之足，不良能行。《左·昭》。衛侯之兄輒何爲君也，曰：『有天疾者，不得乎宗廟。』輒：兩足不能相隨〔二〕。齊謂之綦，楚謂之踂，衛謂之輒。《穀梁傳》。

必斷而足，公曳一足。衛輒爲靈臺于藉圃，與諸大夫飲酒。褚師聲子韈而登席，公怒辭曰：『臣有疾，異於人。』褚師出，公曰：『必斷而足。』《哀廿五》。晋平公與亥唐坐，而出，叔向入。公曳一足。叔向問之。公曰：『吾待唐子，腓痛足痺。』叔向不悦。公曰：『子欲貴？吾爵子。子欲富？吾禄子。夫唐先生無欲也，非正坐吾無以養。』《韓子》。楚使薳啓彊召魯公，辭曰：『今君若步玉趾，辱見寡君。』《左·昭七》。

〔一〕　今按：『畜』，四部叢刊本《資治通鑒》作『多』。
〔二〕　今按：『隨』，《太平御覽》作『過』。

申包胥如秦，曾藏重胝，立於秦庭，號哭七日。《幽通賦》：『申重繭而存荆。』楚欲攻宋，墨子自魯趨十日十夜，足重繭而不休息，至郢見楚王。

庬涓斷足，張湯摩足。自以爲能不及孫臏，以法斷其兩足而黥之。《史》。張湯有所愛。史魯謁居，病卧閭里。湯自往視病，爲謁居摩足。趙王上書，告：『湯，人〔一〕臣也，史有病，至爲摩足，疑與爲大奸。』事下廷尉。《漢書》。

足下有文，足履龜文。宣帝。《漢記》。李固。《後漢》。

留贊伸足，王濟伸脚。與黄巾賊帥吴桓戰，手斬得桓。一足被創，遂屈不伸。割引伸足，以刀自割其筋，遂引伸之。凌統奇之，表薦試用。《吴志》。王濟與帝圍棋，伸脚在局下。問孫皓曰：『剥人面皮，何也？』皓曰：『見無禮于其君者則剥之。』武子大慚，遽縮脚。《三十六國春秋》。

習鑿齒之脚病，陶元亮之脚病。習鑿齒以脚病，廢於里巷。符堅與語，大悦。以其蹇病，裁堪半丁。與諸鎮書曰：『晋氏平吴，利在二陸。今得漢南，得士一人半耳。』《續晋》。陶潛無履，江州刺史王弘爲之造履。左右請履度，潛便於座伸足令度焉。弘要之還州，問

〔一〕 今按：『人』，中華書局《漢書·張湯傳》作『大』。

其所乘，答云：『素有脚病，向未藍輿，亦足自反。』乃令一門生二兒共輿之。《晋書》。

始安王之躄疾，陰子春之洗足。齊始安王遥光生而躄疾，多忌。人有餉履者，以爲戲己，大被嫌責。劉繪云：『智不及葵。』亦以忤志〔一〕。《南史》。梁陰子春，臨人以廉潔，閨門混雜，自服垢污，脚數十年一洗，言每洗則失財敗事，云在梁州，以洗足致梁州敗。上。

侯景左足之肉瘤，禄山雙足之黑子。有肉瘤，狀似龜。戰應克捷，瘤則隱起。如其不勝，瘤則低下。石頭之役，瘤隱肉中。《三國典略》。張仁願嘗令洗脚，有黑子，曰：『吾貴相也。』禄山曰：『吾賤人，雙足俱有之。比將軍者黑而加大。』仁願觀而異之，加寵薦焉。《定命録》。

二脚尺餘，謂之龍脚。人或誤觸，終日頭痛。馬希範。《燕閑録》。

梁長史江革爲魏所虜，安豐王延明聞其才名，厚遇之。革稱足疾。

《易・剥》：『初六，剥牀以足。』《象》曰：『剥牀以足，切近灾也。』《解》：『九四，解而拇。』《象》曰：『解而拇，未當位也。』《噬嗑》：『初九，屨校滅趾。』《象》曰：『屨校滅趾，不行也。』《賁》：『初九，賁其趾。』《咸》：『初六，咸其拇。』《象》曰：『咸其拇，志在外也。』『六二，

〔一〕　今按：『志』，中華書局《南史・始安王遥光傳》作『旨』。

咸其腓。』《大壯》：『初九，壯于趾。』《象》曰：『壯于趾，其孚窮也。』

天下之士，裹足不入秦。李斯《書》。

隋末役重，人生手足自折支體，謂之福手福足。

陳虞寄陽稱足疾，士有足而不至者，君不好也。

股肱

《左・僖廿二》：『宋師敗績。公傷股，門官殲焉。』

《書》：『股肱喜哉！元首起哉！百工凞哉！元首明哉！股肱良哉！萬〔一〕事康哉！元首叢脞哉！股肱惰哉！萬事墮哉！』《益稷》。股肱惟人，良臣惟聖。《説命》。嗣爾股肱，純其藝黍稷。《酒誥》。

股肱或虧，何痛如之。《左》。宋景公曰：『相，吾之股肱。』《易》：『咸其股。』亦不處也。《易・説卦》：『巽爲股。』帝曰：『臣作朕股肱耳目。』《益稷》。《易・明夷》：『六二，明夷，夷

〔一〕今按：『萬』，《十三經注疏》本作『庶』。

於左股。』《豐》：『九三，折其右肱。』《象》曰：『折其右肱，終不可用也。』

《楚辭》：『九折肱而成醫。』一指之大幾如股，一脛之大幾如腰。賈誼。孔子脩肱。《廣記》。

漢高左股。左股有七十二黑子。黑子即黶子也。赤帝七十二日之數也。

蘇秦刺股，章武折股。蘇秦讀書欲睡，引錐自刺其股，血流至踝。史。後魏李崇封陳留侯，明章太后幸左藏庫，從者皆令任力負布絹，賜之。崇與章武王融所負多，顛仆。崇傷腰，融傷脚。時曰：『陳留、章武，傷腰折股。貪人敗類，穢我明主。』

介推割股，夫子曲肱。晋文公嘗餒於曹，介子推割股以食之。從者書曰：『龍飢乏食，一蛇刺股。』孔子曰：『曲肱而枕之，樂亦在其中矣。』

臂手上節也

交臂，掉臂。《漢書》：交臂受事。《漢書》：日暮之後，過市朝者，掉臂不顧。

嚙臂，斷臂。《史記》：吴起出衛國門，與母訣，嚙臂而盟曰：『不爲卿相，不入衛門也。』王凝虢州司户，卒。一子尚幼，妻李氏携其子歸至開封旅舍。主人不納，牽其臂出之。

李氏慟曰：『我不能守節，此手爲人所執。』引斧自斷。《五代史》。

如身之使臂，臂之使指。賈誼。孔子翼臂，李牧短臂。《廣記》。《選詩》：『李牧愧長袖。』李廣猿臂，申蒯斷臂。『李廣猿臂善射。』崔杼弑莊公。申蒯漁於海，至門曰：『請入吊。』杼令勿納。乃斷左臂，以予門者。投劍呼天，鬥殺七列，而死。

肘

臂節也。

左肘有肉印。呂光《凉州記》。谷詩：『心似次山羞曲肘。』又：『由我屈伸肘。』坡詩：『宴坐柳生肘。』杜詩：『衣袖露兩肘。』

指

手指也。艮爲指。艮爲手而所用以止物者，又在指也。

目指氣使，如臂使指。《貢禹傳》《賈生傳》。

子公之指動，舟中之指掬。子公之食指動，曰：『他日我如此，必嘗異味。』《左》。舟中之指可掬也。《左》。

鄭畋刺指，霽雲斷指。黄巢入長安，鳳翔節度使鄭畋刺指血爲表，詣行在，巢遣人斬之。南霽雲拔佩刀斷指，誓滅賀蘭進明。柳宗元《南霽雲廟碑》：投軀無告，嚙指而歸。自噬其指，曰：『噉此足矣！』慟哭而返，即死孤城。

嚙指，伸指。至德二載，尹子奇寇睢陽，賀蘭進明在臨淮擁兵不救，巡乃令南霽雲告急於臨淮。進明具食延之，霽雲泣曰：『睢陽之人，不食月餘矣。霽雲雖欲獨食，且不下咽。』因嚙落一指，以示進明，曰：『霽雲既不能達主將之意，請留一指以示信。』『今有無名之指屈而不伸，非疾痛害事也，如有能伸之者，則不遠秦楚之路，爲指之不若人也。指不若人，則知惡之；心不若人，則不知惡，此之謂不知類也。』《孟》。

養其一指，自割十指。『養其一指而失其肩背，而不知也，則爲狼疾人也。』《孟》。魏莊帝夜夢手指一刀自割落十指。咸陽王徽曰：『乃是吉祥。』見手。

掌

手中也。《論》：『指其掌。』《孟》：『運於掌。』

唾掌，抵掌。公孫瓚唾掌決九州。臧宫、馬武鳴劒抵唾掌，志馳於伊吾之北。

致平如覆掌，治國如視掌。李翺言致太平如覆掌。《中庸》：『治國其如視諸掌乎！』

武丁運掌，齊王畫掌。《孟》：武丁朝諸侯有天下，猶運之掌也。齊王畫掌學書，遂工篆。

區區一掌欲獨湮江河。《張儉傳》。抗仙掌以承露，擢雙立之金莖。班固賦。平生惟一子，抱負珠在掌。東坡。

踵 **追也，往來貌。追迹繼踵也**

企踵國人，行脚跟不着地，如人之企足。《白海經》。

車輪曳踵，摩頂放踵。車輪曳踵曲，謂行不絶也。『墨子摩頂放踵，利天下爲之。』《孟》。

坡詩：『西風吹好句，珠玉本無踵。』曾鞏子固詩：『區區射聲利，浩浩奔蹄踵。』

膝

脚股也。

蜀先主垂手下膝。《蜀志》。蜀后主垂手過膝。《五代史》。

促膝，捫膝。杜詩：『夜如何其初促膝。』後魏賈景興栖遲不仕。葛榮陷冀州，稱疾不拜。每捫膝曰：『吾不負汝，以不拜榮故也。』史。

抱膝，捫膝。孔明抱膝長嘯。趙宋人汝礪，號捫膝先生。

兹膝，兩膝。郭子仪遣使至魏，田承嗣西望拜曰：『兹膝不屈於人久矣，今爲公拜。』坡詩：『萬里隨身唯兩膝。』

伸手過膝，垂手過膝。武帝未爲世子，裴秀曰：『中武軍伸手過膝，非人臣之相也。』《晋書》。劉曜垂手過膝。《載記》。

《漢書》：『屈膝請和。』『至夜，問以政事，不覺膝之前席。』魏宇文泰留蘇綽。

脚

脚無天根不壽之相。管輅曰：『吾脚無天根，不壽之相。』『遂稱脚攣，積十餘年。』楊彪。孫子臏脚，兵法修烈〔一〕。司馬遷。智光地狹，不足伸脚。唐周智光爲同華節度使，曰：『地狹不足伸脚。』

脛

脚脛也。『原壤夷俟，孔子以杖叩其脛。』《論》。商受暴虐，斮朝涉之脛。《書》。李華賦：『積雪没脛。』東坡詩：『短衣數挽不掩脛。』

〔一〕今按：『兵法修烈』，中華書局《史記·太史公自序》作『而論兵法』。

行不正也。

跛

《易・履》：『六三，跛能履。』《象》：『跛能履，不足以與行也。』《歸妹》：『初九，跛能履。』《象》：『跛能履，相承也〔一〕。』

郤子之跛，孟縶之跛。《宣十七》：『郤子登，婦人笑於房。』跛而登階，故笑之。《穀梁傳》。婦人謂蕭同叔子頃公之母。獻子怒，出而誓曰：『所不此報，無能濟河。』《昭七》。孟縶之足不良，跛能行。史朝曰：『孟非人也，將不列於宗。』近塞之人，死者十九，此獨以跛之故，父子相保，故福之爲禍，化不可極，深不可推也。見馬。

民有跛者，停駕慰勞，給衣食。魏主太和。禹其跳，其跳者，踦也。《尚書大傳》。

〔一〕今按：『相承也』，《十三經注疏》本作『吉相承也』。

臀

音豚，底也。《禮·考工記》：量其一寸，又腿靨也。《易·夬》：『九四，臀無膚。』傳：『臀無膚，居不安也。』《姤》：『九三，臀無膚。』爲二所忌，其居不安。《困》：『初六，臀困于株木。』無所庇，而不得安居。

竅

谷竅，七竅：孔子。《廣記》。比干諫三日不去，紂曰：『吾聞聖人之心有七竅，剖而觀其心。』

《靈樞》曰：『五藏常内閱于上七竅也，故肺氣通於鼻，肺和則鼻能知香臭矣。心氣通於舌，心和則舌能知五味矣。肝氣通於目，肝和則目能辨五色矣。脾氣通於口，脾和則口能知五穀矣。腎氣通於耳，腎和則耳能聞五音矣。五藏不和則七竅不通，六府不和則留結爲癰。』

膏血

膏脂也。

《易·屯》：『九五，屯其膏。』《象》：『屯其膏，施未光也。』膏澤不下及，德施未能大，人君之屯也。《列子》：夸父道渴，死。膏肉所浸，生鄧林。

《孟》：『諫行言聽，膏澤下於民。』諫則不行，言則不聽。膏澤不下於民。

《易·屯》：『上六，泣血漣如。』《象》：『泣血漣如，何可長也。』《需》：『六四，需于血。』

《象》：『需于血，順以聽也。』《小畜》：『六四，有孚，血去。』《渙》：『上九，其血去。〔一〕』

《象》：『渙其血，遠害也。』

炎帝之戰，血流漂杵。

夏后之殺，其血醒臭。炎帝，黄帝，異母兄弟，戰於涿鹿之野，血流漂杵。《賈子》。禹堙

〔一〕今按：『其血去』，《十三經注疏》本作『渙其血，去。』

洪水，殺相繇，其血腥臭，不生五穀。以其地爲臺，相繇一名相仰。《山經》。蔡哀公〔一〕之淚盡，繼之以血，知國將亡。《説苑》。

荆卞和之泣盡，繼之以血，再刖。藺相如之頸，血濺秦王。嵇侍中之灑，血濺晋帝。杜詩曰：『豈無嵇紹血，沾灑屬車塵。』謂此。萇弘死蜀，血化爲碧。王琳被殺，一叟收血。《陳書》。

左思賦：『碧出萇弘之血。』《吕覽》：『化爲碧玉。』

方敬儒之至孝，刺血斷二指。朱壽昌之至誠，刺血求其丹。

龍門之下血如江，未央之前血漬草。《春秋考異》：戰在魯桓十三年。《地志》：『未央殿二里許，有隙地丈餘，草色皆殷赤。相傳吕后殺淮陰血漬而然。』

流血及屨，未絶鼓音。郤克。左輪朱殷，豈敢言病。郤至。《左·成二》。

豫讓擊衣之血，孝婦緣幡之血。豫讓欲刺襄子，伏于橋下，爲襄子所得。讓願請其衣，襄子義之，脱附身之衣，以與之。讓拔劍三躍，呼天擊之。衣盡出血。曰：『而可以報智伯矣。』遂伏劍而死。襄子迴，車輪未周而亡。《戰國策》。《史·索隱》。東海，孝婦名周青，將死。

〔一〕今按：『蔡哀公』，中華書局《説苑·權謀》作『蔡威公』。

車載十丈竹竿，以懸五幡。立誓於衆曰：『青若有罪，血當順下。青若枉死，血當逆流。』既以行刑，其血青黄，緣幡竹而上，又緣幡而云爾。《搜神記》。

前徒倒戈，血流漂杵。《孟子》：『仁人無敵於天下。以至仁伐至不仁，而何其血之流杵也。』逢萌隱瑯琊勞山，非禮不動，聚落化之，北海太守遣吏奉謁，萌不諾。太守遣吏捕之，民相率以石擿吏，流血奔走。《東觀記》。北海遣吏，流血奔走。

淳于伯之血，陳顯達之血。建興中，相府斬淳于伯。刑，血逆上柱末二丈三尺，旋復下流四尺五寸。士女縱觀，咸白其冤。《晋書》。陳顯達爲官軍所敗，趙潭斬之籬側，血涌湔籬，似淳于伯之被刑也。《齊書》。

佛太子之無血，王君廓之流血。石虎時，安定人侯子充自稱佛太子，聚衆杜南山，稱大皇帝，建元曰『龍興』。石廣斬之，頸無血，十餘日面色無異于生。《載記》。王君廓入朝，賜以御馬，令於殿前乘之而出。高祖曰：『吾聞藺相如叱秦皇，目眥出血。君廓發憤太守，目口鼻耳一時流血。此之壯氣何謝古人。』復賜錦袍金帶。《唐書》。

血流左臂，有血點地。馮跋宴群僚，忽有血流左臂，從事王若山因陳符命之應。《北燕録》。武平中，有血點地，自斛律光宅而至于太廟。及見殺，血流于地，剗之迹不滅。《北史》。

顔真卿之舐血，南霽雲之流血。顔真卿，盧杞忌之，將出之。真卿辭曰：『先中丞傳首至平原，面上血真卿以舌舐之，相公忍不相容耶？』杞下拜，而含怒。賀蘭不肯出師，霽雲慷慨語曰：『雖欲獨食，我不忍。』因拔佩刀斷一指，血淋漓。管輅曰：『何之視侯，血不華色。』

《淮南子》：『久血爲燐。燐，鬼火也。』庾信賦：『鬼火亂於平林。』

李思摩之中流矢，唐太宗親爲吮血。漢高祖之易太子，叔孫通願以污血。

川谷流人之血；班固賦。血滿長城之窟：李華賦。『血污游魂歸不得。』玉環妖血無人收。

杜：『向公注〔一〕血洒行殿。血流紛在眼。那將血射天。天地日流血。洒血在戎軒。』『喧呼馬嵬血。』『莫令鞭血地，再濕漢臣衣。』

笑

啞，笑也。咥，大笑也。聽，笑貌也。《説文》。桓公輾然而笑。《莊子》。王孫輾然而咍。

〔一〕今按：『注』，《全唐詩》杜甫《惜别行送向卿進奉端午御衣之上都》作『泣』。

左思賦。

蕭同之笑，軍人之笑。魯季孫行父禿，晉郤克眇，衛孫良夫跛，曹公子手僂。同時而聘於齊，齊使禿者御禿者，使眇者御眇者，使跛者御跛者，使僂者御僂者。蕭同侄處臺上而笑之，聞於客，客不悦而去。齊人有知之者，曰：『齊之患必自此始矣。』楚靈王令於軍中曰：『有若齊慶封弑其君者乎？』對曰：『有若楚公子圍弑其兄之子麇而爲君者乎？』軍人粲然皆笑。《昭四》。

解顔而笑，胡盧大笑。列子事〔一〕老商。五年之後，心庚念是非，口庚念利害，夫子始一解顔而笑。《列子》。子思薦李音於衛君，君胡盧大笑。《孔叢子》。

因霄國人善笑，聲聞百里。東家之子，嫣然一笑。宋玉賦。

楚王無爲，天下戲笑。莊王三年無爲。宋祖登極，陳摶大笑。

《易・同人》：『九五，先號咷而後笑。』《家人》：『九三，婦子嘻嘻。』失家節也。嘻嘻笑樂，無節也。《萃》：『初六，一握爲笑。』一握，一團也。《震》：『初九，《象》：「笑言啞啞，後有則也。」』《旅》：『上九，先笑後號咷。』

〔一〕今按：『事』，諸子集成本《列子・黄帝》作『師』。

《詩》：顧我則笑。謔浪笑傲。巧笑倩兮。咥其笑矣。言笑晏晏。巧笑之瑳。宴笑語兮。爰笑爰語。載色載笑。

夫子莞爾而笑。夫子哂之：曰：『夫子何哂由也？』曰：「其言不讓，是故哂之。」』亡是公聽然而笑。相如賦。主人逌爾而笑。班固賓戲。

《孟》：『恭儉豈可以聲音笑貌爲哉？』曾子曰：『脅肩諂笑，病於夏畦。』

褒姒不好笑，欲其笑萬方，姑〔一〕不笑。乃無故舉火，褒姒大笑。

婦人笑於房而獻子怒，美人笑於樓而躄者願。郤子登，婦人笑於房。獻子怒，出而誓曰：『所不此報，無能涉河。』《宣十七》。平原君家樓臨民家。民家躄者，美人大笑之。躄者曰：『臣願得笑臣者頭。』平原君曰：『諾。』終不殺。歲餘，賓客稍稍引去者過半。一人對曰：『以君之不殺笑躄者，以君爲愛色而賤士，士即去耳。』於是乃斬笑躄者美人頭，自造門進躄者，因謝焉。其後門下乃復稍稍來。《史》。民間言張公不喜聲伎，見之未嘗笑，獨見佳苗良田則笑耳。張全義爲河南尹。

笑毛遂之自薦，笑匡衡之説詩。平原君與遂偕入楚，十九人相與目笑之。《史》。匡衡

〔一〕今按：『姑』，中華書局《史記·周本紀》作『故』。

好學，諸儒笑曰：『無説詩，匡鼎來。匡説詩，解人頤。』

仰天大笑，摶臂大笑。威王八年，楚兵加齊。齊使淳于髡之趙請救兵，賫金百斤，車馬十駟。髡仰天大笑，冠纓索絶。方朔於上前射覆，中之。郭舍人數窮，上乃摶臂〔一〕大笑。《别傳》。

陸士龍之笑，王思道之笑。二陸入洛，而士龍不詣張公。公問士衡：『雲何以不來？』機曰：『有笑疾，故未敢自見。』俄而，雲詣華，華爲人多姿，又好帛纏鬚。雲見而大笑，不能自已。士龍嘗着縗幘〔二〕上船，因水中自見其影，便大笑不能已。《世説》。桓南郡與道曜講老子，王侍中爲主簿，在坐。桓曰：『王主簿可顧名思義？』王未答且大笑。桓曰：『王思道能作大家兒笑。』上。

强令之笑不樂，强令之哭不悲。《吕》。

載哀者聞歌聲而泣，載樂者見嘆聲而笑。哀可樂者，笑可哀者，載使然也。是故貴虚。《淮》。

口痛者口不能不呼，心悦者顔不能不笑。《鄧析子》。

〔一〕今按：『臂』，《太平御覽》引《東方朔别傳》作『髀』。

〔二〕今按：『縗幘』，《晋書・陸機傳》作『衰絰』。《太平御覽》引《世説》作『衰幘』。此條未見今本《世説新語》有載。

『精理通談笑。談笑覓封侯。』『相逢好大笑。』『談笑無河北。』『巡檐索共梅花笑。』『桃花依舊笑春風。』『塵世難逢開口笑。』

哭

哀聲也。《論》：顔淵死，夫子哭之痛〔一〕。《孟》：『華周、杞梁之妻善哭其夫，而變國俗。』

庾信賦：『城崩杞婦之哭，竹染湘妃之淚。』箕子欲哭不可，欲泣則爲近婦人。哭秦庭，哭燕地：申包胥，鄒衍。杜詩：『俱議哭秦庭。』『永負漢庭哭』。李白：『燕臣昔慟哭，五月飛秋霜。』

漢庭哭，窮途哭。可爲痛哭者一。車轍所窮，痛哭而返。杜詩：『蒼茫步兵哭。』『傷時哭賈生。』『途窮那免哭。』『不擬哭途窮。』王勃《序》：『阮籍猖狂，豈效窮途之哭？』

公曰一家哭，何如一路哭。宋參政范文正視不才監司，一筆勾之。富公曰：『范十二

〔一〕今按：『痛』，《論語》作『慟』。

丈則是一筆勾去，焉知一家哭矣！』公曰：『一家哭，何如一路哭耶！』『君見途窮哭，宜憂阮步兵。』『爲入蒼梧廟，看雲哭九疑。』卞和哭璞，陽城哭麻。

喜怒哀樂，有感而自然者也。故哭之發於口，涕之出於目，此皆積於中而形於外者也。譬水之下流，烟之上尋也。《淮》。

楊子見逵路而哭之，爲其可以南可以北；墨子見練絲而泣之，爲其可以黄可以黑。上。『淚翟子之悲，慟朱公之哭。』孔德璋。

雍門撫心發聲，許慶據地悲哭。雍門子以琴〔一〕見孟嘗君，已而陳辭通意，撫心發聲。孟嘗爲之增欷嗚唈，流涕狼戾。《淮》。許慶家貧，子伯爲郡督郵，乘牛車。號曰：『軺車督郵。』慶與友談論漢無統嗣，幸臣專勢，世俗衰薄，賢者放退，據地悲哭，時稱許子伯哭世。謝承《書》。

蘇秦下説，鬼谷泣下。蘇張縱横，習之鬼谷先生，掘地爲坑，曰：『下説令我泣，下則耐分人君之地。』秦下説，鬼谷泣下沾襟。張仪不若。《論衡》。

符登〔二〕哀號，姚萇亦哭。符登率騎萬餘，直到姚萇營下，四面大哭，哀號動地。萇與

〔一〕今按：『琴』，諸子集成本《淮南子・覽冥訓》作『哭』。

〔二〕今按：『符登』，《太平御覽》作『苻登』。《晋書》有《苻登載記》。

亦哭。其衆相應。《秦書》。

劉孝綽之泣下，王元景之無淚。王元景使梁，劉孝綽送之，泣下。元景無淚，謝曰：『卿勿怪我，别後當闌干耳。』《談藪》。

齊君景山，荆公燕市，孟嘗聞琴，馬遷廢史，少卿悼躬，夷甫傷子，皆泣緒如絲，詎能仰視。江淹《泣賦》。聖人之於天下，譬猶一堂之上也。今有滿堂飲酒者，有一人獨索然向隅而泣，則一堂之人皆不樂矣。《説苑》。

唐衢之哭，趙壹之哭。唐衢從退之遊，見人文章欲詭則哭，與人别則必舉聲號，世稱唐衢善哭。陳禾〔一〕詩：『欲爲唐衢哭，聲出且復吞。』趙壹造河南尹羊陟，不得見。壹徑上堂，曰：『承高風舊矣。』因舉聲哭。陟與語，大奇之，因薦之。

文公之哭，婦人之哭。李肇《國史補》：『文公登華岳，顧視絶險，失聲慟哭。沈子曰：「吁！是不喻文公之旨耶？」仲尼悲麟，墨翟泣絲，悲不在麟也，泣不在絲也。假事諷時，致意於此爾。憤貪位者，陟險不止，嘆不知税駕之所。』

孔子北之山戎氏，有婦人哭於路者，其哭甚哀，孔子問曰：『曷爲哭哀至於此也？』對

〔一〕今按：『陳禾』當作『陳與義』。

曰：『往年虎食我夫，今虎食我子，是以哀也。』孔子曰：『嘻，若是，則曷焉不去也？』曰：『其政平，其吏不苛，吾以是不能去也。』孔子曰：『記之，夫政之不平而吏苛，乃甚於虎狼矣。』《新序》。

文伯母之不哭，苻〔一〕后臣之含辛。公父文伯死，其母不哭也。季孫問焉，對曰：『昔，是子也，吾使之事仲尼，仲尼去魯，送之不出魯郊。贈之，不與家珍。病，不見士之視者。死，不見士之流淚者。死之日，宫女衰絰而從者十人。此不足於士，而有餘於婦人也。吾是以不哭也。』《韓詩外傳》。苻后死，慕容熙制百寮於宫内，哭無淚者罪之。群臣莫不含辛爲淚，哭於馬上，哀動行伍。顔真卿。

子産之死，巷哭三月。

涕泗

自目曰涕，自鼻曰泗。

〔一〕今按：底本作『符』，當作『苻』。

《離》：『六五，出涕沱若。』《中孚》：『六三，或泣或歌。』《萃》：『上六，齎咨涕洟。』《象》：『齎咨涕洟，未安上也。』《易》。

『泣涕如雨，佇立以泣。』《燕》。『啜其泣矣。』《谷蓷》。『鼠思泣血。』《雨無正》。『涕泗滂沱。』《澤陂》。『涕既隕之。』《小弁》。『潸焉出涕。』《大東》。『涕零如雨。』《小明》《詩》。

『帝初于歷山，日號泣於旻天，於父母。』《大禹謨》。《孟》：『舜往于田，號泣于旻天。』

王執書以泣曰：『其勿穆卜。』《金縢》《書》。

舊館出涕，新亭流涕。孔子遇舊館人之喪，脱驂而賻之，曰：『遇於一哀而出涕，予惡乎涕之無從也。』《記》。諸名士遊宴新亭，周顗中坐而嘆曰：『風景不殊，舉目有江河之異。』因相視流涕。王導曰：『當戮力王室，共復神州。何至作楚囚對泣耶！』

泣玉，泣絲。卞和奉玉璞而哭，泣盡而繼之以血。墨子見練絲而泣，謂其可以黄可以黑。

泣母笞，泣父溺。伯瑜。曹娥。

泣牛衣：王章。

泣前魚：『安知治容子，紅袖泣前魚。』『可爲流涕者二。』賈誼。

出血曰此一淚。苻生幼無賴，生無一目。祖弘戲曰：『吾聞瞎兒一淚。』生怒，引刀自刺出血，曰：『此一淚。』

孔仲尼之泣涕，王子敬之忍淚。《公羊傳》：孔子聞獲麟，反袂拭面泣涕沾袍，曰：『吾道窮矣。』杜甫詩：『麟傷泣象尼。』王子敬過嵇康墳，忍淚急趨回首，不覺沾衣，情動不可制也。

枯魚之泣，美人之涕。《樂府》：『枯魚過河泣，何時還復入。作書與魴鱮，相教慎出入。』韓弘欲倚賊自重，不願淮西速平，李光顔戰最力。舉大梁城，得一美人，遣使遺之，流涕返之。

『古來共盡，牛山有淚。』《選》。『景公一何愚，牛山淚相續。』李白。『古往今來只如此，牛山何必獨沾衣。』樊川。『涕洒不能收。』『哭君餘白頭。淚入犬羊天。』『中宵淚滿林。』『嗚呼涕如霰。壯士淚如水。涕淚沾衣裳〔一〕。涕淚在衣巾。死淚終映睫。』『謂淚曰眼泉。』

〔一〕今按：『涕淚沾衣裳』，《全唐詩》杜甫《聞官軍收河南河北》作『初聞涕淚滿衣裳』。

毛髮

《易·説卦》：『巽，其於人也，爲寡髮。』髮，頭毛也，毛毫也，髮□……。

《詩》：『綢直如髮。卷髮如蠆。匪伊卷之，髮則有旟。揚。』『予髮曲局，薄言歸沐。髧彼兩髦，實維我儀。』剪髮夾囟，子事父母之飾。『鬒髮如雲，不屑髢也。』《君子偕老》。『自伯之東，首如飛蓬。』《伯兮》。『黄髮台背，壽胥與試。』願其壽而相與試其才力以爲用也。

『既多受祉，黄髮兒齒。』《曲禮》：『君子式黄髮。』齊宣王曰：『夫士亦華髮墮顛而後可用耳。』《新序》。擢賈之髮不足以贖賈之罪。須賈。《范雎傳》。

廿九髮白，四十髮白。顔淵，李冲。

三十髮白，同年髮白。睦夸三十父喪，髮白。顧凱之與簡文同年，髮白。帝問其故，答曰：『松柏之姿，經霜猶茂。蒲柳之質，望秋先零。』

封髮，白髮。唐賈直言貶嶺南，與妻董氏決曰：『死生不可期，吾死，可別嫁。』董引繩束髮，以帛，使直言署之曰：『非君手不解。』直言貶二十年還，署帛宛然。《新唐书》。齊謝超宗收付廷尉，一宿髮白。北齊司馬子如受賄在獄，一宿髮白。鍾王書中榻一千字，每字片紙，雜辟無序。梁武召周興嗣韵一日編綴，鬓髮皆白。『髮神蒼華，字太元。』《内經》。九華真妃云：『髮者，腦之華，腦減則髮素。妾有還白之法。』《真誥》。髮神名玄文華，字道衡。

娵氏之髮，共工之髮。帝嚳高辛氏娶於娵氏女，女生而髮與足齊，墜地能言。乃納於帝。《拾遺記》。共工人面，蛇身，朱髮。《歸藏・咨筮〔一〕》。

成湯剪髮，仲雍斷髮。殷湯剪其髮，自以爲犧牲。仲雍文身斷髮，以讓季歷。史。

如此種種，映梳蕭蕭。盧蒲嫳曰：『余髮如此種種，余奚能爲？』杜甫詩：『莫話青溪髮〔二〕，蕭蕭白映梳。』荆州鬼谷學仙處，今子美客居地。黄休年老多病，素髮映梳世事疏也。

公孫斷髮，蘇秦剪髮。公孫弘斷髮而爲越王騎，公孫喜使人絶之曰：『吾不與子爲昆弟矣。』公孫弘曰：『我斷髮，子斷頸而爲人用兵，我將謂子何？』周南之戰，公孫喜死焉。《韓非子》。張儀、蘇秦二人共遞剪髮以相活，或傭力寫書。行遇聖人之文，無以題記，則以墨

〔一〕　今按：『歸藏・咨筮』當作『歸藏・啓筮』。

〔二〕　今按：『莫話青溪髮』，《全唐詩》杜甫《贈李八秘書别三十韵》作『莫話清溪髮』。

畫於掌内及股裏。夜還，更以竹寫之。《拾遺記》。

老聃生而髮白，竇氏生而髮垂。生而髮白，故號老子。《帝王世紀》。高祖皇后竇氏，懿之女也。生而髮垂過頸，三歲與身齊。《舊唐》。

顧我使我毛髮灑淅。唐宣宗曰李德裕。

爲人曾祖，豈拔白髮。高帝即擲鏡鑷。《齊記》。

見妻而髮美，進炙而髮繞。衛桓公自城上見己氏之妻髮美，使髡之，以爲吕姜髢也。入于戎州氏，遂殺之，而取其璧。《哀公十七年》。晋平公觴客，少庶子進炙而髮繞之，平公越殺庖人。庖人呼天曰：『臣刀之利，風靡骨斷而髮不斷，是臣之一死也。炭炙之，肉紅白而髮不焦，是臣之二死也。炙熟，髮繞炙而臣不見，是臣之三死也。意者堂下其有翳憎臣者乎？』《韓非子》。

馬后美髮，陳妹長髮。明德馬后，方口美髮。《東觀漢記》。陳逵妹髮長七尺，石虎以爲夫人。《鄴中記》。

髮立委地，髮立委地。晋武帝，魏明帝。

長髮，獻髮。太宗崩，才人爲尼。王皇后與蕭淑妃争寵，密令長髮勸上納之。楊妃忤旨，遣歸。上遣中使，賜御膳。妃對使者涕泣曰：『金玉珍玩，皆陛下所賜。惟髮者，父母所與。』乃剪髮一繚而獻之。上遽召還。

怒髮指冠，頭髮上指。相如，樊噲。李白：『白髮三千丈。』杜甫：『萬事已黃髮。』『白髮竟誰憐。白髮甘凋喪。飄蕭將素髮。短髮寄簪纓。鬢髮白成絲。羞將短髮還吹帽。』

吾其被髮，見此被髮。子曰：『微管仲，吾其被髮左衽矣。』《左》：辛有適伊川，見被髮而祭於野者，曰：『不及百年，此其戎乎！』

裴楷三毛加頰上而殊勝。揚子『一毛利天下而豈拔』。顧愷嘗圖裴楷像，加頰上三毛，神明殊勝。《孟》：『楊子取爲我，拔一毛而利天下，不爲也。』

馬肝拭之而髮黑。脉望燒之而髮氣。漢元鼎間，郅支國貢馬肝石百升，以之拭髮白者皆黑。公卿語曰：『不顧方伯，唯髮拭肝石。』建中末，書生何諷買得黃紙古書一卷。讀之，卷中得髮捲，規四寸，如環無端。諷因絶之，斷處兩頭滴水升餘，燒之作髮氣。諷言於道者。道者曰：『君固俗骨，遇此不能羽化，命也。《仙經》曰：蠹魚三食神仙字，則化爲此物，名曰脉望。夜以規映當天中星，星使立降。可求還丹，取此水和而服之，即换骨上昇。』取書閲之，數處蠹漏，尋義讀之，皆神仙字。《酉陽》。

王莽染髮，曹操割髮。更始元年，置百官。王莽聞之愈恐。欲外示自安，乃染其髮鬢。

《漢書》。曹操行經麥中，令『士卒無敗麥，犯者死』。騎士皆下馬持麥以相付。時操馬騰入麥中，操曰：『制法自犯，何以帥下。然孤爲軍帥，不可殺，請自刑。』因拔劍割髮以置地。《曹瞞傳》。

樂羊學書，貞義截髮；陶侃留客，湛氏截髮。樂羊學書，其妻貞義截髮，以供其費。《列女傳》。陶侃少酷賓，孝廉范逵投宿。于時冰雪積日，侃室如懸磬，而逵馬僕甚多。侃母湛氏語侃曰：『汝但出外留客，吾自爲計。』湛氏頭髮委地，下爲二髲，賣得數斛米。日夕，遂設精食，從者皆無所乏。逵既嘆才辯，又愧厚意。及洛，稱之於羊晫〔一〕、顧榮，大獲美譽。《世説》。

垂髮至地，非人臣之相；髮鬒鬚美，非令終之相。武帝未爲世子，裴秀曰：『中撫軍垂髮至地，非人臣之相。』《晋書》。謝靈運欲入遠公社，遠公拒之曰：『子髮鬒而鬚美，面與身戾，非令終之相。』運怒曰：『學道在心，何以貌耶？』公笑而不答。後果如所料。鈔書記事。

八尺〔二〕三寸，髮與身齊。劉曜。王子胤。《載記》。

鬚髮如畫，直髮委地。簡文。《南史》。

〔一〕今按：『酷賓』『羊晫』，諸子集成本《世説新語·賢媛第十九》分别作『酷貧』『羊晫』。

〔二〕今按：『八尺』，中華書局《晋書·載記》作『九尺』。

陸氏子之染髮，李山甫之梳髮。臨川王義慶招集文士何長瑜與何勖。陸展染鬚髮，欲以媚側室，青青不解久，星星行復出。《宋書》。李山甫美姿容，而多髮，長五尺餘。嘗沐後，令二婦捧金盆承而梳之。有客造焉，見理髮，促出，疑其婦人。山甫呼之，方悟。《閑談》。

李日知之髮白，顔杲卿之髮動。李日知神龍初，爲給事中。母病，取給調侍數日，鬚髮輒白。顔景卿被殺，拘〔一〕首于衢，莫敢收。有張湊者，得其髮，持謁上皇。是夕見夢，帝寤，爲祭。後湊歸髮于妻，妻疑之。髮若動云。

張麗華之七尺，蘇氏女之七尺。張麗華髮長七尺，鬒黑如漆，其光可鑑。《南史》。信都蘇氏巨室有十女，擇良壻。魏知古方及第，以長女妻之。女髮長七尺，黑光如漆，相者云：『大富貴。』後知古拜相，封夫人。

文天祥之拳髮，宋臧賢〔二〕之拳髮。金鈎相士相文天祥云：『頂有拳髮，受刑之相。』《癸辛雜志》。宋臧賢長六尺七寸，出面露口，頽頂拳髮。後與王義宣同謀被殺，依王莽事漆頭，藏武庫。《南史》。

〔一〕今按：『拘』，中華書局《新唐書·忠義中》作『殉』。
〔二〕今按：『臧賢』，中華書局《南史·臧質傳》作『臧質』。

《説文》：茢草，似草而小，根可作刷。所以理髮謂之刷。《適俗文》〔一〕。刷，帥也。帥髮長短，皆令上從也。《釋名》。

舌上生毛，身上生毛。《青箱雜記》：馬亮知江陵府，當代。舌上生毛。僧曰：『舌上生毛則不得，當再往。』果然。《抱朴子》：『韓終服菖蒲十二年〔二〕，身生毛，冬袒不寒。』

不擒二毛，吾生三伐。《僖廿七〔三〕》：不擒二毛。黄眉翁曰：『吾生已三洗髓，三伐毛矣。』

『燕毛，所以序齒也。』《記》。祭畢而燕，則以毛髮之色别長幼，爲坐次也。

主人脱髦。《記》：『父死脱左髦，母死脱右髦，子事父母總用拂髦。』《内則》。

風清爽骨毛。凛凛粟生毛。充庭盡俊髦。登造總時髦。詞章壓譽髦。鶴序萃時髦。冠帶雍容總俊髦。聲名尤自過時髦。

〔一〕今按：『適俗文』，《太平御覽》作『通俗文』。

〔二〕今按：『十二年』，諸子集成本《抱朴子内篇卷之十一》作『十三年』。《藝文類聚》作『三十年』。

〔三〕今按：『僖廿七』，《十三經注疏》作『僖公二十二年』。

髭鬚

口上曰髭，頤下曰鬚。髭，姿也，爲姿容之美也。鬚，秀也，物成乃秀，人成而鬚生也。『在頰耳旁曰髯，隨口動摇髯髯然也。』《釋名》。『宋津武〔一〕狎侮群臣，多鬚者謂之羊。』《宋書》。大義垂鬚，帝堯美鬚。《世紀》：『庖義鬚垂委地。』《抱朴子》：有古强者，自言四千歲，敢爲虚言云：見堯爲人長大，美鬚髮。

周靈有髭，漢高美鬚。周定王六年，秦人降妖曰：『周其有髭王，亦克能修其職，至於靈王生而有髭。』《昭廿六》。『不舉生鬂鬚子。』俗説人十四五乃當生鬂鬚，今生而有，防害父母也。』謹按：《周書》，靈王生而有髭，王甚神聖，亦克修其職。諸侯服享，二世休和。安在其有害乎？《風俗通》。漢高龍顔美鬚髯。

子貢滅鬚。子羔滅髭。豫讓漆身爲厲，人不識其形。子貢漆身爲婦，人不知其狀。《論

〔一〕今按：『宋津武』，中華書局《宋書·王玄謨傳》作『宋孝武』。

衡》。宗炳《答何承天倫》：『顔夭冉疾，由醢子族，賜滅其鬚。匡陳之苦，不可勝言？』《弘明集》。衛蒯聵亂，子羔滅髭鬚，衣婦人之衣，逃得出，曰：『父子争國，吾何爲其間乎！』《幽通賦注》。

長鬛，饒鬚。《昭七》：『楚子享公于新臺，使長鬛者相，好以大屈。既而悔之。』先主與劉璋會，張裕侍坐。其人饒鬚，先主嘲之曰：『昔吾家涿郡，特多毛姓，東西南北皆諸毛也。涿令稱曰「諸毛繞涿居乎」！』裕即答曰：『昔有潞長，遷爲涿令，去官還家，時人與書，欲署潞則失涿，署涿則失潞。乃署曰：「潞涿君。」』先主無鬚，故以此反之。先主銜其不遜，後誅之。《蜀志》。

朱博奮髯，温序銜鬚。朱博爲瑯琊太守。掾史皆移病卧。博問其故，對曰：『故事，二千石新到，遣吏致意，乃敢就職。』博奮髯抵几曰：『觀諸兒欲以此爲俗耶！』乃斥罷諸病吏，郡中大驚。《漢書》。温序拜謁者，行郡至襄武，爲隗囂將苟〔一〕宇所拘劫。因以節撾殺數人。宇曰：『此義士死節，可賜以劍。』序受劍，銜鬚於口，顧左右曰：『無令鬚污土。』《後漢》。

〔一〕今按：『苟』，中華書局《後漢書·獨行傳》分别作『荀』。

任城王之黄鬚，崔氏子之虬鬚。任城王彰討烏桓，有功。太祖喜曰：『黄鬚兒竟大奇也！』《魏志》。崔琰眉目疏朗，鬚長四尺，後有白琰怨謗者，罰爲徒隸。太祖曰：『虬鬚直視，若有所瞋。』遂賜死。上。

饒鬚者則自稱于羝根。《典略》。『多髯者則謂之殺公。』《寰宇記》。黄巾諸部，自相號字。美鬚將軍，紫髯將軍。諸葛書曰：『未若髯之絶倫逸群也。』關羽美鬚髯，故亮謂之髯。《蜀志》。張遼問吴降人曰：『向有紫髯將軍是誰？』答曰：『是孫會稽也。』《獻帝春秋》。

劉淵三尺，劉曜百根。劉淵鬚長三尺餘，當心赤毫，毛長三尺六寸。《載記》。劉曜鬚髯不過百餘根，而皆長五尺。上。

兩頭羝，蝟毛磔。鍾毓兄弟，一女子笑曰：『中央殊高。』一門生云：『中央高者，兩頭羝。』兄弟多鬚，以此謂之。《世語》。劉惔稱之曰：『鬚似蝟毛磔孫仲謀、晋宣主之流。』《晋記》。

髯參軍，一客珠。毛郤超。《世説》。多鬚，故云耳。《俗説》。

謝靈運之鬚美，李元護之鬚長。《香》：祇洹寺。維摩像寺。安樂公主鬥百草，馳騎取之。《國史》。李元護爲齊州刺史，鬚長二尺。《魏書》。

人謂天閼，號爲『長髯公』：李庶無鬚。《酉陽》。許敦又號爲『齊鬚公』。《三國典略》。

鬚似蝟毛，大好髭髮。《與鮑泉書》：梁元帝云云。李緯。《唐書》。

李光進之母，朱氏子之妻。鬚數十，長五寸。年四十餘生髭六七寸，宛然一男子。持詔度爲女道士。《宋史》。

光武白鬚，太宗虬鬚。每一發兵，頭鬚爲白。《後漢》。太宗虬鬚，嘗戲張弓掛矢。鬚皆不落，出自骨中。王頒字景彦，僧辨子也。痛父爲陳武帝所殺。開皇中，獻取陳之策。陳平發陵剖棺，鬚皆不落，皆出自骨中。《北史》。周虓剖棺，鬓髭張裂。見目。『汝陽讓帝子，虬髯似太宗。張公一生江海客，身長九尺鬚眉蒼。』

《易・賁》：『六二，賁其鬚。』《象》：『賁其鬚，與上興也。』隨上而動，動止，唯繫所附也。

漢上朱氏曰：『毛在人曰須，血盛則煩滋，血衰則減耗。』《詩》：『其人美鬈。』鬚鬓好貌。『其人美偲。』多鬚之貌。

《左・宣公二年》：華元逃歸。城者謳曰：『于思，于思，棄甲復來。』《昭公十七年》：吳公子光使長鬣者三人，潛伏於舟側。

太宗煎鬚，李勣爇鬚。李勣嘗得暴疾，方云：『鬚灰可療。』上自煎鬚，爲之和藥。李勣其妹嘗病。已爲僕射，親爲之煮粥。風回，爇其鬚。

鬚髯若神，鬚垂至腰。張巡文中子之韓城，自龍門關先濟。關吏仇璋問賈瓊、程元曰：『先濟者爲誰？』吾視其鬚髯若神參如也。是必有異人者也。』程元曰：『是王通者也。』文中子。

《送張參軍》：『參軍舊紫髯。』《司馬將軍》：『紫髯若戟冠崔嵬。』

骨

骨，體之質也，肉之核也。《説文》。骨，滑也，骨堅而滑也。《釋名》。

獲骨，得骨。《國語》：吴破越，隳會稽，獲骨焉，節專車。孔子曰：『此防風氏之骨也。』王勃序：『稽山南望，識皓骨於封禺。』文王作靈臺，掘地得死人之骨。王曰：『更葬之。』天下曰：『文王賢矣，澤及朽骨，况於人乎！』《新序》。文王葬骨，無益衆庶，衆庶悦之，恩義動人也。上。

文王晝卧，夢人登城而呼己曰：『我東北陬之槁骨也，速以王禮葬我。』文王曰：『諾。』覺，召吏視之，信有焉。文王曰：『速以人君葬之。』吏曰：『此無主矣。請以五大夫。』文王曰：『吾夢中已許之矣，奈何其信之也？』士民聞之曰：『我君不以夢之故信槁骨，況於生人乎！』於是下信其上。《賈子》。

梁人騰骨，偃王無骨。孔鮒謂陳王曰：『梁人揚由伎巧過人，骨騰肉飛。』《孔叢子》。徐偃王有筋而無骨。《尸子》。

柏温有奇骨，陳伯有巨骨。温彝之子也，生未期而温嶠見之，曰：『此兒有奇骨，可試使啼。』及聞其聲，曰：『真英物也。』以嶠所賞，名之曰『温』。《晋書》。王右軍目陳玄伯『壘塊有巨骨。』《世説》。

似爲無骨，登床抱上。王蒙。干寶《搜神記》。

雖無骨幹，然亦膚立。韓康伯。舊目康伯無風骨，膚立，似肉鴨。《説林》。

顙骨益大，骨法有異。吕僧珍。《南史》。

脛骨微紅，潤澤異常。昭明太子。《尚書故實》。

墜馬折臂，開肉鋸肉，骨起肘上，言戰自若，時以爲逾於關羽：長孫子彥。《北史》。

矢貫左臂，令醫鑿臂，矢鏃入骨，飲酒自若：关雲長〔一〕。《蜀志》。

〔一〕今按：『关雲長』脱，當補。

作亂幽州，矢陷其頰，鈹面鑿骨，抽出箭鏃，進膳不輟：高開道。《南唐嘉話》。與承乾謀，夢二甲士腦、上臂間各取一骨，自是心悸不引弓。欲自首，不決而敗。侯君集。《酉陽》。

導引，骨節珊然有聲，謂之鏁子骨。李泌。《鄴侯外傳》。

鏃入髀骨，工鑿其骨，言笑自若。萇弘。《五代史》。

扶胥國之術人，頓遜國之死人。扶胥國術人或爲老人，或爲嬰兒，焂忽而死，臭爛盈室。燒骨糞土，復還爲人。《拾遺記》。頓遜國死人，或葬於鳥，或葬於火。鳥如鵝，緑，啄食都盡。鳥若不食，就火而葬。骸骨不葬。洛縣鬼哭，白骨尚存，長平冤結。

《周禮》：『蜡氏掌除骴。』蜡，清預反。骴，似賜反。死人骨也。『掌凡國之骴禁。』

肉

生死而肉骨。《左傳》。

行尸而走肉。《拾遺記》：『不學者雖生，行尸走肉。』

《左傳》：宣公十二年，令尹子文曰：『戰而不捷，參之肉其足食乎？』參曰：『若事之捷，孫叔爲無謀矣。不捷，參之肉將在晉軍，可得食乎？』

劉備曰：『當時〔一〕身不離鞍，髀肉皆消。今不復騎，髀裏肉生。』此所謂率土地而食人肉，罪不容於死。《孟》。管輅曰：『鄧颺之行步，脉不制肉。』杜子美：『肉瘦劫豺狼。』〔二〕聶夷中：『剜却心頭肉。』凡夫眼如肉。『翠袖卷紗紅映肉。』十年骨肉無消息。杜。骨肉十年終眼青。山谷。骨肉歸于土，命也。延陵。

肥

肥，多肉也。腴，腹下肥也。《説文》。諺云：『堯舜至聖，心〔三〕如脯腊。桀紂無道，肥膚三尺。』析言。子反曰『吾聞圍國者，使肥者應客』：《公羊傳》：宣公十五年，莊王圍宋，子反見華元曰：『子之國何如？』華元曰：『易子而食，折骸而炊。』子反曰：『吾聞圍國者，使肥者應

〔一〕今按：『當時』，中華書局《三國志・蜀書》注作『吾常』。
〔二〕今按：『肉瘦劫豺狼』，《全唐詩》杜甫《寄彭州高三十五使君適虢州岑二十七長史》作『肉瘦怯豺狼』。
〔三〕今按：『心』，《太平御覽》作『身』。

客。是何子之情也？』華元曰：『吾見子之君子也，是以告情于子也。』

今先王之言勝，故肥；今先王之義勝，故肥。閔子騫肥。子貢曰：『何肥也？』子騫曰：『吾出見車馬之美，則欲之。入聞先王之言，則又欲之。兩心相與戰。今先王之言勝，故肥。』《尸子》。子夏見曾子。曾子曰：『何肥也？』子夏曰：『吾入見先王之義則榮之。出見富貴之樂則又榮之。兩者戰於胸中，未知勝負，故臞。先王之義勝，故肥。』

食言多矣，能無肥乎。哀公至自越，孟武伯惡重曰：『郭重僕，何肥也？』公曰：『是食言多矣，能無肥乎？』《左·哀》。

陳平之肥，張蒼之肥。少時家貧，或謂：『何食而肥？』嫂疾不親家産，曰：『亦食糠籺〔一〕耳。』《漢書》。張蒼當斬，肥白如瓠。沛公赦。上。

兄瘦我肥，禮瘦孝肥。梁周東成，字子威。兄恩都爲赤眉所得，欲臠之。成叩頭：『兄瘦我肥，欲得代之。』賊感其義，俱赦之。謝承《書》。與臨淄倪萌事同。趙孝字長平。王莽時人相食。孝弟女爲餓賊所得，孝曰：『禮之餓羸瘦，不如孝肥。』賊大驚，並放之。《東觀記》。

〔一〕今按：『籺』，中華書局《漢書·陳平傳》作『覈』。

董卓之肥，曹崇之肥。呂布誅董卓，卓素充肥，然火臍中，光明達曙。庾信賦曰『然腹爲燈』是也。曹操父崇在太山，陶謙密遣數十騎掩捕。崇家惧，穿後垣先出，其妾肥不出，逃於厠，與妾俱被害。《世語》。

一人之肥，將軍之肥。京邑一人失姓名，食噉兼十許人，肥不能動。其父曾作遠方長吏。被縣，令故義共傳食之；一二年中，一鄉爲儉。《博物志》。吴質黄初五年朝京師，太官給供具。酒酣，質欲盡歡，上將軍曹真性肥，中領軍朱鑠性瘦。質召優使脱肥瘦，真負貴耻見戲。《質别傳》。

孟業之肥，諸葛之肥。孟業爲幽州，其人甚肥，武帝乃作一大秤，秤業千斤。《語林》。孫權問諸葛恪，『何以自娱，而更肥澤？』對曰：『臣聞富潤屋，德潤身。臣非敢自娱，修己而已。』《恪别傳》。

滿奮之肥，伯翁之肥。校尉滿奮豐肥，肉潰膚裂。永嘉之亂，爲賊所燒，皎若燭光。《異苑》。趙伯翁肥大，孫兒以李納臍中。見臍。

周顗曰：『君何所欣悦而忽肥？』庾公曰：『君何所憂慘而忽瘦？』伯仁曰：『直是清虚日來，滓穢日去耳！』

兖州四伯：鴻臚江淵[一]以能食爲穀伯，太守史疇以大肥爲笨伯，侍郎張嶷以狡妄爲猾伯，太守羊聃以狠戾爲瑣伯。《晋書》。

沈昭略曰：『汝是王約耶？何爲肥而癡？』王約曰：『汝是沈昭略耶，何爲瘦而狂？』昭略大笑曰：『瘦已勝肥，狂又勝癡，奈何王約，奈汝癡何！』《南史》。

明皇在百花苑，周覽《漢成帝傳》，妃子後至。上笑曰：『漢成獲飛燕，製七寶避風臺，恐其四肢不禁也。爾則任吹多少。』美妃微有肌也。《外傳》。

肥妃，肥奴。梅妃以楊妃之寵，遷於上陽東宫。召至翠華西閣侍御，報曰：『妃子已至。』上匿之。遺舄并翠鈿命封賜。妃謂侍者曰：『上棄我之深乎！』使曰：『上非棄妃，誠恐太真惡情耳。』妃曰：『恐憐我則動肥妃情，豈非棄也？』桓範爲曹爽畫一策，爽不能用。範怒，爽曰：『肥奴！曹子丹好人，生五六頭肉！今桓範隨卿滅門也。』『曹子丹佳人，生汝兄弟，豚。犢耳。』《魏氏春秋》。

禄山肥白，欽明肥醜。禄山盜羊，守珪欲殺，見其肥白，拔爲偏將。晚年益肥，腹毛過膝。中宗宴群臣。欽明體肥醜，據地摇頭睆目，盧藏用嘆曰：『《五經》掃地矣！』《新唐》。

〔一〕今按：『淵』，中華書局《晋書・羊曼傳》作『泉』。

張亢肥大，王淇以大牢目之；王淇瘦小，張亢以獼猴目之。《燕談》。淇嘲曰：『張亢觸墻成八字。』亢應曰：『王淇望月叫三聲。』《歸田録》。

盛慶體肥，宰相在後，即欲趨避。行百餘步。石學士中立見其喘甚，曰：『相公問否？』盛曰：『不問。』十餘步乃悟，罵曰：『奴乃以我爲牛。』

『繼子得食，肥而不澤，情不相與往來也。』適子懷於燕，慈母喻於荆情，相與往來也。《淮南子》。

穀氣勝元氣，其人肥而不壽。《物理論》。益梁之間，凡諱其肥盛，謂之臁。《方言》。

《禮運》：『孔子曰：安之以樂而不達於順，猶食而不肥也。四體既正，膚革光盈，人之肥也。父子篤，兄弟睦，夫婦和，家之肥也。大臣法，小臣廉，官職相序，君臣相正，國之肥也。天子以德爲車，以樂爲御。諸侯以禮相與，大夫以法相序。士以信相考，百姓以睦相守，天下之肥也。是謂大順。大順者，所以養生送死事鬼神之常也。』

瘦

瘦，省也。癯者，約少之言也。《釋名》。羸，委也。瘠，瘦也。《説文》。墳衍之人哲〔一〕而瘠。《周禮・地官》。

神農形顇，堯瘦，將欲利萬人也。《文子》。

薳子馮之瘠，宓子賤之臞。楚子使薳子馮爲令尹，遂以疾辭。方暑，闕地下冰而床焉。重繭衣裘，鮮食而寢。使醫視之，復曰：『瘠則甚矣，而血氣未動。』《襄廿一》。宓子賤治單父。有若見之曰：『子何臞也？』宓子曰：『君不知賤不肖，使治單父，官事急，心憂之，故臞也。』有若曰：『有術而御之，身坐於廟堂之上，有處女子之色，無害於治。無術而御之，身雖瘁癯，猶未益。』《韓詩外傳》。

『和熹鄧后身遭大憂，羸瘦骨立，不能自勝。』《東觀漢記》。

韓休爲相，陛下殊瘦。吾貌雖瘦，天下必肥。左右曰：『玄宗曰：「張氏得鈎，何氏得

〔一〕今按：『哲』，《太平御覽》作『晳』。

算。」三輔語曰：「何氏算，張氏鈎；何氏肥，張氏瘦。」言何氏有肥人輒貴，瘦氏輒賤。張氏有瘦者輒貴，肥者輒賤。故二族以鈎算知吉凶，以肥瘦知貴賤。』《三輔決録》。

楊彪見漢祚將移，遂稱脚攣子。脩爲操所殺。操見彪，問曰：『公何瘦？』對曰：『愧無日磾先見之明，猶懷老牛舐犢之愛。』《後漢書》。

吕布詣操曰：『明公何瘦？』操曰：『所以瘦，恨不早相故也。』《獻帝春秋》。

王戎和嶠同遭大喪，劉仲雄曰：『和嶠雖云備禮，神氣不損。王戎雖不備禮，哀毁骨立。臣以和嶠生孝，王戎死孝。』《世語》。

元祐間，王景亮與士族結爲一社，嘲誚士大夫，號曰：『猪嘴開〔一〕。』吕惠卿察訪京東。吕質清瘦，喜以雙手指畫，社人呼爲説法馬留。馬留，優人呼沐猴之名。又湊爲七字曰：『説法馬留爲察訪。』一日，召箎出知東平。郡高鼻捲髯，社人名爲『湊氛獅子』，仍對曰：『湊氛獅子作知州。』惠卿銜之，舉社齏粉。《詩話》。

〔一〕 今按：『開』，人民文學出版社《苕溪漁隱叢話》前集引《桐江詩話》作『關』。

風度

藍田種玉，玉山照人。謝莊美容仪，文帝曰：『藍田種玉。』裴楷風神高邁，容仪俊爽。『若明珠在側，恍然照人。』王濟衛玠同遊，衛玠嘆。『若玉山上行，朗然映人。』李白《上裴長史》。『岧岧清峙，壁立千仞。』顧愷之贊王衍。『肅肅廟中，但見禮器。』裴樂目夏侯玄。玉人。王敦曰：『王輔嗣吐金聲於中朝，衛玠復玉振於江表。』姿如峙玉，玉笋班。唐鄭畋、唐蔣凝。『凜凜焉，皜皜焉。崑玉秋霜比質可也。』孔融。『日角珠庭，非庸人相』。唐李珏。『若披雲霧，如對殊玉。』《北史·李繪》。軒軒若霞舉，濯濯如春日〔一〕柳。李白。王恭。『飄如遊雲。矯若驚龍。』王右軍。風度凝遠，風度如九齡否。宋璟風度凝遠。帝用人，每曰：『風度如九齡否？』王戎眼

〔一〕今按：『日』，中華書局《晉書·王恭傳》作『月』。

爛爛，若岩下電。『見紫芝眉宇，使人名利之都盡。』房琯嘆元德秀端巖可畏。有大臣風。曾子開。

貌肅而氣嚴，志定而言厲。明道。『翠火碧梧，鸞鵠停峙。』

『瑶環瑜珥，蘭茁其芽。』韓《碑》。

『人品甚高，胸中洒落如光風霽月。』周茂叔。

若霜鴻清唳，松雲孤映。李義山文。

眸子瞭然。炯炯清立，望之真白圭鷺。皇甫湜文。

即之如鏡，望之如春。杜牧。

玉山迥立，瓊樹無雙，明眸白皙，玉潤珠輝。劉長卿文。

美秀備於仪容，風度發於言笑。《王建集》。

『風情疏朗，霜明月湛之姿；氣骨端嚴，雪白冰清之概。』駱。

氣剛而毅，望之可畏。色粹而仁，近之可親。歐。

『氣纏霜匣滿，冰置玉壺多。』汝陽真天人。眉宇甚疏秀。

『玉府摽孤映，清如玉壺冰。』『皎皎鸞鳳姿，飄飄神仙氣。』

『符采照滄溟〔一〕，精輝淩白虹。』『裴公有仙標，拔俗數千丈。』李白。珠玉照乘光，冰瑩環坐熱。元稹。

神仙餘氣骨，列宿炳輝光。劉義。『野鶴無俗質。』《唐文》。『清襟照等夷。』杜。『韓侯冰玉人，不可塵土雜。』介甫。風采鑠雲烟，冰壺貯秋水。坡。魏侯骨聳精神緊，華岳峰尖見秋隼。杜。炯如一段清冰出萬壑，置在延〔二〕風寒露之玉壺。宗之瀟洒美少年，皎如玉樹臨風前。杜。紫芝眉宇傾一座，笑語但聞雞舌香。介甫。松心竹節争老蒼，冰壺水鏡明秋霜。誠齋。『澄湖萬頃深見底，清冰一片光照人。』

英氣度，凛凛風猶。秀骨昂藏，奇姿英發。風規高潔，宇量洪深，河漢炳靈，斗山仰望。炯若冰壺，皎如玉樹。荆璞希珍，周彛古範。平原佳公子，聲譽素高。汝陽真天人，眉宇甚秀。揭長庚於宵漢，屹砥柱於狂瀾。集芙蓉之裳，而修初服，不着一塵。臥蓮葉之舟，而讀玉書，平吞八極。温潤五穀，合清廟之前陳。磊砢九尋須明堂之巨用。冰壺玉衡懸清秋，負濟時之望。皮弁素幘，舞《大夏》，早推華國之辭。

〔一〕今按：『符采照滄溟』，《全唐詩》李白《將遊衡嶽過漢陽雙松亭留别族弟浮屠談皓》作『丹彩瀉滄溟』。
〔二〕今按：『延』，《全唐詩》杜甫《入奏行贈西山檢察使竇侍禦》作『迎』。

德美

温顔和辭承上接下。《韓王信傳》。冲約清遠，與物無競。樂廣。情度淹粹，稱爲長者。王景文、絳侯。純粹如精金，温潤如良玉。視其色，其接物也如陽春之温。聽其言，其入人也如時雨之潤。

堅挺之姿如精金良玉。鄒浩。高潔之品若霽月光風。茂叔。聞風者誠服，覿德者心醉。明道。言行相顧而無擇，仁義在躬而不矜。伊川。王文正天下謂之大雅，寇萊公天下謂之大忠。清德重望，皎如日星。流風餘韵，足以師世範俗。游酢。清而不激，和而不流。邵雍。言忠信，行篤敬。《論語》。言重則有法，行重則有德。《揚子》。兼資九德，總修百行。《陳太丘碑》。終始三朝，無玷可磨。《李英公贊》。

邵雍曰：『欽之至清而不耀，至直而不傲，至勇而能潤。』温公嘆曰：『清直勇三德，吾於欽之畏焉。』傅堯俞。於貧富貴不累其得喪，一不以累其心。彭汝礪。剛毅正直而首之以寬，忠厚仁恕而發之以義。坡《上韓太尉》。器業崇深，不言而四方自服；道德高妙，無爲而庶務以成。子由啓。白璧無瑕玷。孟浩然。胸中懸明鏡。岑參。

道純粹精，德直方大。王之藎臣。柱石宗臣，國之元氣，道包萬有，蓍龜先覺。忠貫三精，一代宗臣，三朝元老，立雪襟懷，浴沂意思。文武爲萬方〔一〕之憲，精神折千里之衝。迅雷破柱而不驚。秋月照膽〔二〕而自許。兩京三輔皆師郭泰之儀刑。六館諸生久服何蕃之仁勇。《淵論》。源如董子而適於時，議似宣公而深於道。居鄉黨則夷清惠和，立朝廷則蕭規汲直。直方大叶坤元之二，智仁勇根達德之三。出如西賊之畏韓公，野心盡懾。入猶中國之相司馬，过釁潛消。山立時行，挺挺不移之操；金聲玉振，洋洋大雅之音。獻納日月仁義陳於王前，鼓舞風雷言語妙於天下。生民以來未之有，是故極高明而道中庸。當今之世，舍其誰，可以致隆平而頌清廟。

度量

此中何所有？曰：『此中空洞無物。』王導指周顗腹答曰云云。此中何所有？曰：『此

〔一〕　今按：『方』，四庫全書《翰苑新書》作『邦』。
〔二〕　今按：『膽』，四庫全書作『潭』。

中最是難測。』周顗指顧和心答曰云云。

汪汪若千頃陂，吞若雲夢者八九。郭泰曰：『叔度汪汪若千頃陂。』相如賦：『吞若雲夢者八九於其胸中，曾不芥蔕。』

人未見色，人莫窺際。唐賈耽家人近習未見喜怒之色。陽城諫議日夜痛飲，人莫窺其際。

風度凝遠，莫涯其量。宋璟。一片靈臺，丹青難狀。《裴度傳》。

陳騫有雅量，栖筠有遠度。晋陳騫少有雅量，含垢匿瑕。唐李栖筠有雅量，莊重寡言。

碎盤而笑，唾面而笑。唐裴行儉破阿史那，得馬腦盤，廣二尺餘。軍士奉以升階，跌而碎之。惶恐叩頭，行儉笑曰：『爾非故爲。』不復有追惜之色。婁師德犯而不校，與李昭德入朝。師德體肥行緩，昭德罵曰：『田舍夫。』師德徐笑曰：『師德不爲田舍夫，誰當爲之？』弟除代州刺史。師德曰：『吾兄弟過盛何以自免？』弟曰：『人唾其面，拭之而已。』師德曰：『唾不拭，自乾，當笑而受之耳。』

烏可究其津涯而窺其墻仞。仰之彌峻，嵬乎其若山。挹之彌深，湛乎其若海。《唐文》。

若登太華，臨溟渤。杜牧。時人欲識胸襟否，彭蠡秋連萬里江。杜牧。雅量涵高遠，清襟照等夷。僧大郎。

《左傳·襄公卅一年》：若天所啓，其在今嗣子[一]乎！夷昧也。甚德而度。量廣。『德不失民，度不失事，民親而事有序，其天所啓也。』

蔡邕《郭有道碑文》：『夫其器量弘深，姿度廣大，浩浩焉，汪汪焉，不可測也。』

杜詩：『滄海闊無津。碧海闊逾澄。』『天球不琢，玉井無波。』金山萬仭，名埒泰山。玉海千尋，量宏滄海。雖一譽以召臣，一毁以去臣。然三仕無喜色，三已無愠色。

蘇長公之筆下何特文章。范老子之胸中自有兵甲。手掬四溟，散作豪端之風雨，氣吞八極，蟠爲胸次之江山。

力量

中天下而立，定四海之民，而所性不存。託六尺之孜[二]，寄百里之命，而大節莫奪。

符堅攻淝水，謝安無懼色。圍棋遊陟。桓温止新亭，謝安笑曰：『何須壁後置人。』

[一] 今按：『子』，《十三經注疏》本作『君』。

[二] 今按：『孜』，《十三經注疏》本作『孤』。

單騎見虜，吹笳動胡。吐蕃圍涇陽，郭子儀單騎見虜。劉疇避亂塢壁，賈胡欲害之，援笳吹之，爲《出塞》《入塞》之聲，以動遊客之思，群胡泣。

取首注槊，飲博歌謳。郭晞在邠州，縱卒爲暴。段秀實向請補都虞候。晞士十七入市，刺酒翁。秀實取十七人首注槊上，植市門。晞一營大噪，盡甲。秀實請老躄者一人持馬至晞門下。晞出。秀實讓之，晞再拜。

寇准在澶洲，每夕與楊億飲博歌謳，諧謔歡呼達旦，或就寢則鼻息如雷。上喜曰：『得渠如此，吾復何憂？』

觀燈上元，下馬三呼。有望言：南詔欲來寇，蜀詔張文定。移鎮西蜀。公言當以靜鎮蜀。下令曰：『寇來吾自當之。』歸兵，罷築城，上元觀燈。蜀遂安。張乖崖守成都，兵火之餘，人懷反側。一日，合軍大閱，始出衆，遂嵩呼者三，乖崖亦下馬，東北望而三呼，衆不敢讙。

垂紳正笏，不動聲色，而措天下於泰山之安：韓琦。歐文。

斡坤軸，撼乾樞，鼓元氣而雷域中，騰百川而丙天下。據長河如指杯，擘泰華若破塊。乾坤爲之坱軋，河岳爲之震蕩。《唐文》。

孤月到江河，赤手攬象犀。萬牛挽不前，分乃獨力扛。黄魯直。背負天風，氣吞雲夢。

氣蓋群公，眼高四海。從容而調，萬化笑談而制四夷。抗正論於牛李相傾之際，秉直節於驪共雜進之時。尚于〔一〕中行。磨而不磷。春秋九合之仁。『微管仲，其左衽矣！』江東百年之業，非安石如蒼生何！温乎得聖人之和毅，若任天下之重。洪河之流洶涌，屹砥柱以不移泰山之勢，崔嵬鎮方維而自定。挺身載重，六鼇背上之擎山。定力鎮浮，萬馬群中之駐足。堂堂乎大阿三尺之鋒，挺挺乎明堂一柱之用。轇轕風雲，身田〔二〕九宵之步武；開闔宇宙，胸蟠萬古之經綸。今見管夷吾，可無憂於江左。朝登汲長孺，自寢謀於淮南。定大事於胸中，九牛莫撼；挺成謀於物表，群蟄未知。中年突起，兀北面之老蒼，晚節後凋。烔西过之太白，氣養浩然之剛大，勿助勿忘，德守庸，不偏不倚。

器量

《論》：子曰：『管仲之器小哉！』朱子曰：『器量，言其不知聖賢大學之道，故局量褊

〔一〕今按：『尚于』，四庫全書《翰苑新書》作『得尚』。
〔二〕今按：『田』當作『奮』。

淺，規摸卑狹，不能正身修德以致主於王道。』

《揚子》：或曰：『齊得夷吾而霸，仲尼曰小器，請問大器？』。曰：『大器其猶規矩准繩乎？先自治而後治人之謂大器。』大器者必籠沓群疑之表，莫得與之爭量也。

或問：『航不槳，衡不薺，樓航不挹槳，衡車不載薺。有諸？』曰：『有之。』或曰：『大器固不周於小乎？』曰：『斯械也，君子不械。』器。君子之道，惟變所適。航衡之器，主一而用。《揚子》。

子曰：『君子不器。』《論》。器者，各適其用而不能相通。成德之士，體無不具，故用無不周，非特爲一才一藝而已。子貢問曰：『賜也何如？』子曰：『汝器也。』曰：『何器也。』曰：『瑚璉也。』

杜詩：『嶷嶷瑚璉器。』

呂虔有刀贈王祥曰：『有公輔之量，故相與。』杜詩曰『左將呂虔刀』是也。

杜：『鄭公瑚璉器，華岳金天晶。』『飛兔不近駕，鷙鳥資遠擊。』美王思禮有遠大之器。

動靜

靜，安也，息也。

『動静者，利害之枢機也。』由此觀之，『静之勝躁，數也』。《淮南子》。

漢成即位，匡衡曰：『願陛下留意動静之節。』

何晏自喜動静樂器。『人生而静，天之性也。感於物而動，性之欲也。』周敦頤曰：『聖可學乎？』曰：『可有要乎？』曰：『一爲要。一者，無欲也。無欲則静虚，動直。静虚則明，明則通；動直則公，公則溥。明通公溥，庶矣乎！』

《曹參傳》：『嚴延年之治動，黄次公之治静。』《易》：『寂然不動，待時而動。』

《左》：『相時而動。』《書》：『四方風動。』《左》：『使者目動而言肆，誘〔一〕我也。』

揚《解嘲》漢士，雲動雲合。『妙語一時飛欲動。』坡。

陳兵劍閣山將動。

天根轉處春將動，律應黄鍾灰已動。

『古之治天下者，淵静而百姓静。』《莊》。

『我好静而民自至。』《老》。『坤至静而德方。』《易》。『仁者静』。《論》。『定而後能静。』《大學》。

〔一〕今按：『誘』，《十三經注疏》作『懼』。

葭管不知何動静。坐對青山仁者静。

影響

響，聲也。

『稚子弄影，不知爲影所弄。狂夫侮像，不知爲像所侮。其勢彌顛，其病彌篤，而無反者也。』譚子《化書》。

好惡喻乎百姓，則下應其上，如影響矣。《韓詩外傳》。《書》：禹曰：『惠迪吉從逆凶惟影響。』

《荀子》曰：『君者，儀也；民者，影也。儀正則影正。』

《抱朴子》：『君子猶内不負心，外不愧影，上不欺天，下不食言。』

《淮南子》：『影不爲曲物直，響不爲清音濁。視彼之所以來，各以其勝應之。』

梅福曰：『陛下不察其形，顧察其影。此何影也？』泄冶曰：『樹曲木者，惡得直影。』

《傳》：『其應如響。』老子曰：『因川觀影，而知持後。』文子。

相影，無影。寶曆中，有玉山人取人本命日，五更張燈相人影，知休咎。言影欲深，深則貴而壽。影不欲照水、照井及浴盆中。古人避影亦爲此。古蠼螋、短狐、踏影蟲〔一〕，皆中人影爲害。《僉載》。荆州人張元始，年九十七生兒，兒遂無影。《南史》。梁武帝身映日無影。《南史》。真留富翁九十，取女爲妾，一交接而死。後生男，子曰：『我父年尊，一宿斯須何因有子？』争財數年。邴吉言：『僧聞真人無影，老翁子亦無影，又不耐寒。時八月，取同年兒俱解裸之，此兒獨言寒。又並日中行，獨無影。遂以財與之。』《風俗通》。

顧影，灸影。何晏行步顧影。《魏略》。近有灸人影治病者。《僉載》。

郴州曹泰八十五生子，名曰曹〔二〕。以日中無影爲名。《僉載》。

道士郭采真言：『人影數至九。』又説：『九影各有名。』影神：一名右室，二名魍魎，三名泄節，四名尺凫，五名索關，六名魄奴，七名竈𢍰圓，八名玄靈胎，九名食不辨。《酉陽》。

漁父謂孔子曰：『人有畏影惡迹而走者，足愈數而迹愈多，走愈疾而影不離。疾走不休，絶力而死。不知處陰以休影，處静以息迹。愚亦甚矣。』《莊子》。

〔一〕今按：『蟲』，中華書局《酉陽雜俎·廣知》作『蠱』。
〔二〕今按：『曹』，中華書局《朝野僉載》作『曾』。

杜：『影静千官裏。影着〔一〕啼猿樹。』李：『暫伴月將影，影徒隨我身。』坡賦：『人影在地，仰見明月。』

相人

内史叔服來會葬，公孫敖聞其相人也。見其二子焉。叔服曰：『穀也食子，難也收子。穀也豐下，必有後於魯國。』《左》。

豺狼之聲，熊虎之狀。叔向取於申公巫臣氏，生伯石。母及堂聞聲而還：『是豺狼之聲也！狼子野心，非是，莫喪羊舌氏矣。』遂不視。《左》。班固賦：『妃聆喙〔二〕而劾石。』楚子良生子越椒。子文曰：『必殺之！是子也，熊虎之狀而豺狼之聲。不殺，必滅若敖氏矣。』

所不知壽，貴不可言。蔡澤曰：『富貴吾所自有，所不知者壽也。』唐舉曰：『先生之壽，從今以往者四十三歲。』吕公謂高祖曰：『貴不可言。相人多矣，無如季相。』知吴濞之

〔一〕今按：『着』，《全唐詩》杜甫《第五弟豐獨在江左，近三四載寂無消息，覓使寄此二首》作『蓋』。
〔二〕今按：『妃聆喙』，中華書局《漢書·叙傳上》作『妣聆呱』。

狀，有反相。漢祖。知黥布之『當刑而王』。有客。當至丞相。韋賢。亦當爲丞相。第二子玄成相士，云云。

貴而餓死，貴則不貧。周亞夫，許負相之曰：『後三歲而侯，八歲爲將，相九年而餓。』班固賦：『許相理而鞠調〔一〕。』許指其口曰：『從理入口，此餓死法也。』許負，老媪也。張負曰：『豈有美如陳平而長貧者乎？』

知鄧通之餓死，見婦人之當貴。相者相鄧通曰：『當餓死。』文帝賜銅山，自鑄錢。景帝即位，有告通盜，案驗没入，寄死人家。黄霸少爲游俠，與善相者共載。見一婦人，言當富貴，乃巫家女，即取爲妻，與之終身。至丞相封侯。

此萬里侯，官至封侯。班超，相者曰：『燕頷虎頭，飛而食肉，此萬里侯相也。』衛青少爲平陽侯。家人鉗徒相青曰：『貴人也，官至封侯。』爲大將軍，封長平侯。

爲人所噬，童有善相。王敦處仲，潘滔相之曰：『蜂目已露，豺聲未振。若不噬人，當爲人噬。』鍾繇相者曰：『童有貴相，當厄於水。』行未十里墮水，幾死。

不壽之相，母知其貴。管輅言：『吾額上無生骨，眼中無守精，鼻無梁柱，脚無元〔二〕

〔一〕今按：『調』，中華書局《漢書・叙傳上》作『條』。

〔二〕今按：『元』，中華書局《三國志・方技傳・管輅》作『天』。

根，背無三甲，腹無三壬，皆不壽之相。』王敬則母爲女巫，曰：『生時胞衣紫色，應得鳴鼓角。』後位大司馬。

眇目而貴，天日之表。章昭達，侯景之亂，流矢所中，眇其一目。相者曰：『卿相善矣。』果爲司空。唐太宗，書生曰：『龍鳳之姿，天日之表，其年幾冠，濟世安民。』

卿無貴相，汝貴不疑。王顥與太宗有子陵之舊。及帝登極，三子五品，顥獨不及。曰：『卿無貴相，與之三品。』其夜卒。王珪母李曰：『兒必貴。』房杜過家，李窺大驚曰：『二客公輔才，汝貴不疑。』

肉不稱骨，伏犀貫腦。袁天綱視岑文本曰：『學堂瑩夷，眉過於目，文章振天下。肉不稱骨，非壽兆也。』袁天綱見張行成、馬周曰：『馬君伏犀貫腦，背若有負，貴驗也。然面澤赤而耳無根，後骨不隆，壽不長也。』張晚得官，終位宰相。

竇軌犀貫，李嶠龜息。袁天綱相竇軌：『伏犀貫玉枕，益州立功名。』相李嶠：睡則氣從耳出，龜息必貴。

鳶肩火色，日角珠庭。岑文本謂馬周。李珏舉明經，李絳曰：『日角珠庭，非庸人相。』

資相奇龐，領取宰相。李勣選將，必資〔一〕相奇龐福艾者遣之。曰：『薄命之人，不足與成功名也。』衡岳寺僧號懶殘，李泌往見，煨芋啖之。取半授泌，曰：『勿多言，領取十年宰相。』《甘澤經》。

椽師善相，道師善相。武功馬椽師善相，謂李嶠云：『人臣極位。』李全昌云：『位終卿監。』蕭璿云：『晚亦當貴。』慶曆中，道士賈衆妙善相，以爲曾魯公脊骨如龍，王荆公目睛如龍，皆貴窮人爵。見黄庠手，曰：『左手得龍爪，魁天下而不仕。右手得之，則貴矣。』果爲省元，不及庭對而死。

相在怒時，相夭反貴。張憬臧相魏元忠，久不答，怒拂衣去。憬臧遽起曰：『相在怒時，位必卿相。』《本傳》。柳渾十餘歲，有巫告曰：『相夭且賤，爲俘屠可緩死。』渾曰：『去聖教，爲異術，不若速死。』學愈篤，後至宰相。《本傳》。

杜秀才位極人臣，王冀公人中之貴。唐貞元末，相骨山人以無目，故逢人手捫必知貴賤。且道個『杜秀才位極人臣』，後杜循果帶相印鎮西蜀云。《大平廣記》。王冀公欽若，鄉薦詣闕，術人稽顙興嘆曰：『人中之貴有此十全者。』後冀公已真拜。《聞見録》。

〔一〕今按：『資』，中華書局《新唐書・李勣傳》作『訾』。

急流中勇退人，拜庭下作樵夫。錢若水爲舉子時，見希夷於華山。希夷曰：『明日當再來。』若水如期往，見一老僧與希夷擁地炉坐，僧熟視若水以火箸畫灰作『做不得』三字，徐曰：『急流中勇退人也。』後若水登科，爲樞密副使，年才四十致政。老僧者，麻衣道者也。《聞見録》。种放明逸隱居終南山，聞希夷之風，往見之。先生一日令洒掃庭除，曰：『當有嘉客至。』明逸作樵夫拜庭下。希夷挽之而上，曰：『君豈樵者，二十年後當爲顯官。』明逸曰：『放以道義來，官禄非所問也。』希夷笑曰：『人之貴賤，莫不有命。君骨相當爾。晦迹山林，恐不能安。』真廟朝登龍圖閣，及辭歸山，遷諫議大夫。東封，改給事中。西祀，改工部侍郎。希夷又曰：『不娶，可得中壽。』從之，六十歲卒。

曾諫議致堯見晏元獻曰：『晏奉禮他日貴甚，老夫不及見子爲相也。』吕許公夷簡語文潞公曰：『太博此去十年，當踐某位。』

夏英公謫守黄州，龐穎公司理參軍。英公曰：『龐司理他日富貴遠過於我。』既而四公皆至元宰。古云：『貴人多識貴人，信有之也。』

早達晚迍，耳白於面。寇萊公年十九，擢進士第，相者曰：『及第太早，恐不善終。功成早退，庶免深禍。君骨相類盧多遜耳。』《歸田録》。歐陽公曰：『少時有僧相我，耳白於面，名滿天下。脣不着齒，無事得謗。』《仇池筆談》。

按君謨之頭，聽晋公之聲。李圭寧道人，蓬州人。先得塗氏所藏軒轅山鏡。蔡君謨學士一夕夢爲虎所逼，一人救之。虎既去，與之坐曰：『公，貴人也。但頭骨不正。』以手按之，曰：『頭骨已正矣。』夢覺，頭上痛。翌日先生謁君謨。君謨愕然，視其狀，乃夢中逐虎正骨者。先生以詩别公云：『異時復與公相見，正是江南二月天。』忽除知江寧，先生來謁，即仲春也。《荆公詩注》。術士王生善聽聲。丁晋公守金陵，王生潛聽馬蹄聲，曰：『參政日中必拜相。』果如其言。真宗晏駕，公充山陵使，王生聽馬蹄聲曰：『有西行之兆。』或密問之，曰：『蹄西去而無迴聲。』後則司西京，繼貶崖州。《該聞録》。

視日不瞬，兼相其後。陳瑩中入朝，已立班上，御朝差晚，杲日照耀。蔡京注目，久而不瞬。瑩中曰：『視日不瞬，真大貴人也。』《詩話》。韓參政億、李參政若谷、王丞相隨未第時，嵩山法王寺男子善相，曰：『王君，宰相才也。韓、李二君當爲參政。王君子孫不及二君之盛。』韓子絳、縝皆爲相，維爲參政。李子淑領三院學士有文名。兩家官學至今不衰。王丞相之後微矣，異哉！《聞見録》。

蘇子美之睡，王安石之眼。蘇子美謫吴門，一日熟睡，有相僧揭帳視之云：『來得也曷。』吴人語『甚』爲『曷』。乃曰：『得一州縣官，肯起否？』果復朝州長史而卒。《詩話》。李承之正色曰：『今知鄞縣王安石眼多白，甚似王敦。他日亂天下者此人也。』《邵氏録》。

足履龜文，雖賤必貴。《後漢》：李固貌狀有奇表，鼎角匿犀，足履龜文，後爲太尉。《史記》：姑布子卿善相，見無恤，曰：『真將軍也。』趙簡子曰：『是子其母賤，翟婢也。奚道貴哉？』子卿曰：『天之所授，雖賤必貴。』

陶侃上壽，周訪下壽。相者陳訓謂周訪、陶侃曰：『二君皆位至方岳，功名略同。但侃上壽，訪下壽。』

兒有奇骨，孺有好相。桓温元子，温嶠過之，曰：『此兒有奇骨，真英物。』父彝以其爲温嶠所賞，故名之曰『温』。羊祜叔子遊汶水濱，父老曰：『孺子有好相，年六十建大功。』既言便去，莫知所在。

《非相》論相：『古之人無有也，學者不道也。古者姑布子卿，今之世梁有唐舉，相人之形狀顔色，而知其吉凶妖祥，世俗稱之。古之人無有也，學者不道也。故相形不如論心，形相雖惡而心術善，無害爲君子也。形相雖善而心術惡，無害爲小人也。蓋帝堯長，帝舜短；文王長，周公短；仲尼長，子弓短。衛靈公有臣曰公孫吕，身長七尺，面長三尺，額廣三寸，鼻口耳具，而名動天下。楚之孫叔敖，期思之鄙人也。突禿短髮，長左疾脚長，軒較之下修文德，而以楚霸。葉公子高，微小短瘠，行若不勝其衣。徐偃王之狀，目可瞻馬。仲尼之狀，面如蒙倛。周公之狀，身如斷灾。皋陶之狀，色如削瓜。閎夭之狀，面無見膚。傅説之狀，身如植鰭。伊尹之狀，面無須麋。禹跳湯偏，堯舜參牟子。眸同。從者將論志意，比類文學耶？桀紂長巨姣美，天下之傑也。身死國亡，爲天下大戮，是非容貌之患也。《荀子》上。

不能俯視，遠望，细見。《尸子》。傴王有筋而無骨。

今世俗之亂君，鄉曲之儇子，莫不美麗姚冶，奇衣婦飾，血氣態度擬於女子；婦人莫不願得以爲夫，處女莫不願得以爲士。棄其親家而欲奔，比肩並起；然而中君羞以爲臣，中父羞以爲子，中兄羞以爲弟，中人羞以爲友；俄則束乎有司，戮乎大市，莫不呼天啼哭，苦傷其今，而後悔其始，是非容貌之。《荀子》。